dtv
Reihe Hanser

Wer über Religionen reden will, sollte sie kennen – die eigene und die fremden. Und wer Religionen kennen oder kennen lernen möchte, kommt um ihre Geschichte nicht herum.
Staguhns Buch erzählt von den Ursprüngen der großen Religionen, ihrer wechselvollen Geschichte und ihrem Verhältnis zu anderen Religionen, mit denen sie früher oder später in Berührung kamen – wenn sie nicht, wie das Christentum aus dem Judentum, eine aus der anderen entstanden. Der Autor schildert die faszinierende Vielfalt der Religionen der Welt.
Klar, anschaulich und unvoreingenommen: Genau so muss man jugendlichen Lesern die Religionen erklären.

Gerhard Staguhn, geboren 1952, studierte Germanistik und Religionswissenschaft. Er lebt als freier Autor und Wissenschaftsjournalist mit Frau und Sohn in Berlin. Mit seinen Büchern hat er sich bei Erwachsenen und Jugendlichen einen Namen als fesselnd erzählender, leicht verständlich schreibender Sachbuchautor gemacht.
Weitere Bücher des Autors in der *Reihe Hanser*: »Die Rätsel des Universums« (dtv 62079), nominiert für den Deutschen Jugendliteraturpreis, »Die Jagd nach dem kleinsten Baustein der Welt« (dtv 62152), »Die Suche nach dem Bauplan des Lebens« (dtv 62238) und »Warum?« (dtv 62190).

Gerhard Staguhn

Gott und die Götter

Die Geschichte
der großen Religionen

Mit 12 Farbtafeln

Deutscher Taschenbuch Verlag

In neuer Rechtschreibung
März 2006
Deutscher Taschenbuch Verlag GmbH & Co. KG,
München
www.dtv.de
© 2003 Carl Hanser Verlag München Wien
Umschlaggestaltung: Peter-Andreas Hassiepen
unter Verwendung eines Fotos von © Corbis/Don Mason
Satz: Satz für Satz. Barbara Reischmann, Leutkirch
Druck und Bindung: Kösel, Krugzell
Gedruckt auf säurefreiem, chlorfrei gebleichtem Papier
Printed in Germany
ISBN-13: 978-3-423-62259-2
ISBN-10: 3-423-62259-8

Für meine Eltern

Wer will den Glauben der anderen deuten,
wenn ihm der eigene fremd geworden ist?
ALBERT SCHWEITZER

Einleitung

Das Wort »Religion« ist erstaunlich inhaltsleer. Im Gegensatz zu den einzelnen Religionen, über die es unendlich viel zu sagen gibt, ist der Oberbegriff »Religion« die reinste Worthülse. Dennoch weiß jeder, was mit »Religion« gemeint ist. Das gilt sogar für jene Menschen, die selber nicht religiös sind.

Religion ist eine umfassende, vielschichtige und ziemlich verwirrende Erscheinung des menschlichen Geists. Sie ist der Versuch, eine Beziehung zwischen dem endlichen irdischen Dasein des Menschen und vermuteten übernatürlichen Mächten herzustellen. Von Religion kann daher erst gesprochen werden, wenn eine andere, höhere Welt der natürlichen entgegengesetzt wird. Von den Mächten dieser höheren Welt fühlt sich der religiöse Mensch abhängig, mehr noch, er fürchtet sie. Er sucht sie für sich zu gewinnen und ihnen nahe zu kommen. Religion ist das Zwiegespräch der Menschheit mit Gott und den Göttern.

Die Furcht, so scheint es, ist die ursprüngliche Triebkraft des Religiösen. Die Urreligionen selbst waren furchtbar. Man opferte sogar Menschen, um die überirdischen Mächte für sich einzunehmen. Das Opfer war die Antwort auf die Furcht: Wenn ich den höheren Mächten etwas Wertvolles schenke, dann mögen sie mich. Aber das Opfer war noch mehr: Als ein Akt der Gewalt und Vernichtung bannte es die Angst vor der eigenen Vernichtung durch die Götter.

Alle überirdischen Mächte, egal, ob sie gestaltlos oder wesenhaft gedacht werden, sind Schicksalsmächte. Der Mensch wähnt sich ihrer Gunst oder Missgunst ausgeliefert. Er kann versuchen, sie durch religiöse Handlungen, seien es Opfer oder Gebete, zu seinen Gunsten zu beeinflussen, was natürlich voraussetzt, dass man diese Mächte für beeinflussbar hält. Ob diese Versuche Erfolg haben, bleibt ungewiss. Das Walten überirdischer Mächte ist letztlich unbegreiflich.

Im Zentrum jeder Religion steht also die große Frage nach dem Unfassbaren, das hinter und über den vergänglichen Dingen und Wesen steht. Voraussetzung jeder Religion ist der Glaube, dass es dieses Unfassbare gibt. Das Wort »Glaube« hat einen starken persönlichen Charakter. Glaube setzt die persönliche Wahl voraus. Der Glaube bietet keine allgemeine Gewissheit, sondern immer nur eine persönliche. Somit kann kein Glaube einen allgemeinen Wahrheitsanspruch erheben. Die religiöse Wahrheit ist vielgestaltig. Deshalb ist jeder Gläubige jedem Andersgläubigen die Achtung schuldig, die er für sich selbst und seinen Glauben erwartet. Alle Erscheinungsformen des Religiösen sind letztlich nur Deutungsversuche eines Unergründlichen. Auch die Religionen sind etwas Menschliches; sie sind menschliche Erfindungen. Als Gewordenes, vom Menschen Geschaffenes unterliegt auch die Religion dem Prinzip der Veränderung und Vergänglichkeit.

Das ist ein durchaus staunenswertes Faktum: In der Religion schafft der menschliche Verstand etwas, das jenseits des Verstands liegt. Dieses wird gemeinhin als das Heilige bezeichnet. Die Erfindung des Heiligen ist allen Religionen gemeinsam. Dieses Heilige wird als Heil bringend empfunden – aber eben auch als Furcht einflößend. Es bietet Trost und Hilfe im Unglück, verheißt Erlösung von den Übeln der Welt – und lässt doch auch vor seinem schrecklichen Zugriff zittern.

Die Inhalte der Religion entziehen sich jeder naturwissenschaftlichen Erkenntnis. Man spricht vom »Metaphysischen« (von Lateinisch »metaphysica«: was hinter den Dingen steht) oder »Transzendenten« (von Lateinisch »transcendere«: hinübersteigen, übersteigen, überschreiten). Das Religiöse muss geglaubt werden. Daran ändert auch das Bekenntnis der Gläubigen nichts, es sei das Religiöse eine Wahrheit – und Gott die höchste Gewissheit, die es gibt.

Hierin liegt auch ein großes Problem für jede Diskussion von Glaubensfragen: Man kann an alles glauben, sogar an den Kopf einer Ölsardine, wie ein japanisches Sprichwort sagt. Freilich wurde immer wieder von Philosophen versucht, die Religion in die menschliche Vernunft einzubinden und als echtes Wissen darzustellen. Doch alle diese Versuche blieben unbefriedigend. Man muss einfach akzeptieren, dass Religion jenseits aller philosophischen Wahrheiten liegt und erst recht jenseits aller naturwissenschaftlichen Erkenntnis.

So inhaltsleer das Wort »Religion« ist, so unklar ist auch seine Herkunft. Sicher ist nur, dass die Römer es geprägt haben. Unter »religio«

verstanden sie die genaue Erfüllung aller Pflichten gegen die zahllosen vom Staat eingesetzten Götter. Demnach würde sich das Wort »Religion« von Lateinisch »religere« ableiten, was »sorgsam beachten« bedeutet. Der frühchristliche Schriftsteller Lactantius (4. Jh. n. Chr.) gab dem Wort dann einen neuen, tiefer gehenden Sinn. Er verstand darunter die starke Gefühlsbindung des Menschen an den einen Gott, den er als Urgrund des Seins empfindet. Dieser neuen christlichen Vorstellung entspräche das lateinische Wort »religare«, was »wieder verbinden« bedeutet. Später wird mit dem Begriff »Religion« noch die Forderung nach bestimmten kultischen Handlungen und die Befolgung bestimmter sittlicher Gebote verknüpft.

Zur Unschärfe des Worts »Religion« passt das Nebulöse und Dunkle, das den Ursprung der Religion umgibt. Über ihn wissen wir nichts. Es gibt darüber nur Vermutungen. Es ist das gleiche Dunkel, in dem auch der Ursprung der Völker und Stämme liegt. Irgendwann waren sie da.

Zu vermuten ist, dass der Ursprung der Religion mit dem Ursprung der menschlichen Kultur zusammenfällt. Diese hat sich ganz langsam über Jahrmillionen aus dem tierhaften Dasein der Vormenschen herausgebildet. Organisch liegt die menschliche Kulturentwicklung im großen Gehirn begründet, das den Homo sapiens gegenüber seinen Vorfahren auszeichnet. Ohne dieses große Gehirn gäbe es keine Sprache, keine Werkzeugentwicklung, keine Kunst, kurzum: keine Kultur.

Kultur beginnt mit der Kultivierung des Erdbodens. Das lateinische Wort »cultura« bedeutet zuerst nichts anderes als Ackerbau. Damit einher geht die Bestattung der Toten in diesem kultivierten Erdboden. Religion, so könnte man sagen, beginnt mit dem Kultivieren des Bodens und dem Bestatten der Toten. Menschsein, also Humanität, hat mit dem Humus zu tun, in welchem die Ahnen begraben sind.

Allerdings weiß die Forschung, dass auch schon vor dem Sesshaftwerden des Homo sapiens die Toten bestattet wurden. Ja, selbst die Neandertaler, nahe Verwandte des Homo sapiens, pflegten ihre Toten zu begraben. Fraglich ist allerdings, ob sie dabei Bestattungsrituale ausführten oder ihre Toten einfach nur verscharrten, damit sie nicht von Tieren gefressen wurden. Grabbeigaben, die auf einen Jenseitsglauben verweisen würden, hat man in Neandertaler-Gräbern nicht gefunden.

Der Homo sapiens hingegen zelebrierte schon vor 30 000 Jahren aufwändige Begräbnisse mit kunstvollen Grabbeigaben, darunter auch rein symbolhafte Gegenstände neben den üblichen praktischen Dingen des Alltags.

Der Homo sapiens, das ist wohl sicher, dachte bereits damals über den Tod hinaus. Er hatte womöglich schon den Glauben an ein Weiterleben nach dem Tod. Jedenfalls kannte er magische Kultformen, wie sie auch in den wunderbaren Höhlenmalereien zum Ausdruck kommen. Durch die Bestattung der Toten und die damit verbundene Ahnenverehrung wurde der Boden zum heiligen Boden und damit erst zum Boden der Sippe. Auch das war ein wichtiger Grund für das Sesshaftwerden: Man wollte in der Nähe der Ahnen bleiben.

Die Sterblichkeit ist von Anbeginn ein schmerzender Stachel im Dasein des Menschen gewesen. Alter und Tod sind die schlimmste Demütigung und Kränkung des Menschen. Der Tod weckt im Menschen den Wunsch nach Unsterblichkeit. Die offensichtliche Tatsache, dass der Körper verfällt und vergeht, erzeugt den Glauben an eine unsterbliche Seele, an ein ewiges Leben. Religion ist gleichsam der Versuch, sich diesem ewigen Leben anzunähern. Religion ist die Antwort auf den Schmerz der Sterblichkeit.

Die Tiere brauchen keine Religion. Sie kennen die Angst vor dem Tod nicht. Sie sind sich der Endlichkeit ihres Lebens nicht bewusst. Das Rätsel des Todes ist das Grundrätsel jeder Religion, weil es das Grundrätsel unseres Daseins ist. Der Glaube an ein Weiterleben nach dem Tod, an Auferstehung, Seelenwanderung und ewiges Leben im Paradies ist die stärkste Triebkraft der Religion. Wenn der Mensch unsterblich wäre, hätte er wahrscheinlich auch keine Religion.

Religion ist eine der ersten menschlichen Kulturleistungen, vielleicht überhaupt die erste. Religion bezeichnet den Punkt, an dem der Mensch sich vom Affen trennt. Entscheidend dabei ist, dass die Toten nicht für tot gehalten werden. Sie leben als Geister und Dämonen weiter, bleiben in der Nähe der Lebenden und wirken auf ihr Dasein in positiver oder negativer Weise ein. Jene seltsamen Erscheinungen des Traums, bei denen Tote wieder erscheinen, waren ein Beweis für die Anwesenheit der Geister und Seelen. Im Schlaf, diesem kleinen Tod, wurde man von ihnen besucht, sie sprachen zu einem. Aus den Träumen gingen die Mythen hervor; sie sind nichts anderes als die gemeinschaftlichen Träume des Menschengeschlechts. Der Mythos ist eine frühe Denkform des Menschen, mit der er die Gewalten von Tod und Leben, von Natur und Geschichte zu begreifen und – wichtiger noch – zu bannen versuchte. Der Mythos bringt Ordnung ins Chaos der Ängste.

In den Mythen und religiösen Kulten denkt und handelt der Mensch über das Diesseits hinaus. Es erhält dadurch eine magische, heilige Dimension. So wie die Toten nicht tot sind, ist überhaupt nichts in der Natur tot. Naturerfahrung war ab einem bestimmten Punkt der menschlichen Geistesentwicklung gleichbedeutend mit der Erfahrung mächtiger und unbegreiflicher Kräfte – eben der Naturkräfte. Jeder Stein, jeder Baum, jedes Tier, die Erde, die Gestirne wurden als heiliger Stein, heiliger Baum usw. aufgefasst. Alles war beseelt, alles war Kult, alles war Religion. Damit gewann die Natur als Ganzes eine religiöse Dimension. Die Urreligion war animistisch (von Lateinisch »anima« = Seele), alles »beseelend«, wenn man so will.

Mit der Entfaltung des menschlichen Geists entfalteten und verfeinerten sich auch die Formen des Religiösen. Das Heilige wurde gegliedert und systematisiert; es gab verschiedene Grade des Heiligen und es gab das Allerheiligste. Aus Dämonen und Geistern wurden schließlich Götter mit unterschiedlichen Einflussbereichen. Sie wurden ursprünglich meist in Tiergestalt vorgestellt. Später bekamen die Götter ein menschliches Antlitz und menschliche Eigenschaften. Damit vergöttlichte sich der Mensch ein Stück weit selbst.

Die scheinbar unüberschaubare Göttervielfalt in der Antike und Vorantike löst sich sofort auf, wenn man die einzelnen Götter nur als den Versuch ansieht, das Unfassbare, Große, Heilige und Unbekannte in Gestalten zu zergliedern, die für den Menschen fassbar sind. Die zahllosen Götter sind eigentlich nur Gott-Teile.

Dass wir die Verehrung zahlloser, zum Teil tierhafter Götter bei den alten Kulturen abschätzig als primitiv bezeichnen, zeugt letztlich nur davon, dass in unserer modernen Welt ein großer Verlust an Eingebung und Einfühlung stattgefunden hat. Die moderne, entheiligte und heillose Welt ist im Grunde die primitive Welt schlechthin: Weil uns fast nichts mehr heilig ist, vermögen wir die religiösen Vorstellungen der Menschen früherer Zeiten in ihren tiefen Dimensionen nicht mehr zu verstehen. Die alten Mythen waren mehr als nur erbauliche Geschichten, die die Menschheit sich selber erzählte. Die alten Kulte waren mehr als nur dumpfes Theater. Beides garantierte die Teilhabe an der Wirklichkeit des Heiligen, das der Einzelne im Tiefsten seiner Seele spürte, nämlich als starke Kraft. Diese starke Kraft bedeutete kraftvolles Dasein in der Welt.

Mit diesen einleitenden Gedanken soll nicht der Eindruck erweckt werden, als wüssten wir über frühe Formen der Religion wirklich Bescheid. Das ist nicht der Fall. Vielmehr stehen wir auf äußerst schwankendem wissenschaftlichen Boden, vor allem natürlich, wenn es um die Religion in vorgeschichtlicher Zeit geht. Aber dort liegen nun mal die Wurzeln aller Religion. Wirklich gesicherte Erkenntnisse über die Religion besitzen wir nur bezüglich der letzten sechs Jahrtausende der Menschheitsgeschichte. Aber auch darüber ist unser Wissen nur lückenhaft. Eines ist allerdings sicher: In diesen sechstausend Jahren haben sich die Glaubensverhältnisse der Menschheit ständig verändert. Bis auf den heutigen Tag existiert überall auf der Welt eine Fülle verschiedenster Glaubens- und Kultformen. Auch die großen Religionen stellen keine einheitlichen, starren Geistgebilde dar; sie zeigen unzählige Gestaltungen und Vermischungen, die auch weiterhin dem Wandel unterliegen.

Dennoch ist eine Grundtendenz während der vergangenen 2500 Jahre nicht zu übersehen: Nach und nach treten Verkünder von religiösen Lehren auf, die den Anspruch erheben, dass ihre Botschaft für die ganze Menschheit bestimmt sei und über die ganze Erde verbreitet werden soll. Dabei darf freilich nicht übersehen werden, dass seit fast 1500 Jahren kein Verkünder einer neuen großen Weltreligion mehr in Erscheinung getreten ist. Mohammed war der letzte Stifter einer Weltreligion. Die Zeit für große Religionsstifter scheint seit langem vorbei zu sein. Sektengründer gibt es hingegen mehr als genug.

Etwa neunzig Prozent der religiösen Menschen verteilen sich auf die sechs großen Religionen, also Hinduismus, Buddhismus, Chinesischer Universismus, Judentum, Christentum und Islam. Von ihnen handeln die folgenden Kapitel.

ERSTES KAPITEL

Der Hinduismus

> Der Hinduismus in seiner unglaublichen Vielfalt kennt kein Symbol, das allen seinen Anhängern gemeinsam wäre. Am ehesten kann vielleicht die oben abgebildete Wiedergabe des Lautes »Om« als Symbol des Hinduismus betrachtet werden. Diese heilige Silbe steht am Anfang aller religiösen Texte des Hinduismus. Sie versinnbildlicht das Absolute in Gestalt der Götterdreiheit Vishnu, Shiva und Brahma. Dieser Trinität entsprechen die drei Laute a, u und m, die zu »Om« verbunden sind.

Von allen großen Religionen wurzelt der Hinduismus am tiefsten in der Mythen- und Götterwelt der Vorzeit. Er ist mit Abstand die älteste der Weltreligionen. Diese tiefe Verwurzelung in der Menschheitsgeschichte erklärt vielleicht das Pflanzenhafte dieser Religion: ein schier undurchdringlicher, üppiger Dschungel von Mythen, Göttern und Geistern, von Kulten, Riten und Bräuchen.

Der Name »Hinduismus« weist schon darauf hin, dass es sich um die Religion Indiens handelt. Das Wort »Hindu« ist ebenso wie unser Wort »Inder« vom alten Sanskrit-Wort »Sindhu« abgeleitet, dem indischen Namen des großen Flusses Indus. Als Sanskrit bezeichnet man die klassische, d. h. geordnete und geregelte Form der altindischen Sprache. Bis heute ist das Sanskrit die Schrift- und Literatursprache Indiens, vor allem die Sprache der Gelehrten und nicht zuletzt die heilige Sprache der Priester, die in Indien Brahmanen genannt werden. Deshalb wird der Hinduismus auch als Brahmanismus bezeichnet. Das Sanskrit nimmt in der indischen Kultur eine Stellung ein, die mit der früheren Stellung der lateinischen Sprache im Abendland zu vergleichen ist.

Der Hinduismus ist so vielgestaltig wie das Volk der Inder, das es als solches eigentlich gar nicht gibt. Indien ist ein wahrer Schmelztiegel der Völker: Menschen von schwarzer, gelber und weißer Hautfarbe haben sich dort in Jahrtausenden miteinander vermischt und die verwirrendste und farbigste Kultur hervorgebracht, die die Welt kennt. Indien ist wohl die älteste multikulturelle Gesellschaft. Es gibt mehr als 1500 indische Dialekte, die sich in 15 regional gebundene Hauptsprachen gliedern lassen.

Im Hinduismus stehen Erhabenes und Abstoßendes, Primitives und höchst Verfeinertes so scharf nebeneinander, dass es für einen Außenstehenden sehr schwierig ist, in die indische Kultur einzudringen und sie wirklich zu verstehen. Sie erscheint uns rätselhaft und undurchschaubar; sie erschreckt uns in ihrer Ursprünglichkeit. Das hat natürlich mit ihrem hohen Alter zu tun – 5000 Jahre! Gewiss, andere Kulturen sind genauso alt, doch lebt dieses Alte nicht mehr in ihnen fort, es ist untergegangen und nur mehr Geschichte oder harmlose Folklore.

In Indien lebt das Alte. Es ist Teil des Alltags. Zwar wissen wir nicht, welches Volk die so genannte Indus-Kultur geschaffen hat, doch immerhin wissen wir, dass es schon um 2500 v. Chr. eine hoch entwickelte Stadtkultur, jene der Draviden, im Indusgebiet gegeben hat, mit religiösen Anschauungen, die denen der heutigen Hindus sehr ähnlich waren. Entscheidend für die Ausbildung des Hindutums war die Einwanderung des Volks der Arier von Nordwesten her über die Pässe des Hindukusch-Gebirges. Diese Einwanderung der Arier fand zwischen 1500 und 1250 v. Chr. statt. Die Arier unterwarfen das Volk der Draviden, also die Urbevölkerung des indischen Subkontinents, allerdings nur in den nördlichen Gebieten. Im Süden konnten sich die Draviden lange Zeit halten. Hierin liegt auch einer der Gründe für die kulturellen Unterschiede zwischen Nord- und Südindien. Die von Nordwesten eindringenden Arier waren ein indogermanisches Hirten- und Kriegervolk, von dem aber nicht nur die Inder, sondern ebenso die Perser abstammen. In der europäischen Rassenkunde des 19. Jahrhunderts nahm der Begriff »Arier« nach und nach die Bedeutung »Angehöriger der nordischen Rasse« an, um schließlich von den Nationalsozialisten vollends missbraucht zu werden: In willkürlicher und falscher Einengung des Begriffs wurden als Arier die »Nichtjuden« angesehen.

Die Religion der Arier ist aus ihren heiligen Schriften, den so genannten Veden, sehr gut bekannt. Diese wurden ursprünglich mündlich überliefert und sind erst später schriftlich niedergelegt worden. Die Religion des Hinduismus ist gewissermaßen aus der Geschichte selbst hervorgewachsen; es gibt keine Stifterpersönlichkeit, die sie begründet hätte. Der Hinduismus ist aus der schöpferischen Verschmelzung von arischer und dravidischer Kultur entstanden. Das unterscheidet ihn grundsätzlich von allen anderen Weltreligionen und zeugt von der großen schöpferischen Kraft, die in dieser Religion wirksam ist.

Das geistige Band, das den Hinduismus zusammenhält, besteht also nicht aus überlieferten Worten oder Schriften eines Stifters, sondern aus einer ununterbrochenen Entwicklung, die vom Altertum bis in die Moderne reicht und dabei kaum Veränderungen erlebt hat. Mit gutem Grund versteht sich der Hinduismus als »Ewige Religion«. Andere Religionen sind in erster Linie solche des Glaubens und des Bekenntnisses, während der Hinduismus nach eigenem Verständnis das Leben selbst ist. Der Hinduismus wird nicht geglaubt, sondern gelebt. Das ist die zentrale Wahrheit dieser Religion.

Der Hinduismus ist wie ein Urwald – man kann sich leicht darin verirren

Auch wenn der Hinduismus keinen Stifter hat, so kennt er doch eine Reihe von »Propheten«. In legendären Personen wie Rama, Krishna oder Manu, aber auch in historischen Persönlichkeiten wie Shankara (788–820 n. Chr.) traten immer wieder weise Männer auf, die die Wahrheit des Hinduismus verkündet haben, doch ohne dabei eine neue Lehre zu vertreten. Sie haben das Alte nur in neue, zeitgemäßere Worte gekleidet, um es zu beleben, aber niemals zu verändern. Helmuth von Glasenapp, ein ausgezeichneter Kenner des Hinduismus, hat diese älteste aller Weltreligionen mit einem Urwald verglichen, während Buddhismus, Christentum oder Islam eher Gärten gleichen, die von einzelnen Männern planvoll angelegt und von ihren Nachfolgern erweitert und verändert wurden.

In den Dschungel des Hinduismus wurden immer nur schmale Pfade geschlagen, um in seinem geistigen Wildwuchs nicht die Orientierung zu verlieren. Damit passt der Hinduismus wunderbar zur dschungelhaften Vegetation des indischen Subkontinents. Die tropische Üppigkeit der Natur hat in dieser Religion ihr geistiges Spiegelbild gefunden. Aber vielleicht gilt für alle Religionen, dass sie auf rätselhafte Weise die Regionen widerspiegeln, in denen sie entstanden sind. So könnte man nicht nur von der Dschungelhaftigkeit des Hinduismus sprechen, sondern vom klaren Hochgebirgscharakter des Buddhismus oder von der wüstenhaften Strenge des Judentums oder des Islams. Und das Christentum? Nun, es wäre die Religion der gemäßigten Breiten, dem Wandel unterworfen wie keine andere Religion – dem Wandel der Jahreszeiten.

Die religiöse Welt der Inder, bis hinein in die Künste, ist nur vom Pflanzlichen her zu verstehen, vom Vegetativen. Wie die tropische Vegetation, so schießen die religiösen Bilder im indischen Volk ins Kraut: überreich und chaotisch. Hunderte von Göttern, tausende von Geistern und Dämonen! Sie alle sind seltsam ungeistig, sind eher Abbilder irdischer Lebenskräfte. Im tropischen Klima, so scheint es, wuchert auch die Fantasie und treibt herrliche, wundersame Blüten. Das gilt auch für die indische Musik und den indischen Tanz, die ohnehin eins sind: Alles ist ein ewig fließender Lebensstrom, verschlungen, ohne klar umrissene Gestaltung, ohne Anfang und Ende, ein Wallen und Wogen, das den Zuhörer niemals ermüdet. Sie ist von vollkommen anderer Dimension als unsere westliche Musik. Die Töne werden nicht notwendig harmonisch verknüpft, Takte fehlen, Tonart und Rhythmen wechseln ständig. Die indische Musik ist reine Ursprünglichkeit, dadurch aber jedem verständlich, insofern jeder diese Rhythmen in sich selber spürt. Im höheren geistigen Sinn versteht diese Musik freilich nur der indische Heilige. Denn die indische Musik ist das in Töne gefasste Heilige, vergleichbar, wenn überhaupt, nur mit der Musik Bachs, die vertontes Christentum ist, vertonter Protestantismus, um genau zu sein.

Seit bald 5000 Jahren verharrt der Hinduismus in sich. Zumindest der volkstümliche Hinduismus von heute ist mit dem vor tausenden von Jahren so gut wie identisch. Das soll jedoch nicht heißen, dass sich die Inder von jeher nur für das Religiöse interessiert hätten. Indien hat zum Beispiel Großartiges auf dem Gebiet der Wissenschaften geleistet, vor allem der Mathematik. Das Zehner-Zahlensystem, also die Idee der »Null«, ist eine indische Erfindung, die über das islamische Arabien nach Europa kam. Ohne die »Null« wäre das ganze mathematische Denken des Abendlands unmöglich. Gleiches gilt für die Medizin, die Staats- und Rechtslehre und die weltliche Dichtung. Auch das wohl genialste Spiel der Welt, das Schach, haben die Inder entwickelt. Inder waren zu allen Zeiten erfolgreiche Kaufleute, die sich bei ihren Geschäften nicht von religiösen, sondern allein von finanziellen Gesichtspunkten leiten ließen. Dennoch bleibt unbestritten, dass die Inder im Vergleich zu anderen Völkern dem Religiösen den Vorrang vor allem andern gaben. Der indische Mensch ist die personifizierte Religiosität. Das Pflanzenhafte des Hinduismus verleiht dem Hindu selbst etwas Vegetatives. Davon rührt die grundlegende Passivität des Hindus in der Lebenseinstellung. Jedes Einzelleben wird auf das kosmische Ganze aller Lebensformen bezogen. Auch das Leben des Menschen ist nach hinduistischer Auffassung nichts anderes als Vegetation. Von daher stellt sich im Hinduismus die Frage nach einer höheren Bestimmung des Menschen gar nicht, wie Christen oder Muslime sie sich stellen. Alles ist ewiges Werden und Vergehen. Das einzelne Sein interessiert nicht wirklich. Was einer ist und tut, ist an sich völlig gleichgültig. Es kommt allein darauf an, in welchem Geist er existiert, egal ob als Bettler oder König – eine für uns Europäer verstörende Erkenntnis.

Ich selbst, so sagt der Hindu, bin nur Teil eines kosmischen Prozesses, der keinen Anfang und kein Ende kennt. Und wo kein tiefes Ich-Gefühl existiert, da verlangt es den Menschen auch nicht nach Fortdauer der Person. Jenseitsvorstellungen gibt es im Hinduismus nicht. Das Ideal des frommen Hindus ist das der Auflösung, des Einswerdens mit dem Einen und Gestaltlosen.

Das indische Kastenwesen – eine heilige Ordnung

Die Religion der Inder kennt keine festgelegten Regeln und Gesetze. Wie sollten solche auch begründet werden, wo es im Hinduismus doch keine höchste Instanz in Gestalt eines überweltlichen Gottes gibt, der die Welt erschaffen hat, sie regiert und dem Menschen Gesetze gegeben hat? Die Welt ist immer gewesen und wird ewig bleiben. In ihr gibt es keinen zielgerichteten Weltprozess, sondern immer nur dieses ewige Auf und Ab von guten und schlechten Weltepochen. Entsprechend ist der Hinduismus eine Religion aufs Geratewohl: ohne Vorsatz und ohne Ziel.

Der Hinduismus ist also keine Gesetzesreligion. Es gibt nur den Vorrang der Priester (Brahmanen), der von jedem Inder anerkannt wird. Doch das Brahmanentum hat niemals eine weltliche Macht besessen und sich niemals in einer Art Kirche organisiert. Der Hinduismus hat somit auch kein geistiges Oberhaupt. Im Hinduismus bleibt es dem Einzelnen überlassen, ob er an einen Gott, an zwei oder an hundert Götter glaubt – oder einfach nur an ein allgemeines Weltgesetz. Es gibt auch keine Vorschriften für richtiges Handeln im Leben, die für alle zwingend wären. Kurzum, die indische Religion ist äußerst tolerant. Für einen Hindu gibt es tausend Wege zum Heil – Dschungelhaftigkeit auch hier!

Diese grundlegende Einstellung hat dazu geführt, dass der Hinduismus nie das Bestreben gezeigt hat, sich über Indien hinaus auszubreiten. Der Gedanke der Mission ist dieser Religion grundsätzlich fremd. So ist der Hinduismus die Religion der Inder geblieben. Sie findet vor allem im indischen Kastensystem ihren Ausdruck. Dieses ist nun freilich alles andere als offen und tolerant. Eine strengere Ordnung des sozialen Lebens kann man sich kaum vorstellen. Diese Tatsache steht auch in einem eigenartigen Widerspruch zum dschungelhaften Durcheinander – ein Widerspruch, der jedoch im Wesen aller Religiosität begründet liegt: Religion ist widersprüchlich wie die Mythen, die ihr zu Grunde liegen. Das muss man akzeptieren. Widersprüchlichkeit ist ein elementarer Wesenszug von Religion; sie *muss* widersprüchlich sein, sonst wäre sie nicht Religion.

Das indische Kastenwesen, also die Zergliederung der Gesellschaft in zahlreiche, streng voneinander getrennte Gruppen, hat seinen Ursprung in der hinduistischen Vorstellung vom Kosmos. Dieser ist im Großen wie im Kleinen ein geordnetes Ganzes. Er wird beherrscht von einem Weltgesetz (Dharma), das sich sowohl im natürlichen als auch im sittlichen Leben kundtut. Wie die Pflanzen-, Tier- und Geistwesen nach ihren Fähigkeiten streng voneinander getrennt sind, so auch die Menschen. Ein Tiger hat andere »Pflichten und Rechte« als ein Rind, ein Gott andere als ein Mensch. Dieses kosmische Prinzip der Abgrenzung wird im Hinduismus auch auf die Menschheit übertragen, was unserem modernen aufgeklärten Denken wie ein übler Trick erscheint: Die Abgrenzung zwischen verschiedenen Arten wird auf eine einzige Art, den Menschen, angewandt. Dass Tiger und Rind zwei natürliche »Kasten« (= Arten) darstellen, leuchtet ein. Dass dieses Prinzip auch zwischen Menschen gelten soll, will uns hingegen gar nicht einleuchten. Dann müsste es ja auch bei Tigern und Rindern Kasten geben.

Doch mit Logik, das wissen wir schon, kann man gegen religiöse Systeme nicht argumentieren, denn die Widersprüchlichkeit gehört, wie schon gesagt, zum Wesen des Religiösen. Das heißt nicht, dass man diese Widersprüche einfach so hinnehmen muss. Doch wenn man sie nicht hinnimmt, riskiert man den Ausschluss aus der Religionsgemeinschaft. Das ist das alte Problem der Reformierbarkeit von Religionen: Dabei geht es stets um Aufhebung von Widersprüchen, womit die Zukunft der Religion aufs Spiel gesetzt wird.

Das hinduistische Kastenwesen zergliedert die Menschen in verschiedene »Menschen-Arten«. Mensch ist nicht gleich Mensch. Rechte und Pflichten des einen sind nicht automatisch Rechte und Pflichten des andern. Vom ewigen Weltgesetz des Dharma ist den Menschen Unterschiedliches aufgegeben oder verboten. Und damit sind sie streng gegeneinander abgegrenzt. Kastengrenzen sind unüberwindbar.

Es gibt vier Kasten (Varnas, d.h. »Farben«): Brahmanen, Krieger, Vaishyas und Shudras. Diese Hauptkasten zerfallen allerdings in zwei- bis dreitausend Unterkasten, die als Dschats bezeichnet werden und selbst wieder eine strenge Rangfolge bilden. In die jeweilige Kaste wird man hineingeboren. Nur innerhalb von ihr darf man heiraten, miteinander essen und muss bestimmte Bräuche befolgen. Gerade das Essen nimmt im Hinduismus einen hohen Stellenwert ein; es ist nicht nur eine gemeinschaftsbildende, sondern ebenso eine heilige Handlung, die mit einem Gebet eingeleitet wird, oft auch durch ein symbolisches Opfer an Geister oder heilige Tiere. Die Speisevorschriften sind für die verschiedenen Kasten unterschiedlich. So meiden Brahmanen jede tierische Nahrung und bestimmte Pflanzen, während die Kaste der Krieger Wild und Fisch essen darf. Ein Hindu isst auch nichts, was von jemandem zubereitet wurde, der einer Kaste angehört, die niederer ist als seine eigene. Deshalb üben vor allem Brahmanen den Beruf des Kochs aus.

Unter der Shudra-Kaste stehen noch Millionen von »Unberührbaren« (Parias), die als unrein gelten. Sie üben die für unrein gehaltenen Berufe aus, etwa den des Straßenkehrers, Müllmanns, Abortreinigers oder Abdeckers. Auch die Parias unterteilen sich wieder in zahlreiche Untergruppen. Früher führten die Parias ein menschenunwürdiges Dasein in Indien, doch ist es dem neuzeitlichen Indien durch vorsichtige Reformen gelungen, deren Lage zu verbessern.

An der Spitze des Kastensystems stehen also die Brahmanen; sie sind somit nach hinduistischer Auffassung die höchsten Vertreter des Menschengeschlechts. Sie hatten sich ursprünglich nur mit geistigen Dingen befasst und stellten ausschließlich die Priesterschaft. Da die Zahl der Angehörigen dieser Kaste aber viele Millionen beträgt, übt heute nur ein kleiner Teil der Brahmanen ein priesterliches Amt oder das eines religiösen Lehrers und Meisters aus. Dieser heißt im Sanskrit »Guru«. Bei uns hat dieses Wort inzwischen einen negativen Beiklang, der damit zu tun hat, dass sich viele dubiose Sektenführer als Gurus bezeichnen.

Den Brahmanen untergeordnet sind die Krieger. Sie sorgen für den Schutz der Gesellschaft. Aus ihren Reihen gingen gewöhnlich auch die Könige hervor. Daraus folgt, dass das indische Königtum dem Brahmanentum untergeordnet war.

Die dritte Kaste der Vaishyas stellt den Nährstand dar, umfasst also die Bauern und Händler. Die Angehörigen dieser drei obersten

Kasten sind allein zum Studium der heiligen Schriften der Hindus berechtigt.

Die vierte Kaste der Shudras hat den oberen drei Kasten zu dienen, wobei natürlich auch diese Kaste hinsichtlich der »Reinheit« ihrer Mitglieder unterteilt ist. Wer etwa als Wäscher mit unsauberen Gegenständen zu tun hat oder als Fischer tötet, steht unter einem Weber, Töpfer oder Zimmermann.

Die Wiedergeburt – eine urindische Idee

Im modernen Indien zeigt das Kastenwesen starke Aufweichungserscheinungen, zumal in den großen Städten. Doch trotz aller Reformbemühungen besteht das Kastenwesen weiterhin; mit seiner völligen Abschaffung ist in naher Zukunft auch nicht zu rechnen. Das mag uns im Westen befremden und abstoßen, doch die Kasten sind für den Hinduismus von grundlegender Bedeutung; sie haben ihm über die Jahrtausende Stabilität verliehen. Das Kastenwesen war das Rückgrat des sozialen Lebens und ist es bis zu einem gewissen Grad noch heute. Ein Hinduismus ohne Kasten wäre kein Hinduismus mehr. Denn das Kastenwesen hat direkt zu tun mit der zentralen hinduistischen Idee der Seelenwanderung und Wiedergeburt.

In der Lehre von der Wiedergeburt findet das Kastenwesen seinen moralischen Ausgleich. Denn durch gute Taten im jetzigen Leben kann die Seele die Stufenleiter der Kasten hochsteigen, freilich durch schlechtes Tun auch tiefer nach unten sinken bis hinab ins Tierreich. Und es gibt noch einen anderen Weg aus der Kaste: den der Erkenntnis. Denn nur jene Menschen sind an ihre Kaste gebunden, die im weltlichen Leben stehen. Wer der Welt entsagt, sich als Asket von allen irdischen Dingen löst, stellt sich über alle Kasten und braucht sich um sie nicht mehr zu kümmern. Der Asket, von den Indern Sanyassi, Yogi oder Rishi genannt, ist ohne jedes Kastenvorurteil. Darin äußert sich eine tiefe Weisheit der indischen Religion: Der Wissende – ein solcher ist jeder, der sich mit dem höchsten kosmischen Weltgesetz eins weiß – ist durch nichts mehr gebunden, ist damit freilich auch heimatlos, nicht mehr Teil des Gemeinwesens. Doch dieser Weg der Askese ist nur für wenige Menschen der richtige.

Der asketische Lebenswandel ist zwar das höchste Ideal im Hinduismus, doch wenn alle Menschen diesem Ideal nacheifern würden, hätte die Gemeinschaft keinen Bestand mehr. Sie lebt ja davon, dass die Mehrheit tätig ist. So entstand im Hinduismus die Lehre vom pflichtgemäßen Tun, das ebenso zum Heil führen soll wie die Askese. Die Weltentsagung wird nur aus dem äußeren Leben ins innere, geistige Leben verlegt.

Der gewöhnliche Hindu soll also unbedingt im Kastensystem verharren und dort pflichtgemäß handeln. Dafür bekommt er auch etwas: Seine Kaste gibt ihm innere Sicherheit, die man wiederum braucht, um pflichtgemäß handeln zu können. Da der Hindu die verschiedenen Kasten nicht anders als die verschiedenen Tierarten beurteilt, die alle das gleiche kosmische Recht auf Leben haben, sind ihm die Kasten auch keine Steine des Anstoßes. Die Seele jedes Einzelnen muss nun mal durch unendlich viele Verkörperungen hindurchgehen, um alle nur erdenklichen Erfahrungen machen zu können. Der augenblickliche Zustand der Gesellschaft ist ja nur eine Momentaufnahme im endlosen kosmischen Zeitenlauf.

Gewiss, es gibt höhere und niedere Kasten, so wie es höhere und niedere Tiere gibt, doch auch die Seele eines Brahmanen war schon mal als Krieger, Vaishya, Shudra oder Paria verkörpert. Sie kann in zukünftigen Verkörperungen durch schlechten Lebenswandel auch wieder auf diese Stufen zurückfallen. Im ewigen Kreislauf der Wiedergeburten ist jede Kaste so notwendig wie alle andern. Denn die höchste Erkenntnis und damit das Glück des Wissenden erreicht die Seele nur im Durchlaufen aller Daseinsformen. Zum Brahmanen ist nur jene Seele reif, die in früheren Leben in einem Krieger, Händler oder »Unberührbaren« gewesen ist.

Unserem modernen westlichen Denken ist das alles sehr fremd. Es kommt uns mittelalterlich vor und dabei ziemlich willkürlich, ja geradezu widernatürlich. Doch nur, weil wir an die Wiedergeburt nicht glauben und die Seele gleichsam als unseren persönlichen Besitz betrachten. Vor allem widerspricht das Ganze unserer Vorstellung von der Freiheit des Individuums und der Einzigartigkeit der Persönlichkeit. Der Hindu glaubt nicht an die Persönlichkeit, sie ist etwas ganz und gar Fremdes für ihn. Für den Hindu ist der Mensch keine Einheit, sondern etwas Vielgestaltiges, Gegliedertes, Vorläufiges, nur ein Durchgangsstadium der Seele auf ihrem endlos langen Weg der Wiedergeburten hin zum Endziel der Erlösung. Daran glaubt ein Hindu mit ungleich höherer Intensität, als ein moderner Christ je an etwas glauben würde. Damit vermag der hinduistische Glaube auch mehr: zum Beispiel das Kastenwesen als etwas Notwendiges, Sinnvolles und Gerechtes zu betrachten, worin wir nur Willkür und Ungerechtigkeit am Werk sehen.

Auch die Götter unterliegen dem Kreislauf der Wiedergeburten

Wir sollten diesen Glauben aus der vermeintlich hohen und modernen Warte des Christentums nicht als rückständig abtun. Wir sollten ihn vor allem auch nicht in seiner Wirkungskraft innerhalb des heutigen Indien unterschätzen. Für den modernen verweltlichten Christen ist der Glaube nicht viel mehr als eine innere ethische Haltung, für die letztlich wenig Geisteskraft aufgewendet werden muss. Und ein Praktizieren des Glaubens findet unter Christen ohnehin kaum mehr statt. Die Glaubenskraft eines Hindus übersteigt alles, was man sich als verweltlichter Christ vorstellen kann. Sein Glaube ist buchstäblich nicht zu erschüttern. Der Glaube kämpft dort nicht mit dem Zweifel, und zwar deshalb nicht, weil, wie schon gesagt, der Hindu an so etwas wie die Persönlichkeit nicht glaubt.

Die indische Gesellschaft mit ihren so starr erscheinenden Kastenvorurteilen erweist sich als unglaublich vielgestaltig und reich gegliedert. Es gibt wohl kaum eine vielfältigere, facettenreichere Nation als die indische, freilich um den Preis, dass Indien eine Einheit als Nation nie ausgebildet hat, nie ausbilden konnte. Genau genommen gibt es keine indische Nation, keinen indischen Glauben, keinen indischen Geist. Wenn, dann gibt es nur eine indische Seele – und die hat tausend Facetten.

Der durchschnittliche religiöse Hindu glaubt mit einer Kraft, mit der vielleicht ein Luther an Gott geglaubt hat – und zu diesem Glauben gehört auch der Glaube an seine Kaste. Und erst recht gehört dazu der Glaube, dass das, was man Mensch, Individuum, Person oder Ich nennt, nur ein flüchtiges Durchgangsstadium einer Seele auf Wanderschaft ist, eine Hülle, die für ein kurzes Leben angenommen wird, um danach einer anderen Hülle Platz zu machen. Streng genommen sagt die christliche Lehre auch nichts anderes, und es gibt sogar christliche Sekten, die aus den Worten Jesu eine Wiedergeburts-Lehre herauszulesen versuchen.

Nach hinduistischem Glauben sind Dasein und Schicksal eines jeden Lebewesens die notwendige Folge der Taten, die in einem früheren Leben vollbracht wurden. Diese seelische Erbschaft aus früheren Leben wird Karma genannt. Das Schicksal jedes Individuums ist also bis ins Einzelne durch sein Karma bestimmt. Eine Freiheit des Willens gibt es nicht. Das Karma ist in seiner Wirkung durch nichts zu hemmen. Nur die Erlösung setzt der Seelenwanderung ein Ziel; nur wer sie erreicht, ist für immer dem Strudel des Weltgeschehens entrückt. Das Verlangen, vom Leid der Wiedergeburt befreit zu werden, steht im Mittelpunkt hinduistischer Religiosität.

In den Upanishaden, den alten theologischen Schriften des Hinduismus, in denen das geheime Wesen der Dinge erklärt wird, heißt es: »Wie einer handelt, wie einer wandelt, ein solcher wird er. Wer gut handelt, der wird Gutes, wer böse handelt, etwas Böses.« In den Wiedergeburten überschreitet der Mensch aber nicht nur die sozialen Kastenschranken, sondern auch die biologischen Schranken. Durch schlechten Lebenswandel kann man auch als Hund oder Schwein wiedergeboren werden, die in Indien als unreine Tiere gelten. Es gibt also eine automatische Vergeltung aller Taten eines Lebens. Die Vorzüge und Schwächen, Fähigkeiten und Mängel der verschiedenen Lebewesen spiegeln ihren Lebenswandel im vorhergehenden Dasein wider. Daraus folgt aber, dass es im Hinduismus zwischen Gott, Mensch, Tier, Pflanze nur graduelle Unterschiede gibt, keine wesentlichen. Selbst die höchsten Gottheiten sind dem ewigen Kreislauf der Wiedergeburten nicht enthoben; sie können in Zukunft durchaus wieder als Menschen geboren werden. Weil jedes Dasein die Taten eines vorangegangenen Daseins voraussetzt, gibt es keinen Anfang in diesem Vergeltungskreislauf. Die übersinnliche Kraft der Werke einer Seele verschwindet nie, es sei denn, es gelingt dem Menschen auf dem Weg der Erkenntnis und Askese die Auflösung im gestaltlosen Allgeist.

Interessant ist, dass den Göttern und übermenschlichen Geisterwesen die Auslöschung im kosmischen Allgeist verwehrt bleibt. Sie müssen dazu erst wieder ins Menschsein herabsinken. Sie stehen in der Rangordnung zwar über dem Menschen, sind aber von der Erlösung weiter entfernt als der armseligste Paria. Freilich lässt es sich als indischer Gott ganz gut leben.

Der Kreislauf der Wiedergeburten ist einerseits unausweichlich, doch jede Seele hat die Freiheit, über den Weg der guten Taten, diesen Kreislauf für immer zu durchbrechen, mehr noch: durch das Abstehen von jedem Tun, durch begierdelose Entsagung und schließlich durch höchste Erkenntnis. Erlösung ist also auch im Hinduismus möglich; sie muss aber buchstäblich erarbeitet und erlitten werden.

Wenn wir soeben sagten, dass auch die Götter und Geister dem Kreislauf der Wiedergeburten unterliegen, so muss man einschränkend hinzufügen, dass sie sehr lange, unter Umständen Millionen von Jahren, in ihrer Götter- und Geisterexistenz verharren können, in einem glückseligen Zustand zwar, aber längst nicht im Zustand der Erlösung, der eben kein Zustand mehr ist, sondern das Nichts, die Leere. Der langlebigste indische Gott ist Brahma; sein Götterdasein dauert 100 Brahma-Jahre, das sind 311 040 000 000 000 Erden-Jahre. Wenn sein Dasein zu Ende gehen wird, wird mit ihm das ganze Weltsystem mit untergehen. Der Kosmos wird wieder zur gestaltlosen Urmaterie werden, die in vollkommener Ruhe verharrt. Irgendwann aber wird ein neuer Kosmos entstehen und ein neuer Brahma in Erscheinung treten. Die anderen indischen Götter leben wesentlich kürzer, doch im Vergleich zu einem Menschenleben immer noch unvorstellbar lang. Die Hindus sind also gewohnt, in gewaltigen Zeiträumen zu denken. Entsprechend unbedeutend erscheint ihnen die menschliche Existenz. Zeitlich ist sie nicht mehr als das Augenzwinkern eines Gottes.

Auch die Welt der Götter unterliegt dem Wandel

Tatsächlich hat sich die Götterwelt des Hinduismus im Lauf der Jahrtausende stark verändert. Niederrangige Götter kamen und gingen. In der Frühzeit der indischen Kultur, also vor viertausend Jahren, dürften eher weibliche Gottheiten vorherrschend gewesen sein. Nach und nach wurden ihnen dann männliche Götter zur Seite gestellt, ebenso heilige Tiere wie Affe, Elefant, Schlange, Rind oder Krokodil und nicht zuletzt auch heilige Pflanzen wie der Feigenbaum oder die Lotosblume. Als die Arier im 2. Jahrtausend v. Chr. in das Indus-Gebiet einwanderten, brachten sie eine Vielzahl von Göttern mit, in denen zum größten Teil Naturerscheinungen verkörpert waren, etwa Sonne, Erde, Mond, Himmel, Morgenröte, Blitz, Feuer, Wind usw. Durch Vermenschlichung und Umkleidung mit mythischen Geschichten wurden daraus im Lauf der Jahrhunderte himmlische Persönlichkeiten mit ganz bestimmten Eigenschaften und Machteinflüssen.

Da wäre zum Beispiel der alte Gott Indra zu nennen, der wohl ursprünglich ein Gewittergott gewesen ist, vergleichbar mit dem Gott Thor der Germanen, später aber als Götterkönig und Gott der Krieger eine bedeutende Rolle spielte. Andere alte indische Gottheiten waren Mitra, Agni (Feuer) und Varuna (Wasser), die meist zusammen aufgetreten sind. Mitra war wohl ursprünglich ein Sonnengott, verwandt mit dem altpersischen Gott Mithras. Soma war der Mond, Vayu der Wind. In grauer indischer Vorzeit hatten vermutlich alle diese Götter ein hohes Ansehen, während sie heute im Volksglauben der Hindus nur noch so genannte Devas sind: Haus- und Schutzgötter. Ihnen untersteht wiederum ein Heer von Halbgöttern und Geistern, die zum Gefolge einer Gottheit gehören. Einer der beliebtesten volkstümlichen Götter ist Ganesha, dargestellt in der Gestalt eines dicklichen Manns mit Elefantenkopf und nur einem Stoßzahn. Er wird angerufen, wenn es gilt, Hindernisse auf dem Lebensweg zu beseitigen. Für Liebesprobleme ist der Gott Kama zuständig.

Schon sehr früh, etwa seit dem 1. Jahrtausend v. Chr., formte sich der Priesterstand der Brahmanen, da die Götterwelt immer undurchschaubarer und der Opferdienst immer komplizierter wurde. Mit der Priesterschaft bildete sich dann nach und nach das Kastenwesen heraus, das heißt, die Priester setzten es ein, um so ihre eigene Stellung abzusichern. Die Brahmanen waren in ihrer eigenen Vorstellung und der des Volkes eine Art von Göttern in der Menschenwelt. Die Macht ihrer heiligen Formeln und kultischen Handlungen war demnach so groß, dass sich ihnen sogar die Götter beugen mussten. So versteht man leicht, dass eine herrschaftliche Kirche in Indien gar nicht nötig war. Fester hätte die Stellung der Priester dadurch auch nicht werden können.

Im Lauf der Zeit veränderte sich die indische Götterwelt, woran man sehen kann, dass auch Götter vergänglich sind. Zwar werden die oben genannten Götter auch heute noch verehrt, doch sie sind nur noch Nebengötter unter vielen. Seit der Mitte des 1. Jahrtausends v. Chr., der so genannten klassischen Zeit des Hinduismus, bildete sich ein mächtiges Dreigestirn an der Spitze des Götterhimmels heraus: Brahma, Vishnu und Shiva. Die alten Götter wurden zum Teil in sie eingeschmolzen und in ihnen aufgehoben.

Brahma ist jener Gott, der bei der Entstehung der Welt eine maßgebliche Rolle gespielt hat, ohne allerdings selbst der Schöpfer der Welt zu sein. Einen solchen gibt es im Hinduismus nicht. Im Gegensatz zum Gott Brahma, der wie alle Götter vergänglich ist, ist *das* Brahma das gestaltlose All-Eine, der Urgrund von allem, was ist. Das Brahma ist die »heilige Macht«. Der Gott Brahma hat aus diesem gestaltlosen Brahma in der Art eines Werk- und Baumeisters die Welt nur gestaltet, ohne sie, wie etwa der christliche Gott, aus dem Nichts zu erschaffen.

Ursprünglich besaß der Gott Brahma als Personifikation der Weltseele eine herausragende Stellung, die er jedoch im Lauf der Zeit eingebüßt hat. Im heutigen Hinduismus hat er gegenüber den beiden anderen »Großgöttern« nur noch eine untergeordnete Stellung, vergleichbar vielleicht mit der eines Erzengels im Christentum. So findet man in Indien auch nur wenige Heiligtümer, die Gott Brahma geweiht sind.

Vishnu und Shiva sind die mit Abstand mächtigsten Götter Indiens. Doch gerade auch in diesem Punkt erweist sich die Toleranz und Flexibilität des Hinduismus. Denn im Grunde kann sich jeder Hindu den Gott zum höchsten erwählen, der ihm dafür geeignet erscheint. Vielen Hindus ist Vishnu der höchste Gott, für andere ist es Shiva. Tatsächlich ist es so, dass sich wegen dieser Götter-Zweiheit das Hindutum entsprechend in zwei Gruppen aufspaltet. Doch das ist für den Hinduismus weiter kein Problem. Dem weitgehend toleranten indischen Geist liegt es ohnehin fern, sich in heiligen Dingen stur festzulegen. Wer heute Shiva als den Allgott verehrt, kann morgen schon dem Vishnu huldigen. Mit unserem christlichen Glaubensverständnis ist das kaum nachzuvollziehen. Wir haben einen anderen Gottesbegriff. Gott ist für uns eine absolute geistige Realität, die keine Aufspaltung duldet. Andererseits erscheint aber auch der christliche Gott in drei Ausprägungen (Vater, Sohn und Heiliger Geist), die freilich als »Dreieinigkeit« verstanden werden. Doch im Grunde bilden auch Brahma, Vishnu und Shiva eine göttliche Dreieinigkeit, da jeder nur einen Aspekt des All-Einen verkörpert.

Der Hinduismus spricht von der Dreigestaltigkeit (Trimurti) des einen unfassbaren Urwesens, das Schöpfer, Erhalter und Zerstörer in einem ist. Überhaupt ist die Dreieinigkeit ja keine christliche Erfindung, wie die Christen gern meinen. Auch das antike Griechenland kannte die Götterdreiheit: Uranus zuoberst, mit den Armen Kronos umschlingend, auf dessen Knien sein jugendlicher Sohn Zeus sitzt. Auch die alten Ägypter kannten dreieinige Götter, ebenso die Germanen. Die göttliche Dreiheit ist auch in indianischen Kulturen bekannt. Es ist nur so, dass sie uns bei anderen Religionen stets als anstößig erscheint und wir sie mit dem Wort »Vielgötterei« abtun. Doch gemeint ist auch dort immer nur der eine unfassliche Gott, der sich in einer Fülle von kosmischen Mächten kundtut. Wenn im Christentum der Heilige Geist als weiße Taube dargestellt wird, so bedeutet das ja auch nicht, dass Christen einen Tauben-Gott anbeten. Ähnliches gilt für die zahllosen christlichen Heiligen, die vor allem im Katholizismus wie Schutzgötter verehrt werden, dazu die Erzengel und Schutzengel, die als Halbgötter zu deuten sind. Was bei anderen Religionen irritiert, erscheint einem bei der eigenen Religion als völlig normal.

In den hinduistischen Göttern zeigt das Göttliche also nur die eine oder andere Form. Diese Ausformung wird vom Gläubigen nicht als etwas Absolutes angesehen, und so kann er sich je nach Stimmung mal der einen oder andern Vorstellung zuwenden.

Vishnu (»der Durchdringer«) verkörpert das Prinzip der Welterhaltung. Er wird immer dann besonders aktiv, wenn die Menschheit in Gefahr ist, also in Zeiten, da Gesetz und Moral zu verfallen drohen. Dann kann sich Gott Vishnu verwandeln, am liebsten in die Gestalt eines Königs. Darüber erzählt die indische religiöse Dichtung viele Geschichten, etwa über die Taten und Worte von Rama und Krishna, die beide menschliche Verkörperungen Vishnus sind.

Shiva (»der Gnädige«) ist der volkstümlichste der drei großen Götter. Er symbolisiert das schöpferische und zerstörerische Prinzip des Kosmos gleichermaßen. Einerseits ist er ein schrecklicher Gott, der durch seinen Tanz den Weltuntergang herbeiführt, andererseits ist er der große Erzeuger, der unter dem Symbol des Phallus (Linga) verehrt wird. Ins rein Geistige erhöht, steht Shiva für die asketische Kraft, mit der die materielle Welt zu überwinden ist, um ein neues geistiges Dasein zu schaffen. Im Glauben des einfachen Volks ist Shiva der Heilsbringer und gnadenvolle Erlöser.

Die heiligen Schriften der Hindus

Im Grunde ist also auch der Hinduismus, trotz seiner vielen Götter, ein Monotheismus. Die Götter sind letztlich nur »Gott-Teile«, Aspekte der einen kosmischen Urkraft. Die Unterscheidung zwischen Monotheismus (Ein-Gott-Glaube) und Polytheismus (Vielgötterei) ist nur oberflächlicher Natur. Selbst das alte ägyptische oder griechische Heidentum mit seinen zahllosen Göttern war in seinem tiefsten Wesen ein Monotheismus – und damit ist der abwertende Begriff »Heidentum« eigentlich hinfällig. Schon der griechische Geschichtsschreiber Herodot (ca. 490–ca. 425 v. Chr.) war der Meinung, dass die alten Ägypter stets nur einen einzigen Gott gehabt hätten, »zu groß, um erforscht, zu mächtig, um bekannt zu sein«. Das Gleiche hätte er gewiss auch über den Hinduismus gesagt, wenn er ihn gekannt hätte. Ein so weiser Mann wie Goethe meinte von sich, er sei als gläubiger Mensch Monotheist, als Naturwissenschaftler Pantheist und als Dichter Polytheist. Als Pantheist sieht man Gott in allem Seienden, vom kleinsten Atom bis zur größten Galaxie.

Im Grunde besagt der Urmythos des Hinduismus nichts anderes, als dass die Welt nur ein Versteckspiel Gottes mit sich selber darstellt. Die Welt entsteht als Folge einer Art von Selbstzerstückelung Gottes, wobei der Eine zu Vielem wird. Der Eine geht in dem Vielen auf, aber das Viele auch in dem Einen. Im Rigveda, der frühesten Sammlung der Veden, heißt es: »Tausendköpfig ist Purusha (das ursprüngliche Bewusstsein als Person vorgestellt), tausendäugig, tausendfüßig, die Erde hat es allseits bedeckt und überragt es um zehn Finger.« Durch diesen Akt der Selbstaufgabe wird Gott zu allen Lebewesen und hört dennoch nicht auf, Gott zu sein.

Vielgestaltig wie der hinduistische Götterhimmel ist auch die Heilslehre dieser Religion. Dabei hat sie niemals eine allgemein verbindliche Lehre entwickelt. Es gibt nur einige wenige, von allen Hindus anerkannte Grundansichten, aber keine Theologie im christlichen Sinn. Auf diesen wenigen Grundansichten beruht ein unüberschaubares Gewirr von Glaubens- und Erkenntniswegen. Das hat seinen Grund vor allem in der schon erwähnten Tatsache, dass der Hinduismus von keiner einzelnen Person geschaffen wurde, auf deren Worte oder Schriften sich die Glaubensgemeinschaft berufen könnte. Das bedeutet freilich nicht, dass der Hinduismus keine Schriften besitzt, die von allen Hindus als heilig und damit maßgebend angesehen werden. Doch diese heiligen Schriften spiegeln alle Phasen der geistigen Entwicklung Indiens über Jahrtausende hinweg wider. Dadurch entstand eine gewaltige religiöse Literatur, deren einzelne Teile zeitlich weit auseinander liegen und sich in ihren religiösen Vorstellungen auch stark voneinander unterscheiden – ein idealer Nährboden zur Bildung zahlloser Glaubensrichtungen.

Zwar sind die Hindus keine Sektierer, sondern verstehen es bestens, die verschiedenen Anschauungen nach eigenem Gutdünken miteinander zu verbinden, dennoch gibt es wohl in keiner Religion so viele verschiedene Richtungen wie im Hinduismus. Und solche entstehen auch heute noch. Darin erweist sich auch die Lebendigkeit dieser Religion, die man von unserer Warte aus gern für alt, starr und rückständig ansieht.

Für alle hinduistischen Sekten verbindlich sind die alten, in Sanskrit abgefassten Schriften, wenngleich deren Wahrheitsgehalt von den Gemeinden unterschiedlich bewertet wird. Für die Hindus ist das Sanskrit die Sprache der Götter und die Ursprache der Menschheit. Die heiligen Schriften werden in zwei Gruppen gegliedert: jene, die übermenschlichen Ursprungs sind und als Offenbarungen des kosmischen Weltgeists gelten, und solche, die von Menschen verfasst worden sind.

Heilige Offenbarungen sind die Veden; man spricht auch vom Veda, was nichts anderes bedeutet als Wissen; gemeint ist »heiliges Wissen«. Der Veda ist eine umfangreiche Sammlung von Texten, die während 3000 Jahren (etwa von 1500 v. Chr. bis 1500 n. Chr.) entstanden ist. Er besteht aus vier Teilsammlungen (Sanhitas) von Liedern und Sprüchen, die bei kultischen Handlungen verwendet werden: erstens der Rigveda, eine Sammlung von 1028 Hymnen, mit denen die Götter zum Opfer herbeigerufen werden; zweitens der Samaveda, eine Sammlung von Gesängen, mit denen die Vorbereitungen zum Opfer begleitet werden; drittens der Yajurveda, eine Sammlung von Sprüchen, die während der Opferhandlung gesprochen werden; und viertens der Atharvaveda, eine Sammlung von Zauberliedern.

Zu jeder dieser vier Sanhitas, die ausschließlich dem Gottesdienst dienen, gehören noch zwei anders geartete Schriften, nämlich zum einen die so genannten Brahmanas, in denen die heiligen Opferriten genau beschrieben und erklärt sind, und zum anderen die so genannten Upanishaden. Das sind theologische und philosophische Texte, die vom Wesen des einen Weltgeists handeln und damit der hinduistischen Geheimlehre zuzurechnen sind. Unter »Geheimlehre« versteht man geheim zu haltendes Wissen, das nur für wenige Eingeweihte bestimmt ist. Es wurde dem Brahmanenschüler gegen Ende der Lehrzeit und unter Ausschluss des weiteren Schülerkreises mitgeteilt. In ihnen kommt die Kraft eines weltentrückten Sehertums zum Ausdruck. Es wird darin der Einheit von Einzelseele und Weltseele gehuldigt. Die Upanishaden haben nicht nur das indische Denken bis heute tief geprägt, sondern sie nehmen in der Geschichte des religiösen Bewusstseins der ganzen Menschheit den höchsten Rang ein. Sie gehören zum Bedeutendsten, was die mystische Dichtung aller Zeiten und aller Religionen hervorgebracht hat.

Von allen diesen Schriften ist der Rigveda die älteste. Einige seiner Hymnen entstanden vor etwa 3500 Jahren. Die Upanishaden reichen in einigen Teilen bis ins 8. Jahrhundert v. Chr. zurück, andere sind aber erst in der Zeit der islamischen Vorherrschaft entstanden. Damit lag bereits zur Zeit Buddhas, also um 500 v. Chr., der Veda in seinen wesentlichen Teilen vor. Er gilt den Brahmanen als ein heiliges und zeitloses Werk, das über unzählige Generationen weitergegeben worden ist.

Zu diesen heiligen Offenbarungstexten der Hindus gesellen sich noch zahlreiche heilige Schriften der »Überlieferung«, etwa Sutras (Leitfäden) und Shastras (Lehrbücher) der verschiedenen Wissenschaften. Hinzu kommen außerdem die großen hinduistischen Heldengedichte, unter denen die Bhagavadgita (der Gesang des Erhabenen) wohl das bedeutendste ist. Es handelt sich dabei um ein philosophisches Lehrgedicht, worin Krishna, also die menschliche Inkarnation Vishnus, dem Helden Arjuna das Wesen von Gott, Welt und Seele erläutert: Handle stets so, rät Krishna, als ob du vom äußersten Ehrgeiz beseelt wärst. Ersticke allen Egoismus, aber lebe dein einmaliges Leben so tatkräftig wir nur irgendein Egoist. Liebe alle Kreatur mit gleicher Intensität, aber versäume dabei nie, das Nächstliegende zuerst zu tun.

Zu den wichtigsten Quellen der Hindu-Mythologie zählen auch noch die 18 Puranas (alte Schriften), die dem Vishnu- und Shiva-Kult zu Grunde liegen. Hinzu kommen noch zahllose volkstümliche Erbauungsschriften, meist in Gedichtform abgefasst, die in weiten Teilen Indiens noch heute viel gelesen werden.

Vom Wesen des Dharma

Alle genannten Schriften können wohl als jene Werke bezeichnet werden, in denen sich Geist und Weltbild des Hinduismus am vollendetsten widerspiegeln. Es gab allerdings einen groß angelegten Versuch, die vielen nebeneinander stehenden religiösen Anschauungen, wie sie in den verschiedenen heiligen Schriften zum Ausdruck kommen, zu einer letzten großen Einheit zusammenzufassen. Diesen Versuch unternahm der Brahmane Shankara (ca. 788–820 n. Chr.) durch eine neue Deutung der alten Texte. Er nannte seinen Versuch der Vereinheitlichung Vedanta, was so viel heißt wie »Ende der Veden«. Im Vedanta hat der Hinduismus die Quintessenz seiner religiösen Seele erhalten. Der Psychologe C. G. Jung (1875–1961) hat über Shankaras Vedanta folgende einfühlsame Worte gefunden: »Wie ein Wohlgeruch oder eine Melodie durchdringt es das seelische Leben Indiens, es ist überall sich selbst gleich, aber nie monoton, sondern unendlich variierend. Um es kennen zu lernen, genügt es, eine Upanishad oder ein paar Gespräche des Buddha zu lesen. Was dort klingt, klingt überall, es spricht aus Millionen Augen, es drückt sich in unzähligen Gebärden aus, es gibt kein Dorf und keine Landstraße, wo sich nicht jener breitästige Baum fände, in dessen Schatten das Ich nach seiner Aufhebung trachtet, die Welt der vielen Dinge im All und im All-Einssein ertränkend. Dieser Ruf war mir in Indien dermaßen vernehmlich, dass ich dessen Überzeugungskraft bald nicht mehr von mir abzuschütteln vermochte. So war ich denn durchaus sicher, dass niemand darüber hinaus zu gelangen vermöchte, am wenigsten der indische Weise selber.«

Von Karma und Kasten haben wir bereits gehört. Das Karma eines Lebewesens, sei es nun Pflanze, Tier, Mensch, Geist, Dämon oder Gott, ist die Summe aller guten und schlechten Taten, die eine Seele während all ihrer bisherigen Verkörperungen vollbracht hat. Jedes Wesen besteht aus einer rein geistigen Seele (Jira), die seit ewigen Zeiten existiert. Diese legt in jeder Wiederverkörperung einen neuen Körper der unterschiedlichen Daseinsformen an, wobei die jeweilige Stufenleiter vom Karma bestimmt wird. Als Mensch sich zu verkörpern ist bereits ein hohes Verdienst, doch kann dieses durch ein schlecht geführtes Leben wieder verspielt werden. Die Seele muss dann in der nächsten Existenz in den Körper eines Tiers oder einer Pflanze. Auch der Absturz ins dunkle Reich der Höllenwesen ist möglich.

In allen Lebewesen, aber auch in den toten Dingen, ist ein ewiges kosmisches Gesetz wirksam, das so genannte Dharma. Wir würden es vielleicht modern als unauslöschliche kosmische Energie bezeichnen. Das Dharma sorgt dafür, dass sich zum Beispiel Elemente bilden und aus ihnen die unzähligen Stoffe entstehen, die wiederum die Grundlage für alles Leben sind. Das Dharma ist aber nicht nur verantwortlich für die natürliche Ordnung, das heißt für die Naturgesetze, die von Physik, Chemie und Biologie beschrieben werden, sondern auch für die sittliche Ordnung zwischen den Lebewesen. Es ordnet allen Wesen das ihnen gemäße Verhalten zu, weist ihnen ihren Platz an, etwa dem Menschen seine Stellung in der Kaste mit den dazugehörigen Rechten und Pflichten. Das Dharma verteilt auch Lohn und Strafe für gute und böse Taten; es legt somit die Art der Wiedergeburt fest. Nicht zuletzt ist das Dharma für die magische, rituelle Ordnung der menschlichen Gesellschaft verantwortlich, legt also die heiligen Handlungen fest, die Art der Opfer bis hinab zu den religiösen Gebräuchen des Alltags.

Das Dharma als ewiges Weltgesetz ist auf nichts Grundlegenderes mehr zurückzuführen, es ist das gestaltlose All-Eine, gewissermaßen das göttliche Prinzip, das jenseits aller Götter liegt, das in und über allem waltet. Der Hinduismus in seiner ursprünglichen Form kennt also keinen ewigen und allmächtigen Weltenherrn.

Doch auch hier muss man sofort hinzufügen, dass der Hinduismus selbst in der zentralen Frage nach dem höchsten Weltprinzip kein Dogma kennt; er lässt viele philosophische Vorstellungen gelten. Allen diesen Vorstellungen gemeinsam ist nur die Idee von Karma und Seelenwanderung. Hingegen ist die Frage, ob Dharma nur gestaltlose Energie ist, die von Anbeginn da war oder von einem ewigen Gott erst hervorgebracht wurde, für den Hindu unerheblich. In der Tat hat der Hindu mit der christlichen oder muslimischen Vorstellung von dem einen, wahren und ewigen Gott überhaupt kein Problem; sie lässt sich spielend mit der Idee des Dharma in Einklang bringen. Viele Hindus glauben an einen höchsten persönlichen Gott, heißt er nun Shiva oder Vishnu, genauso viele glauben an ein gestaltloses höchstes Prinzip. Zwischen diesen Extremen halten eine Reihe von Meinungen die Mitte: Sie versuchen, die Allmacht eines persönlichen Weltenherrn mit einem gestaltlosen Weltgesetz in Einklang zu bringen, was auch problemlos gelingt. Hierüber kam es im Hinduismus auch niemals zu ernsthaftem Streit oder gar zu Religionskriegen, wie das Christentum sie ausgefochten hat. So gilt es für den Hindu als ein schweres Vergehen, den Glauben eines andern gewaltsam beeinflussen zu wollen. Denn jeder Mensch ist doch ein ganz besonderes Wesen, das auf seinem ihm gemäßen Weg zu Gott gelangen muss, nicht auf dem Weg eines andern. Die indische Lehre vom ganz persönlichen Weg meint: »Lieber seinem eigenen, noch so niedrigen Dharma folgen als dem noch so erhabenen eines andern.« Ein Begriff wie »Ketzerei« ist dem Hinduismus völlig fremd. Dem philosophisch tätigen Hindu ist ohnehin klar, dass die Wahrheit um das Übersinnliche und Göttliche in kein logisches Gedankensystem hineinpasst, sich immer nur vage umschreiben und in Symbole kleiden lässt, von denen die einen so richtig oder falsch sind wie die andern. Eine alte indische Weisheit besagt: »Über heilige Stätten, über Gott und über die religiösen Pflichten herrscht unter den Gelehrten viel Streit. Dass aber Vater und Mutter etwas Heiliges sind und dass das Mitleid eine Tugend ist, darin stimmen alle Lehren überein.«

Der hinduistische Weg zum Heil

Die karmische Bestimmung seines Daseins ist dem Hindu das Wichtigste, oder anders gesagt: Wichtig ist die Aussicht, dass der Kreislauf der Wiedergeburten durchbrochen werden kann. Wie die Erlösung vom Leid der Wiedergeburt zu erreichen sei, darin gehen die Ansichten auseinander. So gibt es die Lehre, dass der Mensch nicht im Stande sei, sich aus dem Wirrwarr des Diesseitigen, dem Strudel der Wiedergeburten (Sansara) zu befreien. Dazu sei nur die Kraft der höchsten Gottheit in der Lage. Diese göttliche Kraft kann aber nur durch gläubige Liebe, Ergebenheit und Gottvertrauen gewonnen werden.

Diese Auffassung ähnelt stark der christlichen Lehre von der Erlösung durch den gnädigen Gott – mit einem feinen Unterschied: Der Hindu muss sich selbst um die Erlösung bemühen, während der Christ durch den Opfertod Christi erlöst wird. Die mehr philosophisch ausgerichteten Schulen des Hinduismus vertreten die Auffassung, dass der Mensch sich ganz ohne göttliche Hilfe die Erlösung »erarbeiten« könne. Dazu müsse aber der Weg der unablässig geübten Meditation und des Studiums der heiligen Schriften gegangen werden. Dies gehe einher mit einer völligen Abkehr von der Welt.

Eine allgemeine Erlösung der Welt kennt der Hinduismus nicht. Da die Zahl der Lebewesen unübersehbar ist, wird sich das Rad der Wiedergeburten ewig drehen, mögen auch noch so viele Seelen die Erlösung erreichen. Daraus wird oft eine pessimistische Grundhaltung des Hinduismus zum Leben abgeleitet. Das ist jedoch völlig unbegründet. Es gibt keine Religion, die weniger pessimistisch wäre. Der Hinduismus setzt eine Weltordnung, in der die Lebewesen unvermeidlich aufwärts steigen. Gerade der Mensch hat dabei die Chance, durch eigenen Willen zur Erlösung zu gelangen. So kennt der Hindu auch keinen Begriff der Sündhaftigkeit. Jede Tat zieht, dem Gesetz des Karmas zufolge, ihre notwendigen Folgen nach sich; diese sind gewissermaßen naturgegeben. Die Folgen der Taten hat jede Seele auf sich zu nehmen, und nichts kann sie davon befreien, auch keine göttliche Gnade. Die hinduistischen Heilslehren verbieten es geradezu, schlecht von sich zu denken: Wie der Mensch von sich denkt, so werde er.

Auch der Zustand der Erlöstheit wird im Hinduismus nicht einheitlich vorgestellt. Die den Vishnu- oder Shiva-Kult pflegenden Hindus beschreiben die Erlösung als das ewige Verweilen der Seele in einer überirdischen Welt in der unmittelbaren Nähe zur Gottheit. Für andere Hindu-Gemeinden ist die Seele von allem Irdischen abgeschieden, ohne Bewusstsein und ohne Möglichkeit der Aktivität. Wiederum andere Glaubensrichtungen sprechen vom völligen Verlöschen und Aufgehen der Seele im Allgeist des Brahma. Diese Einheit besteht aber für bestimmte hinduistische Schulen von jeher, bleibt dem einzelnen Lebewesen jedoch infolge seines Nichtwissens verborgen.

Ein bedeutendes praktisches Mittel zur Erlangung der Erlösung ist im Hinduismus die Technik des Yoga. Das Wort bedeutet so viel wie »Anspannung« oder »Training«. Der Yoga lehrt Methoden der Meditation, verbunden mit körperlichen Übungen, die bereits im 2. Jahrhundert v. Chr. in Indien entwickelt wurden und in die Upanishaden Eingang gefunden haben. Grundlage des Yoga sind die Lehrsätze des Meisters Patanjali – er lebte im 2. Jahrhundert v. Chr. und vervollkommnete die Grammatik des Sanskrits –, die er in acht Stufen formuliert hat: Die erste Stufe verlangt moralisch rechtes Verhalten als Grundlage für jeden weiteren Fortschritt im Yoga. Die zweite Stufe fordert »höhere Selbstzucht«, also Genügsamkeit, Studium der heiligen Schriften und Gottergebenheit. Die dritte Stufe lehrt die rechten

Körperhaltungen, damit der Körper wie ein Instrument ganz in den Dienst des Geistes gestellt werden kann. Die vierte Stufe hat Atemübungen zum Ziel. Die fünfte Stufe lehrt die »Einziehung der Sinnesorgane«, also die Abkehr von der äußeren Sinnenwelt durch fortwährende Beherrschung von Sehen, Hören, aber auch von Sprechen, Gehen, Anfassen usw. Die sechste Stufe zielt auf die vollkommene Konzentration des Geists auf einen bestimmten Punkt. Die siebte Stufe führt zur Meditation, also zur Versenkung in ein gestaltloses, punkthaftes Gegenüber. Und schließlich die achte Stufe: Aufgeben auch dieses punkthaften Gegenübers und Versenkung in ein absolutes Leeres. Das persönliche Bewusstsein verlöscht, die Trennung von Ich und Kosmos ist aufgehoben.

Der Yoga ist keine spezielle religiöse Richtung, sondern eine Möglichkeit, durch praktische Übungen zu neuen, höheren Bewusstseinsformen zu gelangen. Das Bewusstsein soll nicht mehr an der Oberfläche der Dinge haften, es soll den Geist der Tiefe spiegeln. Damit bezeichnet der Yoga den praktischen Angelpunkt aller hinduistischen Weisheit. Dieser liegt im Menschen selbst, nirgendwo sonst. Durch genügende Schulung kann jeder diese Weisheit erlangen.

Durch diese achtstufige Steigerung des Konzentrationsvermögens gelangt der Mensch in den Besitz eines Werkzeugs von ungeheurer Kraft. Beherrscht er dieses Werkzeug vollkommen, so ist es ihm möglich, mit jedem beliebigen Punkt der Welt in unmittelbaren Kontakt zu treten. Er kann Fernwirkungen ausüben, er kann im Prinzip alles erreichen, was er will. Es findet eine Art von Vergöttlichung des Menschen statt. Auf den Punkt gebracht ist Yoga nichts anderes als Konzentration. Es gibt keinen anderen Weg zur Vervollkommnung. Die geistige Tiefe, die erreicht wird, hängt allein vom Grad der Konzentration ab.

Deshalb behauptet die indische Weisheit, dass Religiosität und Moral »erarbeitbar« sind. Sie sind für jeden erreichbar auf dem Weg bewusster konzentrierter Selbstkultur. Yoga ist deshalb für den Hindu die Summe allen Bildungsstrebens. Denn nur der oberflächliche, unkonzentrierte Mensch kann zwischen Richtig und Falsch, Gut und Böse nicht unterscheiden. Der vollendet tiefe Mensch kann nur Gutes wollen. Yoga ist Selbsterziehung durch Verdichtung der zerstreuten

Möglichkeiten, die jeder Mensch in sich hat. Yoga ist die Zuspitzung aller in uns schlummernden Energien. Denn mit jeder überflüssigen Bewegung, jedem überflüssigen Gedanken wird Energie vergeudet. Jeder Mensch verfügt aber nur über ein bestimmtes Maß an Energie. Je weniger wir davon sinnlos verausgaben, desto mehr bleibt zur sinnvollen Verwendung. So sind die Gedanken fortwährend mit irgendwas beschäftigt: ein endloser, banaler, sinnloser Gedankenstrom, in dem rasend schnell Inhalt auf Inhalt folgt. Im Yoga wird dieser sinnlose, Energie vergeudende Gedankenfluss angehalten und damit Geisteskraft gespart. Diese sammelt sich im Menschen an. Aus ihr können neue ungeahnte Fähigkeiten erwachsen. Der Mensch ist nicht mehr Knecht seiner endlosen Gedankenketten und sinnlosen Körperaktionen, sondern er speichert diese Energie, um sie bei Bedarf konzentriert freizusetzen. »Stillwerden der Seele« lautet das Ziel des Yoga. Selbst nur wenige Minuten des bewussten geistigen Stillhaltens jeden Tag bewirken mehr als die strengste Schulung.

Der moderne reformierte Hinduismus

Auch Hindus beten, aber das Gebet hat im Hinduismus eine andere Bedeutung als etwa im Christentum oder im Islam. Das Gebet des Hindus ist kein Bitten und erst recht kein Erbetteln göttlicher Gunst. Es hat also seine Wurzeln nicht im Opfer; es soll damit nichts bewirkt werden. Der Hindu weiß, dass Bitten niemals etwas Heiliges sein kann, selbst dann nicht, wenn es für andere geschieht. Denn letztlich bezieht es sich immer auf das eigene Ich; im Bittgebet kommt der Egoismus zum Tragen. Das Beten des Hindus ist ein Öffnen des Bewusstseins, also Teil der Meditation. Beten ist reiner Zweck. Dem Christen oder Muslim ist das Gebet ein Mittel zum Zweck, und dieser Zweck lautet: Gott für sich einzunehmen.

Wie in jeder Religion, so gibt es auch im Hinduismus starke Gegensätze zwischen dem Glauben des einfachen Volks und der religiösen Philosophie der Gebildeten. Es scheint wohl ein Grundgesetz jeglicher Religion zu sein, dass sie auf das Verständnis des kleinen

Mannes und der kleinen Frau zugeschnitten werden muss, um erfolgreich sein zu können. Mit religiöser Weisheit allein stellt sich dieser Erfolg nicht ein. Das so genannte einfache Volk hat ein starkes Verlangen nach Kulten, Bildern, Geschichten, die nicht einfältig genug sein können. Die Verehrung von Bildern und Statuen, die besondere Gottheiten darstellen, hilft vielen Gläubigen, sich die Gottheit begreifbar zu machen. Das Unfassbare ist nicht jedermanns Sache. Um wirklichen Götzendienst handelt es sich dabei nicht. Denn beim Götzendienst wird der Gegenstand selbst verehrt: Der Gegenstand steht nicht nur für das Heilige, er *ist* das Heilige. Auch die Christen beten zum Kruzifix, ohne dabei den Gegenstand aus Holz oder Metall zu meinen. Gemeint ist die unfassbare Gottheit, für die es kein Bild gibt.

Die hinduistische Lehre, wie sie in den zahlreichen heiligen Büchern dargelegt ist, gehört zweifellos zu den wahrsten, tiefsten und umfassendsten religiösen Lehren der Menschheit. Sie hat jedoch auf das indische Leben nur begrenzt eingewirkt. Der praktizierte Hinduismus hat mit der ewigen Weisheit der Hindu-Literatur nur wenig zu tun. Die Grundideen der Bhagavadgita etwa sind wohl bis heute nur von ganz wenigen Hindus verwirklicht worden. Auf das Leben des gewöhnlichen Hindus haben sie kaum einen Einfluss. Aber wer weiß, ob es diesem überhaupt gut täte, so viel zu wissen. Der Geist dieser Bücher ist zu tief und zu weit, um ins alltägliche Leben Eingang zu finden.

Wer vom Hinduismus spricht, muss also stets hinzufügen, welchen Hinduismus er meint: den der gebildeten Oberschicht Indiens oder den des einfachen Volks. Dazwischen liegen gewaltige geistige Welten. Diese Kluft zu überbrücken, war das Ziel von Reformbewegungen, die zur Mitte des 19. Jahrhunderts in Indien einsetzten. Der Auslöser war die Eroberung und Kolonialisierung Indiens durch England seit 1857. Die Konfrontation der indischen Kultur mit der abendländischen führte zu einer inneren Umformung der indischen Gesellschaft und zu einem geistigen Wandel größten Ausmaßes. Erziehung und Bildung in Indien wurden auf westliche Grundlagen gestellt, ebenso das Rechtswesen und die Medizin. Nicht minder bedeutend war die damit verbundene Ausbreitung des Christentums auf indischem Boden. Freilich gab es schon in den frühen nachchristlichen Jahrhunderten einige Christengemeinden in Südindien, die aber weitgehend in sich abgeschlossen blieben.

Man könnte mit einem gewissen Recht behaupten, dass die moderne westliche Kultur der eigentliche Motor der Erneuerung des Hinduismus gewesen ist. Erste Reformversuche gab es allerdings auch schon vor 1857, nämlich durch die von Ram Mohan Roy im Jahre 1828 begründete Theistische Gesellschaft. Diese erhob das Christentum zur Norm einer als notwendig empfundenen Erneuerung des Hinduismus. Roy (1772–1833) war aber auch stark von der hohen Ethik des Islams beeindruckt. Die Verehrung der unzähligen hinduistischen Götterbilder wurde von Roy abgelehnt, der alleinige Wahrheitsanspruch der Veden, der ältesten Schriften des Hinduismus, infrage gestellt: Das Verheiraten von Kindern, das Kastenwesen und vor allem die totale Rechtlosigkeit der Parias wurden bekämpft, ebenso das traditionelle Herrentum des Mannes und das entsprechende Sklaventum der Frau, das Opferunwesen, die allgemeine Unwissenheit. Damit wurde sich der Hinduismus zum ersten Mal seiner ethischen Mängel bewusst, seiner »abergläubischen Kindlichkeit«, wie Roy es genannt hat. Fortan hatte sich der Hinduismus am aufgeklärten Geist der Moderne zu messen.

Diese geistige Reformbewegung blieb allerdings auf die Kreise der gebildeten Hindus beschränkt. Dennoch wird Ram Mohan Roy zu Recht als der »Vater des modernen Indiens« bezeichnet. Viele folgten seinem Beispiel, wenngleich es auch Gegenbewegungen gab – etwa die des Svami Dayanand –, die die arische Religion des klassischen Indiens zu retten versuchten vor dem Einfluss christlicher Ethik. Der Hinduismus sollte sich erneuern, aber aus sich selbst heraus und nicht durch fremden westlichen Einfluss.

Ramakrishna – Ekstatiker und Visionär

In dieses geistige Spannungsfeld tritt die Gestalt Ramakrishnas (1836–1886): ein Ekstatiker und Visionär des neuen Indiens, »der Unvergleichliche«, wie ihn seine Schüler nannten. Er wurde zum wahrhaft großen Beweger des modernen Hinduismus. Ekstatiker und Visionär deshalb, weil er ein vollkommen von Gott Bewegter war. Er sprach einfach aus, was er »sah«, freilich nicht auf der Ebene der sinnlichen Wahrnehmung, sondern jener der mystischen »Schau«, die hinter den Schein der Dinge dringt. In allem sah er Gott – und das war seine natürliche, ihm selbstverständliche Sicht. Vor seinem Blick wurde alles gleichsam durchsichtig und ließ die Gotteswirklichkeit dahinter aufleuchten. So berichteten es zumindest jene Menschen, die Ramakrishna persönlich erlebt haben.

In einem Dorf in Bengalen aufgewachsen – da trägt er noch den Namen Gadadhar –, als echter Lausbub, der gern Streiche ausheckt, wird er als Siebenjähriger jäh durch den Tod des Vaters ins harte Leben geworfen. Er hilft seinem älteren Bruder bei Tempeldiensten, um so die Familie durchzubringen. Als auch der ältere Bruder plötzlich stirbt, tritt der junge Ramakrishna an dessen Stelle. Mehr ist von seinem äußeren Leben nicht zu berichten, das ohne jedes herausragende Ereignis schon im Alter von 50 Jahren nach einem qualvollen Krebsleiden zu Ende geht.

Außergewöhnlich ist hingegen Ramakrishnas Persönlichkeit. Sein bloßer Anblick, so wird berichtet, erst recht eine Berührung von ihm, konnte einen Menschen in Ekstase versetzen. Viele hatten das Gefühl, im nächsten Augenblick vor Ergriffenheit sterben zu müssen. Ramakrishna hat niemals gepredigt, keine Gemeinde begründet, keine Versammlungen abgehalten. Es gibt keine einzige von ihm geschriebene Zeile. Erhalten sind nur Gespräche mit Freunden und Schülern, die diese aufgezeichnet haben. Das erinnert ein wenig an Buddha oder Jesus, von denen wir auch nur Worte aus zweiter Hand besitzen. Tatsächlich hat man Ramakrishna schon zu Lebzeiten mit Jesus verglichen. Der französische Schriftsteller Romain Rolland hat ihn als einen »jüngeren Bruder unseres Christus« bezeichnet. Mit den Worten »Sonst noch was?« soll Ramakrishna auf solches Ansinnen geantwortet haben. Nein, so versicherte er, die Taten Jesu könne er nicht wiederholen.

Ramakrishna lehnte sogar die Rolle eines Gurus ab, dieses für den Hinduismus so charakteristischen Seelenführers. Was er wirklich war: ein von Gott Besessener. Das darf man allerdings nicht als eine dämonische Besessenheit verstehen, sondern als eine helle, schöpferische, prophetische Besessenheit, wie sie uns von den Propheten des Alten Testaments vertraut ist – eine Flöte nur, wie man in Indien sagt, auf der die Gottheit selbst spielt.

Ramakrishna vertrat keine Lehre. Er war am wenigsten das, was man sich gemeinhin unter einem indischen Heiligen vorstellt. Entschieden lehnte er nicht nur jeden Kult um seine Person ab, sondern verneinte ebenso nachdrücklich die alte, von Meister Shankara begründete Vedanta-Lehre, diese angeblich letzte und tiefste Weisheit Indiens. Ramakrishna hielt nichts von dem Versuch, das Unendliche und Absolute erfahren zu wollen durch Aufhebung des eigenen Ichs. Er wusste, dass der Mensch sein Ich nicht ablegen kann wie ein Kleidungsstück. Darüber hinaus war er der festen Überzeugung, dass das mystische Gefühl des »Ich bin Er«, dieses scheinbare Verschmelzen mit dem Absoluten, ungesund sei. Man betrüge sich selbst dabei und betrüge andere damit. Man verliere auch jede Beziehung zu anderen Menschen und letztlich auch die zu Gott. Der Mensch solle nur versuchen, sich von seinem unreifen Ich zu befreien. Das von Selbstsucht, Habsucht, Engstirnigkeit befreite »reife Ich« sollte gerade nicht abgetan werden.

Ramakrishna ist für das moderne geistige Indien deshalb so wichtig, weil er es aus seiner vieltausendjährigen Tradition der großen Weltverweigerung herausgeführt hat. Er tat dies aber nicht gegen die Tradition, sondern mit ihr. Ein grundlegendes Problem Indiens an der Schwelle der Moderne bestand ja gerade darin, dass ihm jeglicher schöpferische Antrieb zum Tätigsein in der Welt fehlte. Diesen Impuls brachte das christliche Abendland nach Indien; er wurde von den gebildeten Kreisen begierig aufgegriffen. In dieser großen Umbruchphase war Ramakrishna nur zum Schein ein Vertreter des alten Indiens. Er gab Indien eine Art von geistigem Weckruf, der wichtig war, um die gewaltigen Probleme, die die neue Zeit mit sich brachte, meistern zu können.

Als der »letzte große Religionslehrer der Hindus« gab Ramakrishna den Indern einen einfachen, aber grundlegenden Rat: Übt Weltfrömmigkeit, Brüderlichkeit zwischen allen Menschen, Bruderschaft zwischen allen Religionen. Er tat dies allein aus seiner persönlichen Gotteserfahrung, die leidenschaftlicher und radikaler nicht denkbar ist. Im

Geist dieser Gotteserfahrung, die für ihn mit Gottesliebe gleichzusetzen war, sah er für sein Volk die entscheidende Kraft für die Zukunft. Mit Ramakrishnas eigenen Worten: »Tue deine Pflicht mit einer Hand, und mit der andern halte fest an Gott.« Die Welt ist eben nicht nur Schein, wie die alten indischen Schriften lehren, sie ist mehr als nur ein Traum. Denn auch die Welt kommt von Gott. Und Gott umgibt sich nicht mit wesenlosem Schein, sagt Ramakrishna.

Für Indien kam diese Sichtweise einer geistigen Revolution gleich. Sie erschien nur deshalb nicht so, weil Ramakrishnas Worte auf traditionellem geistigem Boden ruhten. Seine Botschaft wurde von den gebildeten Indern deutlich vernommen. Damit bereitete er die Öffnung und den Durchbruch des Hinduismus zur Welt hin vor, nicht zuletzt auch deshalb, weil er das starre Gesellschaftssystem Indiens infrage stellte: »Die Gott lieben, gehören zu keiner Kaste«, verkündete Ramakrishna. Und er unterstrich seine Worte mit einer einfachen, aber für damalige indische Verhältnisse anstößigen Tat: Er warf die weiße Halsschnur, die ihn als Angehörigen der obersten Brahmanenkaste auswies, von sich und legte sie niemals wieder an. Ramakrishna speiste zusammen mit »Unberührbaren« – für Indien ein religiöses Vergehen allerhöchster Ordnung. Die Parias Indiens waren ja nicht nur Unberührbare, sie waren auch Unansprechbare, Unansehbare und Unnahbare. Sie durften dem Angehörigen einer höheren Kaste nicht zu nahe kommen, mussten vor ihm sofort das Gesicht verbergen und die Hand auf den Mund legen. Mit Gottesliebe allein seien die Kastenschranken zu überwinden, meinte Ramakrishna, und das Gleiche gelte auch für die Schranken zwischen den Religionen. Für Ramakrishna liegt die Wahrheit aller Religionen, ja des Menschseins schlechthin, in der Gottesliebe begründet. In ihr, so Ramakrishna, lebe der Mensch seine tiefste Bestimmung, in ihr komme er zur Wahrheit seiner selbst, weil sie ihn über das eigene Unvermögen hinaushebt.

Gandhi, der Prediger der Gewaltlosigkeit

Ramakrishna war der erste der bedeutenden geistigen Brückenbauer zwischen dem alten und neuen Indien am Ende des 19. Jahrhunderts. Seine Wirkung vollzog sich allerdings zuerst mehr im Verborgenen. Ein anderer außergewöhnlicher Mann wird zu Beginn des 20. Jahrhunderts Geist und Geschichte Indiens direkter und spürbarer prägen als Ramakrishna: Mahatma Gandhi (geb. 1869). Geistig fühlte sich Gandhi weniger Ramakrishna als Svami Dayanand verbunden. Dieser hatte im Jahre 1875 den so genannten Arya Samaj ins Leben gerufen, die »Arische Gesellschaft«, die die geistige Unterwanderung durch das Christentum einzudämmen versuchte. Svami Dayanand rief die Hindus auf, zur allein maßgeblichen Wahrheit der Veden zurückzukehren. Auch er forderte soziale Reformen für die indische Gesellschaft, aber diese sollten ausschließlich aus der eigenen Kraft des Hinduismus gewonnen werden, nicht von außen durch christliche Einflussnahme.

Mahatma Gandhi, der Svami Dayanand in eine Reihe mit Buddha, Jesus und Mohammed stellte, teilte diese Ansicht. Gandhi stand der westlichen modernen Welt ablehnend gegenüber. Seine Wahrheit war einfach und lässt sich mit einem Wort ausdrücken: Gewaltlosigkeit. Für Gandhi war sie nicht eine Wahrheit neben anderen, sondern die Wahrheit des Menschen schlechthin: Erst in der Gewaltlosigkeit wird der Mensch überhaupt Mensch. Sie schließt alle Liebe, auch die Gottesliebe, in sich ein. Die Wahrheit der Gewaltlosigkeit ist für Gandhi identisch mit Gott. Interessant ist dabei, dass Gandhi von vielen christlichen Denkern als Inbegriff eines wahren Christen verstanden wurde. Er wurde als »Erfüller der Bergpredigt«, ja sogar als »christlicher Missionar« bezeichnet. Gandhis Lebenspraxis sei »angewandtes Christentum oder etwas sogar noch Vornehmeres«.

Mit dieser »Verchristlichung« Gandhis, für die er selbst nichts konnte, schuf sich Gandhi von Anbeginn seines Wirkens auch viele Feinde unter seinen strenggläubigen Landsleuten. Sie sahen in ihm einen Verräter am Hinduismus. Aus diesem Motiv heraus wurde Gandhi von einem hinduistischen Fanatiker am 30. Januar 1948 ermordet.

Natürlich hatte die Gewaltlosigkeit von jeher tiefe Wurzeln in der Religion des Hinduismus; sie war durchaus keine Erfindung Gandhis. Der Hinduismus war nie eine kämpferische, aggressive Religion gewesen, wie man das mit einem gewissen Recht für das Christentum und den Islam sagen kann. Gandhi erhob die Gewaltlosigkeit nur zum Kern des Hinduismus, und das war das Neue dabei. Gandhi machte aus der Gewaltlosigkeit eine Art von neuem hinduistischen Heilsglauben. Die Gewaltlosigkeit war Gandhis »Religion«. Es ging ihm dabei um viel mehr als nur um eine Pflicht-Ethik; der Mensch sollte mit seiner Gewaltlosigkeit eins werden. Ramakrishnas Forderung an den Menschen: »Sei etwas!« suchte Gandhi auf dem Weg der Gewaltlosigkeit zu verwirklichen. Als weltüberlegener Asket war er der Verkünder einer höheren Gerechtigkeit; er hat das große moralische Prinzip des Hinduismus, das »Nichtverletzen aller Lebewesen« zur Grundlage seiner politischen Philosophie gemacht. Diese setzte sich eine Lehre aus der Bhagavadgita zum Ziel: Handeln, ohne an den Dingen dieser Welt zu hängen, einzig dem Wohl der Menschen zugewandt.

Gandhis Gewaltlosigkeit ist allerdings nicht zu vergleichen mit der sanften Milde und Güte eines Buddha. Sie ist durchaus kämpferisch: ein politisches Mittel gegen den Westen, den Gandhi als moralisch verkommen betrachtet hat. Gandhis Gewaltlosigkeit ist noch viel mehr: Man soll auch dem Gutes tun, der einem Böses angetan hat. Das ist Gandhis tiefste Idee der Gewaltlosigkeit. Freilich ist das keine spezifisch hinduistische Lehre, sondern sie findet sich auch im Neuen Testament und gehört im Grunde zu den großen Weisheitslehren aller Zeiten und Völker. Was bei Gandhis Gewaltlosigkeit nicht unerwähnt bleiben darf: dass sie auch die Tiere bis hinab zu den niederen Formen mit einbezieht. Hierin kommt bei Gandhi vor allem der Einfluss des Jainismus zum Tragen, eine vom Königssohn Vardhamana, einem Zeitgenossen Buddhas, gestiftete Religion. Diese verstand sich als eine gegen die Brahmanen gerichtete Reformbewegung im Hinduismus. Jain-Mönche filtern sogar ihr Trinkwasser, um selbst winzigste Lebewesen zu schonen. Oder sie fegen beim Gehen den Boden mit einem Palmwedel, um auch nicht das kleinste Insekt zu zertreten. Jain-Mönche erlebte Gandhi in seiner Kindheit, vermittelt durch die Mutter, die ihnen große Verehrung entgegenbrachte.

Gandhi predigte Gewaltlosigkeit, war aber in kriegerischer Zeit oft dazu gezwungen, selbst gewaltsame Aktionen gutzuheißen. Diese Widersprüchlichkeit ist Teil von Gandhis Wirken. Er selbst akzeptierte das als eine Grundbestimmung des Lebens schlechthin: Leben lebt von Leben. Gewaltlosigkeit ist ein Ideal, das man sich als Ziel setzen soll. Doch man wird von den Umständen immer wieder gezwungen, gewalttätig zu sein. Das sagte Gandhi nicht nur so dahin, sondern es war Ausdruck tiefster Lebenskrisen, die er zu durchleiden hatte.

Zur totalen Lebenskrise führten schließlich die blutigen Kämpfe zwischen Hindus und Muslimen kurz vor und nach der Unabhängigkeit Indiens am 15. August 1947, denen fast zwei Millionen Menschen zum Opfer fielen. Um die Grausamkeiten zu beenden, unternahm Gandhi eines seiner zahllosen Fasten – heute würde man Hungerstreik dazu sagen. Sein letztes Fasten führte ihn ganz nahe an den Tod. Und natürlich hat auch dieses radikale Fasten nichts mit Gewaltlosigkeit zu tun, vielmehr ist es Ausdruck von äußerster Gewalt gegen sich selbst. Aber am Ende hatte Gandhi Erfolg damit: Die Anführer der verfeindeten Gruppen trafen sich an Gandhis Bett. Sie verpflichteten sich zur Beendigung des gegenseitigen Mordens. Zwölf Tage später wurde Gandhi von den Kugeln seines Mörders, eines fanatischen Hindus, getroffen. Schlagartig hörte in Indien alle Gewalt auf. Gandhis Tod brachte Indien den inneren Frieden zurück.

Gandhis Gewaltlosigkeit ist vom Hinduismus nicht zu trennen; sie ist praktizierter Hinduismus. Gandhi betonte immer wieder, gerade auch gegenüber seinen christlichen Verehrern, dass allein der Hinduismus mit seiner Botschaft der Gewaltlosigkeit seine Religion sei. Gandhi verehrte Jesus; er verehrte ihn als eine Inkarnation Gottes. »Es ist aber ein Irrtum der Christen«, so meinte Gandhi, »zu glauben, dass sich Gott nur in ihm verkörpert habe. Denn auch in Krishna, Rama und Buddha hat Gott menschliche Gestalt angenommen. Da die Wesensart und die Bedürfnisse der Menschen verschieden sind, sind es auch die Pfade, auf denen sie sich dem Göttlichen nähern. Wenn die Menschen dies erkennen würden, dann würde es keine Glaubenskämpfe mehr geben. Für mich, der ich als Hindu geboren bin, ist der Hinduismus die vollkommenste Religion, das schließt aber nicht aus, dass ich auch das Schöne im Christentum mir zu eigen mache, und dass ich andererseits vieles im Hinduismus ausscheide, was sich nach meiner Meinung in diesen eingeschlichen hat.«

Für Gandhi ist der Hinduismus die »Religion der Menschheit«, weil in ihm die Gewaltlosigkeit ihren höchsten Ausdruck gefunden hat. Dazu eignet er sich auch wegen seiner Dogmenfreiheit, die ihn zusammen mit dem Buddhismus zur tolerantesten unter den Weltreligionen macht. Der Hinduismus bietet für Gandhi die besten Möglichkeiten zur religiösen Selbstentfaltung, gleichzeitig hat er die einzigartige Kraft, all das in sich aufzunehmen, was in anderen Religionen gut ist. Für Gandhi ist der Hinduismus mehr als eine Religion; er ist das höchste geistige Prinzip, das die Menschheit geschaffen hat.

Mit Gandhi erreicht der moderne Hinduismus ein noch nie gekanntes Selbstbewusstsein. Er erkannte zum ersten Mal seine spirituelle Überlegenheit gegenüber dem materialistischen, von Geld und Macht geprägten Westen.

Sri Aurobindo oder die Wandlung des Terroristen zum Heiligen

Der letzte im Bunde der drei großen Modernisierer des Hinduismus ist Sri Aurobindo (1872–1950). Er verdient es wohl, ohne dass man übertreiben würde, als der letzte große Weise und Seher Indiens bezeichnet zu werden. Während Gandhi von sich sagen konnte, die Wahrheit, die er zu leben versuche, sei so alt wie die Berge des Himalaya, suchte Aurobindo eine neue zukünftige Wahrheit.

Sri Aurobindo war Yogi und Philosoph in einem, wobei seine Philosophie aus der Praxis des Yoga hervorging. »Yoga« bedeutet dem Wortstamm nach die »Anpassung des Willens an ein Ziel«. Aurobindos Ziel war es, die Reichweite des menschlichen Bewusstseins zu vergrößern, neue Dimensionen des Geists zu erschließen. Die Praxis des Yoga liefert den Beweis, dass der menschliche Geist vieles einschließt, das außerhalb des normalen Bewusstseins liegt. Die alte indische Tradition des Yoga zeigt, dass im Menschen die Fähigkeit zur übersinnlichen Wahrnehmung angelegt ist. Sie muss nur durch ausdauernde geistige

Übung entwickelt werden. Das hat nichts mit Wunder- oder Aberglauben zu tun, sondern es geht um die gezielte, konzentrierte Entfaltung verborgener Möglichkeiten des menschlichen Bewusstseins.

Sri Aurobindo, in England erzogen, ein glänzender Student, kehrte als Einundzwanzigjähriger nach Indien zurück, doch keinesfalls als »verenglischter« Inder, sondern als radikal-militanter Kämpfer für die Freiheit Indiens. Er war der erste Politiker in Indien, der die Forderung nach absoluter Unabhängigkeit von England öffentlich auszusprechen wagte.

Von Gewaltlosigkeit hielt Aurobindo nichts. Tatsächlich gehörte er einer terroristischen Vereinigung an, die Anschläge auf englische Einrichtungen und Personen verübte. Am 30. April 1908 explodierte eine Bombe, die einem englischen Richter zugedacht war. Aber sie tötete ein englisches Ehepaar, das mit Politik nichts zu tun hatte. Etwa hundert Extremisten, darunter auch Aurobindo, wurden verhaftet. Nach einjähriger Untersuchungshaft wurde Aurobindo als einziger der Hauptangeklagten freigesprochen – mit vollkommen gewandelter Persönlichkeit.

Fortan fühlt sich Aurobindo zu etwas anderem berufen, als Anführer einer extremistischen Befreiungsbewegung zu sein. Aber wozu? Nach etwa zehn Monaten des Suchens und Versuchens vernimmt er »einen Befehl von oben in einer mir wohl bekannten Stimme in drei Worten: ›Geh nach Candernagor!‹« Er gehorcht dem Befehl unverzüglich. Sechs Wochen später ruft ihn die »göttliche Führung«, wie er selbst sagt, nach Pondicherry in Südindien – ein winziger französischer Kolonialstützpunkt am Indischen Ozean, weitab von allen großen politischen Entscheidungen. Am 4. April 1910 kommt Aurobindo dort an, um es 41 Jahre lang nicht mehr auch nur für einen einzigen Tag zu verlassen – eine Art Verbannung.

Sri Aurobindo gründet die so genannte Sri-Aurobindo-Gemeinde, deren gesamte Verwaltung er 1926 an Mira Richard überträgt, die man »die Mutter« der Gemeinde nennt. Er selbst zieht sich in völlige Abgeschiedenheit zurück. Mira Richards wesentliches Werk ist der Ashram von Pondicherry. Ein Ashram ist traditionsgemäß eine mönchische Einsiedelei, deren Mittelpunkt der Asket, Guru oder Heilige ist. Damit aber hat der Ashram von Pondicherry nichts mehr gemein. Er ist eine kleine, sich selbst erhaltende Stadt, Auroville genannt, mit Wohnhäusern, Handwerks- und Dienstleistungsbetrieben, eigenem Kraftwerk, eigener Landwirtschaft, mit Verlag, Druckerei, Kindergarten, Schule, Universität, Bibliothek, Sportplatz und einer Badeanlage am Indischen Ozean. Hingegen gibt es keinen Tempel, es werden auch keine Götterbilder verehrt, keine Opferhandlungen ausgeführt. Es wird dort keine neue Religion verkündet.

Jeder, der will, kann nach Auroville kommen. Doch der Zustrom der Heilsucher hält sich in Grenzen. Bis heute hat es die Stadt nur auf ca. 1500 Einwohner gebracht, wenn auch aus 50 Ländern.

»Ich bin nicht hier«, verkündete Aurobindo, »um jemanden zu bekehren. Ich predige der Welt nicht, zu mir zu kommen, und ich rufe niemanden. Ich bin hier, das göttliche Leben und das göttliche Bewusstsein in denen zu begründen, die von sich aus den Ruf empfinden, zu mir zu kommen und durchzuhalten, in anderen nicht.«

Der Weg zu diesem göttlichen Bewusstsein führt über einen neuen Yoga, von Aurobindo als »integraler«, also ganzheitlicher Yoga bezeichnet. Dieser neue Yoga, so Aurobindo, »will nicht alte Wege wieder gehen, sondern ist ein spirituelles Abenteuer«. Aber was ist nun das Neue an diesem Yoga? Zuerst einmal dies: In ihm soll sich das Lebensgefühl des neuzeitlichen Menschen durchsetzen. Es geht nicht mehr, wie im alten Yoga, um den mittelalterlichen indischen Menschen, sondern um den modernen Menschen aller Länder und Völker. Damit aber verstörte Aurobindo die traditionelle Frömmigkeit Indiens zutiefst. Denn die hinduistische Religion wollte immer nur eine Religion für die Hindus sein.

Lehrte der alte Yoga die große Weltabkehr des Asketen, so ist das tragende Motiv des neuen Yoga die Weltbejahung – und das ist alles andre als typisch indisch. Für Aurobindo hat die Vergötzung der materiellen Welt im Westen zum Bankrott des Geistes, in Indien die Verneinung der Welt zum Bankrott des Lebens geführt. Dem Leben zu entsagen kann aber auch nicht der Sinn des Lebens sein. Die Welt ist von Gott nicht geschaffen worden, damit sie vom Menschen als etwas Wertloses zurückgewiesen wird. Wenn aber zwischen Religion und Welt ein derart schroffer Gegensatz besteht, dann ist der neue Yoga dazu da, diesen Abgrund zu überbrücken. Weltlich und dem Leben zugewandt, aber ebenso überweltlich muss der Mensch sein.

Der integrale Yoga bedeutet also zuerst einmal Tätigsein in der Welt: arbeiten entsprechend der persönlichen Eignung – im Grunde ein sehr christliches Ethos. Tatsächlich ist der westliche Einfluss im Denken Aurobindos nicht von der Hand zu weisen. Der Hinduismus wird bei ihm auf der Grundlage abendländischer Humanität neu gedeutet. Allein auf dieser Grundlage, das steht für Aurobindo fest, wird es möglich sein, in Indien einen modernen Staat mit einer positiven Einstellung zur Arbeit aufzubauen.

Die Bejahung der Welt hat notgedrungen die Bejahung des Menschen mit seinen einmaligen individuellen Werten zur Folge – ein weiteres Motiv, das der alten indischen Frömmigkeit fremd ist. Diese hat das Individuelle immer nur als etwas Enges und Begrenztes verstanden, das es zu überwinden gilt. Aurobindo sieht in Gott selbst eine Person, besser: eine »Über-Person«, eine Person über allen Personen, »die einzige wirkliche Person und die Quelle aller Personalität«. Deshalb ist für Aurobindo auch nicht die Selbstauslöschung im Sinne des alten Hinduismus das Ziel, sondern wahre Personwerdung, das, was Ramakrishna das »reife Ich« genannt hat.

Für Aurobindo ist sogar die zentrale hinduistische Lehre vom Karma nur eine ungenügende Sinndeutung des Daseins. Hier werde nur das irdische Prinzip von Lohn und Strafe zum kosmischen Gesetz erhoben – eine automatische Vergeltung, die erbarmungslos und moralisch primitiv sei. Das hinduistische Karma-Gesetz verkörpere die Moral des »Auge um Auge, Zahn um Zahn«. So etwas kann nur aus menschlicher Unwissenheit entstehen. Die Vorstellung der Wiedergeburt gibt Aurobindo allerdings nicht auf; vielmehr hebt er sie auf eine höhere Stufe. Wenn der Kosmos mehr ist als nur ein mechanisch ablaufendes Uhrwerk, kann auch die Lehre vom Karma keine mechanistische Lehre sein. Wenn die tiefste Wahrheit unseres Seins geistig ist und nicht mechanisch, dann ist das Selbst der Gestalter unserer eigenen Entwicklung. Der Geist muss größer sein als sein Karma; er kann nicht nur eine Maschine sein, die gleichsam vom Karma gesteuert wird. Unser Geist ist nicht nur der Sklave vergangener Handlungen.

Was »Seele« genannt wird, ist mehr als nur eine begrenzte Persönlichkeit, die unverändert von Geburt zu Geburt überdauert. Wenn dem so wäre, dann läge in der Wiedergeburt überhaupt kein spiritueller Nutzen oder Sinn. Es handelte sich immer nur um die Wiederholung der gleichen kleinen Persönlichkeit bis ans Ende aller Zeiten. Wiedergeburt kann nicht den Charakter von öder Wiederholung haben. Nicht das Ich wird wiedergeboren, sondern die Seele bildet gleichsam eine neue Person, eine neue geistige Formation. Die vergangene Persönlichkeit bleibt in dieser neuen völlig im Hintergrund, im Unterschwelligen. Hierin liegt auch der Grund, wieso sich der Wiedergeborene nicht an seine frühere Existenzen erinnern kann – eben weil es sich bei der Wiedergeburt um keine bloße Wiederholung handelt, sondern um die Neugestaltung einer Persönlichkeit aus vergangenen Persönlichkeiten. Nur so ist das Hervorbringen neuer Möglichkeiten denkbar, also die Entwicklung der Seele, ihr »Herausblühen aus der verschleiernden Materie«. Die vergangenen Phasen wirken in uns als Stützen, als Hinter- und Untergrund. Die gegenwärtige Existenz ist keine nutzlose Wiederholung, sondern etwas Aktives, das zur Entfaltung und zum Wachstum drängt. Dabei wird der »Geiststoff« früherer Existenzen genutzt, ähnlich wie eine Pflanze die mineralischen Stoffe früherer Pflanzenexistenzen verarbeitet.

Unser gegenwärtiger Wille und unsere gegenwärtige Persönlichkeit sind durch viele äußere Dinge des Daseins gebunden, aber die Seele dahinter ist größer und älter als unsere gegenwärtige Person. Nach Aurobindos Auffassung ist die Seele nicht die Folge unseres Erbguts, sondern sie hat durch ihre eigenen Handlungen und Neigungen dieses Erbgut geprägt. Die Seele wäre demnach die Ursache dafür, dass die Gene sich bei einem neuen Lebewesen so und nicht anders mischen. Die Biologie überlässt dieses Mischen der Gene, das bei der Verschmelzung von Ei- und Samenzelle stattfindet, allein dem Zufallsprinzip.

Noch etwas anderes kommt in Aurobindos Philosophie zum Tragen, das für das alte indische Denken undenkbar war: die Idee von Entwicklung und Fortschritt. Aurobindo sagt, dass alles, was zur Verkleinerung und Schwächung der Persönlichkeit beiträgt, gestrig sei. Hingegen sei alles, was die Persönlichkeit erweitere und stärke, zukünftig. Gerade im Zeitalter der Vermassung und Gleichmacherei werde eine echte, unverwechselbare Persönlichkeit immer wichtiger. Diese aber setze eine geistige Wendung nach innen voraus. Und genau an diesem Punkt setzt der neue Yoga an.

Aber wie setzt er an? Was genau soll der Mensch tun, der diesen Weg nach innen beschreiten will? Aurobindos Antwort: Er soll sich öffnen. Das ist der erste geistige Schritt im integralen Yoga. Der Mensch soll sich öffnen für etwas, das jenseits des menschlichen Geists liegt. Dass dieses »Etwas« – eine Art höherer Bewusstseinsmacht – existiert, weiß Aurobindo aus eigener Erfahrung. Dagegen ist für Aurobindo jedes Streben nach Selbstauslöschung, wie es der klassische indische Yoga fordert, in sich beschränkt. Denn der Mensch bleibt bei dieser Anstrengung seiner gewohnten Bewusstseinsebene verhaftet.

Im neuen Yoga geht es folglich nicht um eine Anspannung des eigenen beschränkten Willens, sondern um ein Sich-Öffnen, um eine Empfangsbereitschaft für eine Art von Übergeist. Aurobindo spricht von »Herabkunft« des Übergeists. Diese geschieht oder sie geschieht nicht. Sie ist eine Gnade. Sie kann nicht durch Fasten, Atemübungen, Meditation, Konzentration oder sittlichen Lebenswandel erzwungen werden. Diese Gnade hat aber nichts mit der christlichen Gnadenlehre zu tun, sondern es geht dabei um etwas ganz Neues, das im Grunde mit Religion nichts mehr zu tun hat: Es geht um den Menschen als solchen, egal, welcher Religion er angehört. Ein bislang blockierter Weg zu einem höheren Menschsein soll geöffnet werden, indem ein »Überbewusstes« erschlossen wird. Dabei werden sich nicht nur Geist und Gefühl verwandeln, sondern der Wandel wird bis ins Unbewusste hinein gehen.

Was Aurobindo an den Religionen, auch der hinduistischen, ablehnt, ist die Sucht des Gläubigen nach Seelenheil. Das ist für ihn nur der Gipfel der hochmütigen Selbstbehauptung. Der Mensch greife nach Gott, nur um seinem eigenen Ich zu dienen. Religion ist so einzig Mittel zum Zweck. Die Heilssucht ist erweiterte Ichsucht. Damit lässt sie sich leicht vor jeden irdischen Karren spannen, sei es der Karren der Politik, der Kultur, des Nationalismus oder gar des Kriegs und des Terrors. Der Mensch, so fordert Aurobindo, solle bescheiden zur Seite treten; er nehme sich in den Religionen viel zu wichtig. Der Mensch sei für Gott da, nicht Gott für den Menschen. Denen, die von Gott etwas wollen, gibt Gott, was sie wollen. Doch denen, die sich selbst geben und nichts von Gott wollen, gibt Gott alles. Sich öffnen und beiseite treten: das ist im Grunde alles, was Aurobindos Yoga fordert. Das klingt einfach, ist aber äußerst schwierig. Geduld und Beharrlichkeit sind hierbei gefragt.

Sri Aurobindos Lehre bedeutet die Aufhebung des Hinduismus durch absolute Steigerung der in ihm schlummernden geistigen Kräfte. Um Hinduismus geht es dabei nicht mehr, es geht nicht einmal mehr um Religion. In Aurobindos Lehre vollzieht der Hinduismus eine ins Universale greifende Wende. Das heißt nicht, dass der Hinduismus als Ganzer diese Wende schon vollzogen hätte.

Es ist gewiss kein Zufall, dass dieses moderne universelle Denken aus dem ganz und gar unmodernen Hinduismus hervorgegangen ist und nicht aus dem Wahrheitsgrund einer anderen großen Religion. Dazu war eine religiöse Geisteshaltung nötig, die noch tief im Wissen der Alten wurzelt, eine praktische Frömmigkeit, in der noch die uralten Wege der Bewusstseinserweiterung lebendig sind. Aus diesem Grund ist der Hinduismus die einzige Religion, die noch in unserer Zeit so etwas wie »Heilige« und »Propheten« hervorgebracht hat. In allen anderen Religionen ist diese Kraft längst erloschen – mit einer Ausnahme: der Buddhismus. Aber auch dieser steht ja in der uralten hinduistischen Tradition.

Als älteste der großen Religionen zeigt der Hinduismus eine faszinierende, durchaus auch widersprüchliche Lebendigkeit. Indien hat die tiefste Metaphysik hervorgebracht. Von alters her ist Indien berühmt für seine Weisheit. Kein Volk ist schon so früh in der Menschheitsgeschichte so tief in die Geheimnisse des Seins eingedrungen und hat alle Sphären des Religiösen durchmessen. Aber der kleinen Zahl der Auserwählten, die sich höchste religiöse Weisheit zu Eigen machten, steht die große Masse der Menschen gegenüber, deren Religion von den Tiefen indischer Weisheit kaum etwas widerspiegelt. Sie verharrt zumeist im rituellen Aberglauben.

Letztlich hat sich Indien noch nicht wirklich mit Ramakrishnas Bruderschaft in Gottesliebe, Mahatma Gandhis neuer Ordnung der Gewaltlosigkeit und Sri Aurobindos überbewusster Existenz ernsthaft auseinander gesetzt. Wir sollen etwas sein, mahnt Ramakrishna, aber wir sind es noch immer nicht. Gandhi unterstreicht das, indem er fordert: »Dein Leben sei deine Rede.« Sri Aurobindo schließlich fasst beides zusammen: »Der beste Weg, für den Fortschritt der Menschheit etwas zu tun, ist schließlich der, selber voranzuschreiten.«

ZWEITES KAPITEL

Der Buddhismus

Das Symbol des Buddhismus ist das »Rad des Gesetzes« (Dharma-tschakra). Nach einem indischen Mythos treten in der Weltgeschichte immer wieder Herrscher auf, die die ganze Menschheit friedlich unter ihrem Zepter vereinen. Sie tun dies, indem sie einen Diskus (Tschakra) über den Himmel rollen. Der Diskus ist auch ein Symbol der Sonne, die über alle Länder hinzieht und allen gleichermaßen Licht und Wärme spendet. Der Sonne gleich bringt auch Buddha der Welt das Licht der Erkenntnis und die Wärme der Liebe.

Indien hat aus sich selbst drei Religionen hervorgebracht: den Hinduismus, den Buddhismus und den Jainismus. In der Zeit von etwa 500 v. Chr. bis etwa 1000 n. Chr. bestanden diese voll ausgebildeten Religionen friedlich nebeneinander. Zweifellos ist der Hinduismus stets die vorherrschende Religion Indiens gewesen, denn zu jeder Zeit hatte er in allen Teilen des Subkontinents seine Anhänger. Letztlich sind Buddhismus und Jainismus aus ihm hervorgegangen.

Den Hinduismus haben wir im vorigen Kapitel kennen gelernt, dem Buddhismus wollen wir uns in diesem zuwenden. Doch zuvor ein paar Bemerkungen zum Jainismus, der mit dem Buddhismus eng verwandt ist. Wir hatten bereits gehört, dass Gandhis Mutter dieser Religion sehr nahe stand und auch der Sohn davon stark geprägt wurde. Der Jainismus zählt nicht zu den großen Religionen; er hat außerhalb Indiens zu keiner Zeit eine tiefere Wirkung gezeigt. Dennoch ist er es wert, kurz vorgestellt zu werden. Seine Entstehung fällt mit der des Buddhismus zeitlich zusammen. Diese Zeit – das 6. Jahrhundert v. Chr. – war offensichtlich nicht nur für Indien, sondern für alle hoch entwickelten Kulturen eine ganz besondere. In dieser Epoche des Umbruchs machte die Menschheit einen gewaltigen Satz nach vorn. Der Handel zwischen den Ländern und Kontinenten nahm einen beispiellosen Aufschwung, der einherging mit einem Wachstum der Städte. Wer in diesen bestehen wollte, fernab von der Sicherheit eines bäuerlich-dörflichen Daseins, brauchte vor allem eines: ein starkes, ausgeglichenes Ich, dazu die Fähigkeit, unabhängig von den Gefahren des Lebens zu handeln. Immer mehr Menschen waren auf sich allein gestellt, sorgten sich um ihre Zukunft, fragten nach dem Sinn des Lebens. Die alten Religionen und Kulte konnten darauf keine befriedigenden Antworten mehr geben.

Es war die Zeit, in der Lao-tse und Konfuzius in China lehrten und Sokrates in Athen philosophierte. Und es war die Zeit Buddhas und Vardhamanas. Dieser war der Begründer des Jainismus. Das Wort leitet sich von »Jina« ab, was so viel wie »Sieger« bedeutet. Gemeint ist der Sieger über die Welt. Diesen Ehrentitel hatte man Vardhamana verliehen. Ein Jaina ist also der Anhänger des Jina.

Wie Buddha war auch Vardhamana ein Sohn aus fürstlichem Haus. Wie Buddha wuchs er in Glanz und Herrlichkeit auf. Er heiratete ein Mädchen aus edler Familie, die ihm eine Tochter gebar. Mit 28 Jahren verlor er seine Eltern, was ihn so tief erschütterte, dass er dem weltlichen Dasein vollkommen entsagte, um fortan nur noch nach der einen und letzten Wahrheit hinter den Dingen zu suchen. Er verließ wie Buddha Frau und Kind und wurde Asket. Doch auch das Gewand des Asketen legte er nach 13 Monaten ab und wanderte die folgenden zwölf Jahre nackt durchs Land, bis er die Erleuchtung fand, die vollkommene Erkenntnis über die Welt und den Weg, der aus ihr heraus zur Erlösung führt. Bis zu seinem Tod (ca. 470 v. Chr.) zog er als wandernder Lehrer umher und fand viele Anhänger.

Was Vardhamana verkündete, war eine Erneuerung jener Lehre, die 250 Jahre vor ihm ein Heiliger mit Namen Parshva gepredigt hatte. Vardhamana war demnach ein Reformator der Religionsgemeinde Parshvas. Der Einfluss, den der Jainismus zeitweise auf das Geistesleben Indiens ausgeübt hatte, war so stark, dass es aussah, als würde er im Wettstreit mit Hinduismus und Buddhismus den Sieg davontragen.

Im 12. Jahrhundert begann allerdings der Niedergang des Jainismus, doch kam es nie zu einem völligen Verlöschen, wie das für den Buddhismus in Indien der Fall war.

Die Jainas erkennen die als absolut gesetzte Wahrheit der Veden und der anderen heiligen Schriften des Hinduismus nicht an. Sie haben ihre eigenen heiligen Schriften, die zum größten Teil von Schülern des Vardhamana auf der Grundlage von Predigten des Meisters abgefasst wurden. Nach der Anschauung der Jainas ist die Welt ewig und unvergänglich; an periodische Weltepochen glauben sie nicht. Vielmehr halten sie das unvorstellbar große, aber doch endliche Universum für unveränderlich. Das Weltall wird von keinem höheren Wesen regiert und es gibt auch keine ewige Weltseele. Damit ist der Jainismus eine Religion, die ohne ewigen Gott und ohne unsterbliche Götter auskommt. Allerdings gibt es, wie im Hinduismus, sterbliche Götter.

Höchster Sinn des menschlichen Daseins ist es, ähnlich wie im Hinduismus, das ewige Wechselspiel von Geburt und Tod zu durchbrechen, erlöst zu werden durch Vernichtung des Karmas mit den Mitteln der Askese, der Meditation und dem Studium der heiligen Schriften. Die Jainas sind ebenfalls strikte Anhänger des Kastenwesens. Ebenso legen sie größten Wert darauf, kein lebendes Wesen zu verletzen oder zu töten. Sie leben also streng vegetarisch und üben sich oft im Fasten.

Im Gegensatz zum Hinduismus hat der Jainismus ein Mönchstum ausgebildet. Den Mönchen obliegt die geistige Führung; sie bilden das Rückgrat der Gemeinde. Sie werden von den Laien mit Speisen versorgt, wofür diese als Gegenleistung von den Mönchen geistliche Belehrung erhalten. Diese enge Verbindung zwischen den Mönchen und der Gemeinschaft, die auch heute noch typisch ist für die Jainas, hat wohl besonders dazu beigetragen, dass sich diese Religion bis heute erhalten hat.

Der Buddhismus, wie der Jainismus, ist ursprünglich als Reformbewegung gegen das alte Brahmanentum zu verstehen, die von der untergeordneten Kriegerkaste ausging. Diese kämpfte schon seit längerem darum, sich von den Brahmanen nicht ihrer Macht berauben zu lassen. Sowohl Vardhamana als auch Buddha waren als Fürstensöhne Angehörige der Kriegerkaste. Es gab aber um 500 v. Chr. noch zahllose andere Reformbewegungen. Der Buddhismus, so könnte man sagen, war ursprünglich nur eine von vielen hinduistischen Reformsekten, die im Schoß der damaligen indischen Religion entstanden sind. Diese befand sich seit fast einem Jahrtausend in geistiger Erstarrung.

Alle diese Reformbewegungen teilten mit ihrer Mutterreligion die Grundüberzeugung vom Dasein einer sittlichen Weltordnung, vom Karma, von der Wiedergeburt, von der Erlösung. Selbst die Götter des Hinduismus wurden von Buddha anerkannt. Doch etwas Entscheidendes rückte von Anbeginn die Lehre Buddhas vom Hinduismus ab: Für den Erleuchteten ist das Kastensystem eine vom Menschen erfundene Einrichtung und deshalb ohne religiöse Bedeutung. Die Rechte der Brahmanen beruhen allein auf menschlicher Übereinkunft und entspringen keinem göttlichen Gesetz. Dennoch hat Buddha am Kastenwesen als gesellschaftlicher Einrichtung nicht gerüttelt, weshalb es auch falsch wäre, ihn als gesellschaftlichen Reformer anzusehen. Buddha bekämpfte nur die Vorrangstellung der Brahmanen in geistigen Dingen, denn die hielt er für pure Anmaßung. Nicht die Abstammung verbürge den Weg zum Heil, sondern allein das Wissen – und das könne jeder erlangen.

Für Buddha sind auch die Veden kein ewiges, aus dem Weltgeist von selbst hervorgegangenes Wissen, sondern sie sind von Priestern früherer Zeiten verfasst worden. Das Gleiche gilt für die alten Opferriten. Auch sie sind für Buddha bedeutungslos, wenngleich er anerkennt, dass sie dort, wo sie nun mal bestehen, durchaus sinnvoll sein können. Hierin zeigt sich schon ein Grundwesen Buddhas: Ihm fehlt jeder fanatische Zug, der Religionsstiftern oft eigen ist.

Dennoch hat Buddha für sich selbst radikal mit einigen Fundamenten des Hinduismus gebrochen, vor allem mit der Vorstellung, irgendetwas Irdisches sei von ewiger Dauer. Nein, alles ist geworden und wird wieder vergehen. Damit hat alles, was dem Hindu bedeutsam scheint – die Kastenordnung, das Brahmanentum, das Opferwesen, die heilige Überlieferung –, keinen absoluten, sondern nur einen bedingten Wert. Dieses Prinzip – stets danach zu fragen, wann und wieso etwas entstanden ist – ist für Buddha typisch.

So existieren für Buddha auch keine ewigen, anfanglosen und unvergänglichen Seelen, sondern nur bedingt entstandene, stets sich wandelnde Bewusstseinsströme, die miteinander in Wechselwirkung treten. Es gibt für Buddha keine ewige Materie, auch keine ewige geistige Substanz, keinen Gott oder Weltenlenker. Der ursprüngliche Buddhismus ist somit »gottlos«. In ihm ist kein Platz für einen Gott, der die Welt erschaffen hat, der sie lenkt und dessen Gnade den Menschen erlöst. Etwas für ewig und unbegrenzt anzuschauen, hat nach buddhistischem Verständnis mit der Begrenztheit des menschlichen Bewusstseins zu tun. Letztlich sind alle äußerlichen Ordnungen und Gesetze bedeutungslos. Was allein zählt, sind Erkenntnis und Wille des Einzelnen.

Buddha wendet sich deshalb auch an den Einzelnen, welchen Standes er auch sei. Tatsächlich war es aber so, dass die Mehrheit seiner Anhänger dem Kriegeradel angehörte wie er selbst. War der Hinduismus ausschließlich die Religion der Hindus, so war der Buddhismus durch seine geistige Offenheit bestens dazu geeignet, das indische religiöse Denken anderen Völkern nahe zu bringen. Der Buddhismus hat deshalb nicht nur seine besondere, auf den Einzelnen bezogene Heilslehre, sondern nebenbei viele indische Kulturelemente über die Grenzen Indiens hinaus verbreitet. So hat man mit Recht vom Buddhismus als der »Exportform« des Hinduismus gesprochen. Das gelang freilich nur, indem aus der philosophischen Erkenntnis Buddhas eine Religion gemacht wurde. Mehr noch, Buddha selbst wurde mit der Zeit zu einer göttlichen Inkarnation erhoben. Und Buddha wurde zur Legende. Man verband ihn mit den alten indischen Göttern und erfand Wundergeschichten. Die Parallele zu Jesus ist dabei augenfällig. Das war der Preis dafür, dass aus der Lehre Buddhas der Buddhismus werden und dieser breite Bevölkerungsschichten erreichen konnte. Im Sinne Buddhas war das gewiss nicht. Oder vielleicht doch?

Die Legenden um Buddha

Wer war Buddha? Was wissen wir von ihm? Über die historische Persönlichkeit leider recht wenig. Was wir von ihm wissen, sind in der Hauptsache Legenden, also erfundene Geschichten. Buddha, der Erwachte oder Erleuchtete, wurde um das Jahr 560 v. Chr. im mittleren

Gangestal geboren, gewissermaßen im Vorhof des Himalaya-Gebirges, dem heutigen Grenzgebiet zwischen Indien und Nepal. Dort herrschte Buddhas Familie, das Kriegergeschlecht der Shakyas, über einen kleinen Staat. Von seinen Eltern erhielt er den zu seiner Zeit wohl häufigen Namen »Siddharta« (»Der sein Ziel erreicht hat«). Er wurde aber auch »Gautama« oder »Gotama« genannt, weil sich der Stammbaum seiner Familie vom alten vedischen Lehrer Gotama ableitete.

Die Legende erzählt, ähnlich wie bei Jesus, von einer »unbefleckten Empfängnis« der Mutter Maya durch den »Heiligen Geist« in Gestalt eines weißen Elefanten. Entsprechend zur legendären Biografie Jesu soll der Himmel bei Buddhas Geburt von einem strahlenden Licht erfüllt gewesen sein und weise Männer verkündeten die zukünftige Größe des Neugeborenen. Wie Jesus, so soll auch Buddha seine Lehrer durch außergewöhnliche Geistesgaben in Erstaunen versetzt haben. Es fand sich kein Lehrer, der nicht schon nach kurzer Zeit eingestanden hätte, dass sein Schüler mehr wusste als er selbst.

Der junge Buddha verliebte sich in die schöne Prinzessin Yashodhara, die seine Frau wurde. Daneben aber hatte er noch einen Harem mit schönen Tänzerinnen. Doch Buddha war nicht glücklich. Er erkannte sehr bald, dass alle irdischen Güter und Genüsse vergänglich und damit schal sind.

Die Legende erzählt, dass er auf vier aufeinander folgenden Ausfahrten das Leben erkannte, so wie es wirklich war: in Gestalt eines Greises, eines Pestkranken, einer Leiche, die gerade zu einer Verbrennungsstätte gebracht wurde, und schließlich eines Asketen. Diese letzte Begegnung ließ ihn den Entschluss fassen, sein Fürstenleben aufzugeben, um nach der letzten Wahrheit zu suchen.

Diese eingängige Geschichte hat wesentlich zum Erfolg des Buddhismus beigetragen, ja, sie erfreute sich sogar im christlichen Abendland, verkleidet in die Geschichte vom Königssohn Josaphat, großer Beliebtheit. In der Gestalt des Josaphat, so könnte man sagen, wurde Buddha zu einem Heiligen der katholischen Kirche gemacht – unbeabsichtigt, versteht sich.

Eines Nachts, so erzählt die Legende weiter, während seine Frau und sein eben geborener Sohn schliefen, verließ Buddha seine Familie ohne Abschied. Da war er 29 Jahre alt. Zunächst schloss er sich verschiedenen Asketen an, doch was sie lehrten, konnte ihn auf Dauer nicht befriedigen. Es schien ihm nur eine Vorstufe dessen zu sein, was er an Erkenntnis suchte. Er versuchte es mit schmerzvoller Selbstkasteiung und strengem Fasten. Doch auch auf diesem Weg, so erkannte er, würde er nicht die Wahrheit finden; er würde sich nur zu Grunde richten. Der Weg musste ein rein geistiger sein. Also bildete er die alten indischen Methoden der Meditation weiter aus und gelangte zu immer tieferen Stufen der Versenkung.

Im siebten Jahr seiner Wanderschaft erreichte er, unter einem Feigenbaum sitzend, die Erleuchtung. Aus Siddharta oder Gautama war Buddha geworden. Seine Erleuchtung verdichtete sich in der Erkenntnis: »Im Erlösten selbst ist die Erlösung. Aufgehoben ist die Wiedergeburt, vollendet der heilige Wandel, getan ist, was zu tun war, nach diesem Leben gibt es kein weiteres.«

Vier Wochen lang saß Buddha unter dem Baum der Erleuchtung. Die Legende will, dass ihn während dieser Tage der Teufel versucht, wie das auch von Jesus erzählt wird, als dieser vierzig Tage und vierzig Nächte fastend in der Wüste weilte. Wie Jesus, so spürte auch Buddha das Verlangen, seine Heilsbotschaft anderen Menschen mitzuteilen. Er ging nach Benares am Ganges, jener Stadt, die noch heute die heiligste Stadt der Hindus ist, und machte dort fünf Asketen zu seinen ersten Jüngern. Sie hatten ihn schon früher eine Zeit lang begleitet.

In Benares setzte Buddha das »Rad der Lehre« in Gang: Er legte seinen Schülern in seiner ersten Predigt, der berühmten »Predigt von Benares«, seine Lehre dar. Dort heißt es: »Da redete der Erhabene zu den fünf Mönchen also: ›Zwei Enden gibt es, ihr Mönche, denen muss, wer dem Weltleben entsagt hat, fernbleiben. Welche zwei sind das? Hier das Leben in Lüsten, der Lust und dem Genuss ergeben: das ist niedrig, gemein, ungeistlich, unedel, nicht zum Ziele führend. Dort Übung der Selbstquälerei: die ist leidenreich, unedel, nicht zum Ziele führend. Von diesen beiden Enden sich fern haltend, hat der Vollendete den Weg, der in der Mitte liegt, entdeckt, der Blick schafft und Erkenntnis, der zum Frieden, zum Erkennen, zur Erleuchtung, zum Nirvana führt. Und was, ihr Mönche, ist dieser vom Vollendeten entdeckte Weg, der in der Mitte liegt, der Blick schafft und Erkenntnis schafft, der zum Frieden, zum Erkennen, zur Erleuchtung, zum Nirvana führt? Es ist dieser edle, achtteilige Pfad, der da heißt: rechtes Glauben, rechtes Entschließen, rechtes Wort, rechte Tat, rechtes Leben, rechtes Streben, rechtes Gedenken, rechtes Sichversenken. Dies, ihr Mönche, ist der vom Vollendeten entdeckte Weg, der in der Mitte liegt, der Blick schafft und Erkenntnis schafft, der zum Frieden, zum Erkennen, zur Erleuchtung, zum Nirvana führt. Dies, ihr Mönche, ist die edle Wahrheit vom Leiden. Geburt ist Leiden, Alter ist Leiden, Krankheit ist Leiden, Tod ist Leiden, mit Unliebem vereint sein ist Leiden, von Lieben getrennt sein ist Leiden, nicht erlangen, was man begehrt, ist Leiden: kurz, die fünferlei Objekte des Ergreifens sind Leiden. Dies, ihr Mönche, ist die edle Wahrheit von der Aufhebung des Leidens: es ist der Durst, der zur Wiedergeburt führt, samt Freude und Begier, hier und dort seine Freude findend: der Lüstedurst, der Werdedurst, der Vergänglichkeitsdurst. Dies, ihr Mönche, ist die edle Wahrheit von der Aufhebung des Leidens: die Aufhebung dieses Durstes durch restlose Vernichtung des Begehrens, ihn fahren lassen, sich seiner entäußern, sich von ihm lösen, ihm keine Stätte gewähren.‹«

Die fünf Jünger Buddhas bekannten sich zu dieser Ansicht und wurden so die ersten Mitglieder seines Mönchsordens. Doch Buddha war es nicht allein darum zu tun, einen Mönchsorden zu gründen, er wollte alle Menschen mit seiner Botschaft erreichen. Es können aber nicht alle Menschen Mönche und Nonnen werden. So zerfiel Buddhas Anhängerschaft von Anbeginn in zwei Gruppen: in die Laien und in die Mitglieder des Ordens.

Für den Laien gelten die fünf sittlichen Gebote des täglichen Lebens: »Habt Mitleid und achtet auch das geringste Leben. Gebt und empfangt freimütig, aber nehmt nichts ungebührlich entgegen. Sagt niemals eine Lüge, auch dann nicht, wenn es die Situation zu entschuldigen scheint. Meidet Genussgifte, achtet eure Frauen und begeht keine unsittlichen Handlungen.«

Die Ordensmitglieder hatten diese Gebote in verschärfter Form einzuhalten, indem sie in völliger Keuschheit und Armut leben mussten, unter Einhaltung bestimmter asketischer Regeln. Diese Aufspaltung der buddhistischen Lehre in zwei unterschiedliche Geltungsbereiche ist von größter Bedeutung für das richtige Verständnis von Buddhas Lehre. Buddha hat niemals gesagt, dass jeder Mensch der

Welt entsagen und vollkommen asketisch leben soll. Dazu sind zu einer bestimmten Zeit immer nur wenige Menschen in der Lage. Jene, die in ihrer geistigen Entwicklung noch nicht so weit gekommen sind, werden in einer späteren Inkarnation dafür reif sein.

Von daher ist es auch falsch, dem Buddhismus Kultur- und Zivilisationsfeindlichkeit nachzusagen. Vielmehr ist es so, dass für den Buddhismus die Kultur des Menschen mit all ihren Erscheinungen ihre Richtigkeit und Notwendigkeit hat, wenngleich sie nicht das letzte Ziel des Daseins ist. Die menschliche Kultur hat nur den Wert eines Durchgangsstadiums, über das sich der Heilsuchende zu einem höheren, rein geistigen Sein erhebt. Irgendwann kann auch der schlimmste Bösewicht zur Erleuchtung gelangen.

Es muss nicht verwundern, dass Buddha, selbst ein Adliger, zuerst fast nur Angehörige der Kriegerkaste für sich gewinnen konnte, wenngleich er ein Evangelium für alle verkündete. Sogar einige Brahmanen schlossen sich dem Erleuchteten an. Buddhas Lehre war für die breite Masse der Menschen wenig ansprechend; zu sehr war sie den jahrtausendealten Traditionen, dem Aberglauben und der Magie verhaftet. Dennoch ging bereits nach wenigen Jahren Buddhas Gefolgschaft in die tausende.

Buddhismus und Christentum

Buddha starb mit 80 Jahren, möglicherweise an einer Fleischvergiftung. Bis dahin war er an Geist und Körper frisch und rüstig gewesen. Dass er Fleisch gegessen haben soll, wäre nicht so ungewöhnlich, denn Buddha tolerierte den Fleischgenuss, vorausgesetzt, das Tier war nicht des Essers wegen getötet worden.

Die Legende erzählt, dass der Tod des Erleuchteten von einem gewaltigen Erdbeben begleitet war – wie es auch vom Tod Jesu berichtet wird. Buddhas letzte Worte sind wie folgt überliefert: »Seht den Körper des Buddha, auch er muss, wie alles, das entstanden ist, wieder vergehen …« Dann legte er sich auf die rechte Seite und versank in tiefe Meditation. Keiner seiner Vertrautesten bemerkte den Augenblick, da Buddha aus der Versenkung ins Nirvana, ins ewige Schweigen einging.

Zweifellos war Buddha einer der größten Denker, die die Menschheit je hervorgebracht hat. Wie kaum ein anderer ist er ins tiefste Wesen der Wirklichkeit eingedrungen. Er war nicht nur ein weiser Mann und maßvoller Asket, sondern ein hoch kultivierter Weltmann mit einem tiefen Sinn für die Schönheit der Natur und einer ebenso tiefen Liebe zu allen Lebewesen. Er maß auch den Künsten einen hohen Wert zu, letztlich allem Schönen und Guten. Er wusste als Asket sogar den Wert einer liebevoll zubereiteten Speise zu schätzen, ebenso geschmackvolle Kleidung. Es wäre also vollkommen falsch, in Buddha einen Menschen zu sehen, der allem Irdischen entsagt und es für wertlos erklärt hat. Das Leben hatte für Buddha durchaus einen Wert, aber eben nur einen relativen.

Wichtiger als alles gelehrte Reden über die diesseitige und jenseitige Welt war für ihn das sittliche Tun. Nach allem, was wir von Buddha wissen, war bei ihm das, was er sagte, mit dem, was er tat, in vollkommener Harmonie. Ihm fehlte, was uns in den Lebensgeschichten anderer Religionsstifter oft unangenehm auffällt: der Hang zur Unduldsamkeit oder gar zum Fanatismus. Buddha fehlte jede zornige Grundhaltung all jenen gegenüber, die anders dachten und anderes glaubten. Von Buddha wird erzählt, dass er auch seinen Gegnern freundlich gegenübertrat und den Mitgliedern der verschiedenen hinduistischen Sekten seinen Respekt zollte. »Jeden auf seiner Stufe gelten lassen«, heißt eine wichtige buddhistische Erkenntnis.

»Freundliche Gesinnung« war Buddhas Grundhaltung allen Menschen gegenüber. Das fällt allerdings nicht ganz mit dem zusammen, was die »Nächstenliebe« für das Christentum ist, wo ja Zorn und Hass durchaus neben der Liebe bestehen bleiben. Das führt manchmal zu einer typisch christlichen Engherzigkeit und einem Mangel an Takt, gerade auch jenen gegenüber, die anderen Glaubens sind. Mit »freundlicher Gesinnung« ist das Wohlwollen eines Weisen gemeint, der alles Irdische hinter sich gelassen hat, ohne es zu verwerfen. Eine passive Grundhaltung und eine geistige Ausgeglichenheit lassen keinen Eifer und erst recht keinen Zorn gegenüber anderen aufkommen.

Typisch für alle bildlichen Darstellungen des Buddha ist die überirdische Heiterkeit, die seine Gesichtszüge verklärt. Dazu die unerschütterliche Ruhe und Gelassenheit, die Beseeltheit und Innerlichkeit. Gibt es überhaupt etwas Erhabeneres als die Gestalt Buddhas? Sie ist der vollkommenste Ausdruck des Spirituellen. Dem kommen nur ganz wenige Darstellungen des Christus nahe.

Buddha hatte kein Sendungsbewusstsein. Wer ihm folgen wollte, konnte das tun, aber er bemühte sich nicht um Gefolgschaft. Buddha wollte niemanden bekehren. Das Bekehrenwollen verengt den Geist, denn psychologisch bedeutet es immer nur eines: das Aufdrängen der eigenen Ansicht. Doch ein freier Mensch will nicht bevormundet werden.

Buddha ging es um den Einzelnen, nicht um eine endgültige Welterlösung, wie sie Jesus im Sinn hatte als Verkünder des Gottesreichs auf Erden. Buddha und Jesus sind oft miteinander verglichen worden. In der Tat gibt es viele Ähnlichkeiten zwischen den beiden; einige haben wir schon erwähnt. Doch bereits in ihrer Herkunft unterscheiden sie sich wesentlich voneinander: Buddha, der Fürstensohn, Jesus, der Sohn eines Zimmermanns. Buddhas ganze Lehre trägt unverkennbar den Stempel einer fürstlichen Geistesart, während man im Neuen Testament an vielen Stellen eine gewisse Parteilichkeit bei Jesus spürt, etwa seine Voreingenommenheit den Reichen, ja sogar den Glücklichen gegenüber. Auffallend auch Jesu offene Sympathie für die gescheiterten Existenzen. Buddha hingegen steht über den Parteien und Kasten. Deshalb findet man bei ihm auch keine Spur von Intoleranz.

Der Buddhismus war in seinen Anfängen zweifellos eine Aristokraten-Religion, während man das Urchristentum mit gutem Recht als Proletarier-Religion bezeichnen kann. Dem Christentum wohnte eine starke aufrührerische Kraft inne, da es von vornherein im Gegensatz zu den bevorzugten Klassen stand. Hierin liegt auch ein Grund für die große Wichtigkeit der Glaubensrichtlinien in der Geschichte des Christentums. Der Buddhismus kennt solche nicht. Er will dem Einzelnen nur eine seelische Einstellung zu gewissen Grundfragen des Daseins anbieten. Wozu Dogmen? Die Befreiung hängt allein vom Tun jedes Einzelnen ab und jeder hat dabei seinen eigenen und einmaligen Weg zu gehen – ohne Priester, ohne Kult und Ritus und vor allem ohne die Hilfe einer gnädigen Gottheit. So trug das Christentum von Anfang an den Samen des Zwiespalts in sich, was schließlich dazu führte, dass die Religion des Friedens und der Liebe in der Menschheitsgeschichte so viel Unfrieden und Hass gestiftet hat. Der Buddhismus ist von derart schwerer Hypothek unbelastet.

Die Lehre des Buddhismus

Buddha hat keine einzige Zeile hinterlassen – eine weitere Parallele zu Jesus. Von seinen überlieferten Aussprüchen und Predigten sind nur wenige so alt und so gut bezeugt, dass sie ernsthaft als seine eigenen infrage kommen. Sie wurden später von Schülern aufgeschrieben und sind mit Sicherheit im Lauf der Jahrhunderte auch verändert worden. Was Buddha tatsächlich gesagt hat, wissen wir nicht. Dennoch gibt es so etwas wie die Kerngedanken seiner Lehre, von denen wir einige schon nannten.

Der Buddhismus kennt zwar, wie der Hinduismus, eine Götterwelt, aber auch diese Götter sind, wie wir bereits wissen, endliche Wesen, die dem Kreislauf der Wiedergeburten unterworfen sind. Doch während der Hinduismus hinter den göttlichen Wesen eine ewige Wesenheit sieht, die man durchaus als höchsten Gott bezeichnen könnte, kennt der Buddhismus eine solche nicht. Aber, so fragt man sich, ist dann der Buddhismus überhaupt eine Religion? Kann es Religion ohne Gott oder das Göttliche geben? Ein Buddhist unserer Zeit hat auf diese Frage folgende Antwort gegeben: »Die Lehre des Buddha ist keine Religion, sondern eine Weise zu leben.« Man könnte auch sagen: Der Buddhismus ist eine Form praktischer Religiosität, die ohne Religion auskommt.

Die Lehre Buddhas geht von einer einzigen Grunderkenntnis aus: Alle Erscheinungen in der Welt sind vergänglich; alles ist in dauerndem Wandel begriffen. Es gibt keine ewige Ursubstanz und keine unsterblichen Seelen. Mehr noch: Was wir für wirklich halten, hat keine wahre Realität, sondern nur die Scheinrealität eines Traums. Wirklich ist nur das »Leere« (Nirvana); es ist das einzige Unverrückbare im Vergänglichen. Das Nirvana selbst aber liegt jenseits aller Vorstellungen und Worte. Deshalb hat Buddha über das Nirvana auch nichts Bestimmtes gesagt; es wäre nutzlos.

Weil alles vergänglich ist, ist das Leben leidvoll. Vergänglich ist nicht nur alles Materielle, sondern ebenso alles Seelische. Im Gegensatz zu anderen Religionen, welche behaupten, dass zwar der Körper sich im Tod auflöst, die Seele aber ewig und unzerstörbar ist, vertritt der Buddhismus die Ansicht, dass auch das Ich oder die Seele nichts Festes und Bleibendes ist. Gleich allem Körperlichen ist auch das Ich oder die Seele nur zum Schein eine Einheit. In Wahrheit ist die Seele ein Bündel von verschiedenen geistigen Elementen.

Unter »Seele« versteht der Buddhismus also etwas ganz anderes als der Hinduismus. Es handelt sich dabei nicht um eine einfache, unzerstörbare, ewige Geisteinheit, die immer nur in verschiedenen körperlichen Hüllen wiederkehrt, sondern um eine veränderliche Summe seelischer Eigenschaften. Auch das, was wir gewöhnlich als Bewusstsein oder Ich bezeichnen, ist in buddhistischer Sicht nur ein fließender Strom von Dharmas, von geistigen Energien. Diese uralte Sicht des Buddhismus wird neuerdings auf verblüffende Weise durch die moderne Hirnforschung und die Psychologie bestätigt: Bewusstsein ist ein fortwährendes dynamisches »Feuern« von Milliarden Gehirnzellen, die selbst völlig unbewusst arbeiten, wobei diese »Arbeit« von abermilliarden Nervenzellen mit Billionen von Verbindungen auf rätselhafte Weise gesteuert wird. Anstelle eines festen, zusammenhängenden Ich gibt es gewissermaßen nur eine unendliche Zahl von Augenblick-Ichs. Aber keines von ihnen ist das wirkliche Ich und auch sie alle zusammen bilden es nicht.

Buddha dachte hier ganz radikal, indem er das Vorhandensein eines Ich oder einer Seele leugnete. »Der Geist selbst ist eine Illusion«, sagte Buddha. Streng genommen hat die verstorbene Person mit der wiedergeborenen, in der die karmischen Kräfte weiterwirken, nichts zu tun. Es sind zwei verschiedene Wesen. Andererseits sind sie dies auch wieder nicht, weil die neue Person aus der verstorbenen mit karmischer Notwendigkeit hervorgeht. Man könnte das mit einer Kerzenflamme vergleichen, die von einer niedergebrannten Kerze an den Docht einer frischen Kerze gehalten wird. In der Flamme der neu entzündeten Kerze »lebt« die alte Flamme beziehungsweise die alte Kerze weiter.

Die Wiedergeburt ist im Buddhismus also gar keine echte Wiedergeburt. Da schlüpft keine dauerhafte, fest umrissene Seele in einen neuen Körper. Aber wie soll man es sich dann vorstellen? Nun, man soll es sich gar nicht vorstellen. Auch darüber hat Buddha geschwiegen – wie zu allen Jenseitsfragen, für die es keine vernünftigen Erklärungen geben kann. Hier hilft, wie so oft in der östlichen Philosophie, ein Paradoxon, also eine Aussage, die wahr und falsch zugleich ist: Das, was wiedergeboren wird, ist nicht dasselbe wie das, was einmal war. Aber es ist auch kein anderes. Eine Seelenwanderung ohne Seele, wenn man so will.

Im Buddhismus gibt es also durchaus eine pessimistische Einstellung zum Dasein. Dieser Haltung steht allerdings ein Glaubensoptimismus gegenüber, der kaum noch zu überbieten ist: Das Leiden kann überwunden werden durch Leidenschaftslosigkeit. Die Kette der Wiedergeburten kann so zerrissen und der Zustand ewiger seliger Ruhe erreicht werden. Der buddhistische Begriff dafür ist »Nirvana«. Der Weg dorthin führt über ein sittliches Leben im stufenweisen Höhersteigen. Dabei müssen zunächst im weltlichen Leben die groben Verfehlungen beseitigt werden. Am Ende müssen auch die feineren Formen der Leidenschaft durch geistige Askese ausgelöscht werden. Derart werden die Vorbedingungen für die nächste Wiedergeburt immer besser. Letztlich ist das Gute stärker als das Böse. Im Buddhismus, so pessimistisch seine Grunderkenntnis vom leidvollen Leben auch sein mag, herrscht ein unerschütterliches Vertrauen in die Macht des Sittlichen, verbunden mit einer unzerstörbaren Hoffnung auf Erlösung, mag diese auch erst nach tausend Wiedergeburten eintreten. Diese Überzeugung gibt dem Buddhisten die Kraft, in einer Welt des Leidens dennoch eine heitere Gelassenheit zu bewahren.

Die buddhistische Ethik

Grundsätzlich ist die buddhistische Ethik nicht anders als bei anderen Religionen auch: Es gibt das Gute und das Böse. Beides bezieht der Buddhismus vor allem auf den Mitmenschen. Das Gute ist das persönliche Opfer für einen anderen. Das Böse ist die Befriedigung eines

Verlangens auf Kosten eines anderen. So kennt der Buddhismus selbstverständlich auch den Begriff der Sünde. Mehrere Arten von Sünden werden unterschieden: drei körperliche Sünden (Mord, Diebstahl, Unzucht), vier Wortsünden (Lüge, Verleumdung, Angeberei, Fluchen) und drei Gedankensünden (Begehrlichkeit, Neid, falsche Anschauung). Diesen Sünden stehen acht Tugenden gegenüber, entsprechend den Etappen des »achtfachen Pfads«: Wahrhaftigkeit, Selbstachtung, Keuschheit, Demut, Nächstenliebe, Mitleid mit allen Geschöpfen, Selbstzucht durch Versenkung und das geduldige Ertragen allen Leids, das einem zustößt.

Rein äußerlich unterscheidet sich also die buddhistische Ethik kaum von der hinduistischen. Beide sind gegen den Egoismus gerichtet und zielen darauf ab, nur guten Taten im Leben Raum zu bieten, ohne sich allerdings im Tun des Guten zu verstricken. Schließlich kann man auch aus purem Egoismus Gutes tun.

Die buddhistische Ethik sieht freilich noch einmal anders aus, wenn es nicht um den Laien, sondern um das Mönchstum geht. Die buddhistischen Mönche, die ja keine priesterlichen Aufgaben haben, sollen für den Laien ein Vorbild sein, mehr nicht. Sie haben der Welt entsagt und leben gemäß der Lehre Buddhas. Als buddhistischer Mönch legt man kein Gelübde ab, das einen für immer an den Orden bindet. Man kann jederzeit die Bruder- oder Schwesterngemeinschaft wieder verlassen. In manchen buddhistischen Ländern ist es sogar üblich, dass man auch als Laie einige Zeit in einem Kloster verbringt.

Auch für Mönche gibt es keine Dogmen. Es steht ihnen grundsätzlich frei, ob sie die Regeln befolgen wollen oder nicht. Verbindlich sind nur die drei Grundregeln für das mönchische Leben: Verzicht auf jedes Eigentum mit Ausnahme von neun Gegenständen (drei Gewänder, Rasiermesser, Nadel, Wassersieb, Fächer, Gürtel und Almosenschale). Einhaltung des Gebots, keinem Lebewesen Leid zuzufügen. Und drittens Keuschheit. Das Keuschheitsgebot wird damit begründet, dass jede Beziehung zum anderen Geschlecht eine Bindung an das Dasein zur Folge hat, vor allem, wenn Kinder geboren werden. Das alles hindere den Menschen, seine geistige und körperliche Energie der Versenkung zu widmen. Der Buddhismus ist also nicht grundsätzlich sexualfeindlich, wie ja auch der Hinduismus die körperliche Liebe als positive, göttliche Kraft verehrt.

Dennoch ist bei Buddha eine deutliche Abneigung gegenüber Frauen zu spüren: »Man soll sich vor den Frauen hüten«, hat Buddha gesagt, »denn auf eine kluge kommen tausend dumme oder schlechte.« Erst spät in seinem Leben schlug er versöhnlichere Töne den Frauen gegenüber an und gestattete ihnen schließlich auch die Gründung von Nonnenklöstern. Selbst die Weisheit eines Buddha hat offensichtlich nicht ausgereicht, um die Vorurteile gegenüber Frauen als solche zu durchschauen. Lange Zeit war Buddha sogar im Zweifel darüber, ob Frauen überhaupt zur Erleuchtung fähig seien. In diesem Punkt war Buddhas Lehre alles andere als hochphilosophisch. Der Ausbreitung des Buddhismus schadete das nicht, im Gegenteil: Die Minderwertigkeit der Frau war in der indischen Kultur tief verwurzelt – wie in fast allen Kulturen.

Gerade das Hochphilosophische am Buddhismus war sein großes Problem im Hinblick auf die Wirksamkeit in der breiten Bevölkerung. Als Buddha starb, gab es zwar einen beachtlichen Kreis von Anhängern – männlichen Geschlechts, versteht sich –, der allerdings auf wenige Provinzen Nordindiens beschränkt war. Die Zahl seiner Jünger dürfte bei seinem Tod etwa einige 10 000 betragen haben. Das ist viel, aber bei der Größe Indiens und seiner Bevölkerungszahl doch auch wieder wenig.

Da Buddhas Lehre vor allem Mitglieder der Brahmanen- und Kriegerkaste in ihren Bann zog, wurde ihr gewissermaßen von oben her der Weg ins übrige Indien gebahnt. Der Buddhismus war also zunächst eine Religion der männlichen indischen Oberschicht. Erst die entstehenden Legenden und Wundergeschichten brachten die neue Lehre auch dem einfachen Volk näher – wieder eine Parallele zu Jesus! Die nach und nach entstehenden Klöster und Pilgerstätten förderten diese Entwicklung.

Die Ausbreitung des Buddhismus

Noch wichtiger für die Ausbreitung des Buddhismus war einer von Buddhas Schülern, Sariputra mit Namen. Er spielt für den Buddhismus eine ähnlich wichtige Rolle wie Paulus für das Christentum. Beide waren die ersten großen Organisatoren und Vertreter ihrer Religion. Nüchtern und realistisch sah Sariputra seine Aufgabe darin, die Lehre des Meisters in die breite Bevölkerung zu tragen. Er war selbst ein Meister – einer der Vereinfachung. So konnte die anspruchsvolle philosophische Lehre Buddhas auch von weniger gebildeten Menschen verstanden werden.

Dennoch ging die Ausbreitung des Buddhismus in Indien anfangs nur schleppend voran. Das Volk hing an seinen alten Göttern, brauchte wohl auch die prunkvollen Opferkulte der hinduistischen Religion und all die Mythengeschichten, die seit Jahrtausenden im Volk erzählt wurden. Eine Heilslehre, die auf das alles verzichtet, kann keine Breitenwirkung erzielen, zumindest konnte sie es nicht im 5. Jahrhundert v. Chr. Sie wird den religiösen Bedürfnissen der Massen nicht gerecht.

Doch die der Lehre Buddhas innewohnende Toleranz machte es dem Buddhismus leicht, die alten hinduistischen Kultformen einfach bestehen zu lassen für all jene, die sie brauchten. Er entwickelte sogar aus sich selbst heraus gewisse Formen der mönchischen Andacht und heiligen Zeremonie, die an die Stelle der alten Götterdienste treten konnten. Mehr und mehr bekam Buddha selbst den Charakter einer Gottheit, was gewiss nicht im Sinne Buddhas war. Es setzte sich sogar der Glaube durch, dass Buddha gar nicht erloschen sei, sondern, wenn auch unsichtbar, gegenwärtig bleibe.

So hat der Buddhismus in Indien eigentlich zu allen Zeiten die Verehrung der alten hinduistischen Götter und Geister geduldet. Das ist auch einer der Gründe, wieso der Buddhismus im Lauf der Jahrhunderte in den unterschiedlichsten Völkern, in denen er sich ausbreitete, auch die unterschiedlichsten Formen hervorgebracht hat. Bei den einfachen Menschen schlug der Gedanke vom ewigen »Verlöschen« im Nirvana nie wirklich tiefe Wurzeln. Das war alles zu abstrakt. Auch die Grundgedanken, die Buddha gelehrt hatte, etwa die Wahrheit vom leidvollen Leben, geriet bei den Laien immer mehr aus dem Blick.

Im Kern aber behielt diese Religion überall den Charakter einer philosophischen Lehre, die die Vergänglichkeit und das Sinnlose des Lebens betont – und dabei Heiterkeit und Gelassenheit erzeugt. Nur die buddhistische Volksfrömmigkeit konnte damit nie so recht etwas anfangen. Aber diese Kluft zwischen hoher Lehre und allgemeiner Glaubenspraxis im Volk ist für alle Religionen typisch. Religion, so scheint es, muss vereinfacht, ja oft sogar banalisiert werden, damit sie die Massen erreicht.

Neben Sariputra muss vor allem der indische Kaiser Ashoka als wirkungsvoller Verkünder und Verbreiter des Buddhismus genannt werden. 256 Jahre nach Buddhas Tod bekannte er sich zu dessen Lehre – eine klassische Bekehrung. Denn bis dahin fiel dieser Kaiser vor allem durch Grausamkeit auf. Ashokas Bekehrung war deshalb so bedeutend für die Ausbreitung des Buddhismus in Indien, weil mit dem Kaiser zum ersten Mal die höchste Macht im Reich auf der Seite der neuen Lehre stand. Man könnte die Rolle des Kaisers Ashoka für den Buddhismus mit jener des Kaisers Konstantin für das Christentum vergleichen. Ashoka formte aus dem Buddhismus die sittliche Grundlage seiner Herrschaft. Er gilt noch heute allen Buddhisten als Idealfigur eines guten Staatsmanns. Nach seiner Bekehrung regierte er seine Untertanen mit Güte, führte keine Kriege und lebte selbst nach den Regeln Buddhas. Tugend oder Untugend der Herrschenden färbt auf die Untertanen ab, wie man weiß, und das gilt auch heute noch. Freilich, die alte indische Kastenordnung, die Buddha abgelehnt hatte, beseitigte auch Ashoka nicht.

Die kaiserliche Förderung der neuen Religion, die nicht zuletzt auch eine finanzielle Unterstützung durch den Kaiser bedeutete, hatte allerdings auch ihre Nachteile: Viele aus dem Volk traten nur deshalb in die vom Kaiser gegründeten Klöster ein, weil sie dort versorgt waren. Die Mönche, die fortan nicht mehr zu betteln brauchten, wie es Buddha eigentlich bestimmt hatte, verloren den Kontakt zur Bevölkerung. Das schwächte den Buddhismus innerlich. Da half es wenig, dass Ashoka eine Art von buddhistischer Missionarstätigkeit ins Leben rief, um die Lehre in alle Welt zu verbreiten. Es heißt, dass buddhistische Missionare bis in den Mittelmeerraum gelangt sein sollen. Die ersten Christen, vielleicht sogar Jesus selbst, sollen von Buddhas Lehre gewusst haben. Immer wieder wird ja auch darüber spekuliert, dass Jesus eine Zeit lang in Indien gewesen sein soll. Wahrscheinlicher ist, dass Jesus, wenn überhaupt, durch buddhistische Missionare mit buddhistischem Gedankengut in Berührung gekommen ist.

Die Schulen des Buddhismus

Da der Buddhismus, wie der Hinduismus auch, nach dem Willen Buddhas kein geistliches Oberhaupt haben sollte, blieb es natürlich nicht aus, dass sich mit der Zeit die verschiedensten Strömungen und Schulen herausbildeten. Buddha hatte auch keine klar ausformulierten Äußerungen gemacht, was der Deutung seiner Worte viel Spielraum ließ. Das scheint ohnehin für alle Religionen zu gelten. Selbst das Christentum konnte es trotz seiner starken Kirche nicht verhindern, dass unzählige Glaubensrichtungen entstanden sind. Das hat damit zu tun, dass Religiosität etwas höchst Individuelles ist. Auch der Einfluss des Kaisers Ashoka konnte nicht verhindern, dass bereits zu seinen Lebzeiten die buddhistische Einheit zerfiel. Daran änderte auch ein von ihm einberufenes Konzil nichts mehr.

Grob betrachtet bildete sich ein südlicher Buddhismus (Hinayana) und ein nördlicher (Mahayana) heraus, die sich im Lauf der Zeit selbst wieder in zahlreiche Schulen mit eigenen heiligen Schriften aufspalteten. Zeitweise kam es sogar zu ganz unbuddhistischen Feindseligkeiten zwischen nördlichem und südlichem Buddhismus. Das Wort »Hinayana« bedeutet »Kleines Fahrzeug«. Gemeint ist das geistige Fahrzeug, das man auf seinem Weg zum Nirvana zu benutzen hat. Weil das Fahrzeug klein ist, haben nur wenige darin Platz. Der Weg zum Nirvana bleibt also wenigen Auserwählten vorbehalten. Das Hinayana bewahrt zweifellos am reinsten die alten Lehren; es stellt den Buddhismus in seiner ursprünglichen Form dar, wie er von seinem Stifter gedacht war.

Während das Hinayana nur einen einzigen Buddha als geschichtliche

Persönlichkeit anerkennt, schuf sich das Mahayana (Großes Fahrzeug) im Lauf der Jahrhunderte einen regelrechten Buddha-Himmel. Der Mahayana-Buddhismus geht auch davon aus, dass zu jeder Zeit zahllose »Bodhisattvas« (Anwärter auf die Buddhaschaft) auf der Welt leben. Im Gegensatz dazu blieb das Hinayana in seiner Lehre ganz schlicht; es entwickelte keinerlei theologisches System. Es fühlte sich an die überlieferten Worte Buddhas gebunden, ohne sie deuten zu wollen. Was Buddha sagen wollte, das hat er gesagt.

Allerdings machte das Hinayana aus dem Nirvana eine Art von Paradies und sprach Buddha eine gottähnliche Macht zu. Dadurch gelang es dem südlichen Buddhismus sehr schnell, im einfachen Volk Widerhall zu finden. Das eigentliche Stammland des Hinayana ist die Insel Sri Lanka, die dem indischen Subkontinent an seiner Südostspitze vorgelagert ist. Von den nördlichen Mahayana-Mönchen wurden die »Hinayanisten« als primitiv und rückständig angesehen. Denn die »Mahayanisten« waren im Gegensatz zu diesen eifrig darum bemüht, auf den überlieferten Predigten Buddhas ein gewaltiges theologisches Lehrgebäude zu errichten.

Zu Beginn unserer Zeitrechnung gewann das Mahayana immer mehr an Boden, vor allem weil ein Kaiser namens Kanishka ihn förderte und so für seine Ausbreitung sorgte. Eine unübersehbare Fülle heiliger Schriften entstand – der Versuch, den Glauben bis ins Letzte schriftlich festzulegen und Buddhas Leben legendenhaft auszuschmücken. Das Mahayana ist also im Wesentlichen ein Werk der jahrhundertelangen Deutung, Vertiefung und Weiterentwicklung, der Versuch, den verborgenen Geist und die wahren Absichten Buddhas herauszufinden. Die Einheit des Buddhismus wurde dadurch natürlich nicht gefördert, denn religiöse Wahrheitssuche führt immer zu unterschiedlichen Ergebnissen, je nachdem, wo und wie gesucht wird und wer sucht.

Dabei wurde geflissentlich übersehen, dass Buddha jedes festgeschriebene Religionssystem abgelehnt hatte. Doch das Bedürfnis nach Erneuerung war zu stark; im Wandel der Zeiten müssen sich eben auch die Religionen reformieren, wollen sie nicht untergehen. Interessant am Mahayana ist freilich, dass der eigentliche Anstoß zur philosophischen Erneuerung des Buddhismus aus den alten vedischen

Schriften des Hinduismus kam. Das mag auch einer der Gründe gewesen sein, wieso später der Buddhismus in Indien vom Hinduismus wieder aufgesogen wurde, während der südliche Hinayana-Buddhismus auf Sri Lanka bis heute lebendig geblieben ist. Aber zum Untergang des Buddhismus in Indien später noch Genaueres.

Während das Hinayana aus dem Nirvana eine Art von Paradies machte, unter dem sich noch der einfältigste Mensch etwas vorstellen kann, wurde das Nirvana im Mahayana-Buddhismus zur absoluten, raum- und zeitlosen »Leere«. Wahre Realität hat nur, was weder entsteht noch vergeht und weder räumlich noch zeitlich begrenzt ist. Das gilt aber nur für das »Leere«. Und dieses »Leere« *ist* das Nirvana. Auch die Deutung der Welt wird im Mahayana ins Extreme getrieben: Es gibt überhaupt keine wirkliche Außenwelt. Alles, was wir wahrnehmen, ist nur die Spiegelung unseres Bewusstseins, pure Illusion, ein Traum. Damit käme der Tod einem Aufwachen gleich.

Während der Hinayana-Buddhismus des südlichen Indiens keine Kultformen ausgebildet hat – der mönchische Ritus dort ist völlig unkompliziert –, verlangt es die Mahayana-Buddhisten nach einer reichen Ausgestaltung der Zeremonien. Diese muten freilich im Vergleich zu den Riten der hinduistischen Frömmigkeit immer noch bescheiden an. Wegen der unüberschaubaren Zahl der Buddhas und Bodhisattvas, die es im Mahayana gibt, wird der Fromme geradezu genötigt, deren Gnade und Hilfe zu erwirken. Sie ähneln den heiligen Nothelfern in der katholischen Kirche. Mit dem Hersagen von heiligen Worten und Sprüchen – berühmt ist die tibetische Zauberformel »Om mani padme hum« (O du Edelstein im Lotos) –, dem rituellen Umschreiten von heiligen Bildern und Statuen, dem Darbringen von Wasser, Früchten, Weihrauch, Kerzen usw., wuchs auch der Einfluss der Mönche. Sie wurden zu echten Geistlichen, die Buddha doch für überflüssig gehalten hatte. Der historische Buddha tritt im Mahayana fast ganz in den Hintergrund gegenüber all den Buddhas der Legende. Schließlich nahm der Mahayana-Buddhismus sogar hinduistische Götterkulte in sich auf und legte so einen Grundstein für seinen späteren Niedergang in Indien. Denn im Mahayana glich der Buddhismus sich so sehr dem Hinduismus an, dass er am Ende in ihm aufging.

Der Buddhismus außerhalb Indiens

Die Zukunft des Buddhismus lag in den nördlichen Nachbarländern Indiens. Im ersten nachchristlichen Jahrhundert breitete er sich langsam nach Nepal, Tibet, Afghanistan, die Mongolei und China aus, später dann auch nach Japan. In Tibet bildete sich eine regelrechte buddhistische Kirche heraus, die zeitweise, ähnlich wie der Katholizismus, stark verweltlichte. Sie kam in den Besitz großer Ländereien und griff verstärkt in politische Kämpfe ein. Die Tibeter, wie auch die Mongolen, hatten bis zum Vordringen des Buddhismus aus Indien die so genannte Bon-Religion, in der Naturgeister und Dämonen verehrt wurden. In wilder, ja geradezu kannibalistischer Frömmigkeit hatten die Tibeter von alters her dem Geisterglauben angehangen. Es waren vor allem böse Geister, deren wilde Natur wohl der wilden Natur des Himalaya entsprungen war. So Furcht erregend waren sie, dass selbst im Menschen zwei Schutzgeister ihren Wohnsitz hatten, um Sicherheit vor ihnen zu bieten. Die rituelle Beziehung zu diesen wilden Geistern wurde durch Priester hergestellt, den so genannten Schamanen.

Als der Buddhismus nach Tibet kam, nahm er zwar viele dieser Bon-Geister in sein Lehrgebäude auf, verfolgte aber gleichzeitig auch jene Menschen, die der Bon-Religion treu bleiben wollten. So zeigte also auch der Buddhismus hin und wieder intolerante, ja gewalttätige Züge. Auf diese Weise setzte sich der Buddhismus in Tibet in Gestalt des Lamaismus durch. Als Lamas (»Obere«) werden die Priester bezeichnet. Der Lamaismus ist eine enge Verquickung von Buddhismus und altem tibetischen Volksglauben. Das ging freilich auf Kosten der wahren Botschaft Buddhas. Anstelle der Sittenlehre des Erleuchteten trat ein zum Denkmal erstarrter Buddha, den die Menschen anbeten wie einen Gott und der von anderen Göttern, Dämonen und Fabelwesen umgeben ist. Deren Zahl geht in die Millionen. Doch letztlich sind sie alle nur der Abglanz eines unbegreiflichen kosmischen Ganzen, nur Geisterschleier vor der einen wahren Wirklichkeit. Und auf einmal scheint in diesem Durcheinander des tibetischen Volksglaubens doch wieder der alte, echte Buddhismus hindurch, wie er von Buddha gemeint war.

Die spezielle tibetische Ausprägung des Buddhismus geht auf den König Srong-Tsan-Gampo zurück, der sie um 640 n. Chr. eingeführt hat. Er war auch der Gründer der tibetischen Hauptstadt Lhasa. Es dauerte allerdings noch mehrere Jahrhunderte, ehe sich der Lamaismus gegen die alte Bon-Religion durchsetzen konnte. Als die Lamas immer mächtiger wurden und dabei verweltlichten – sie erlaubten sich sogar die Heirat, um ihre Macht und ihren Besitz an Nachfahren weitergeben zu können –, kam es zur Gründung einer Reformsekte durch Tsong-Kha-Pa (1356–1418), der so genannten »Gelbmützen«. Tsong ging gegen das zügellose Treiben der »Rotmützen« vor, verjagte die Frauen der verheirateten Mönche und schloss ihre Klöster.

Das Oberhaupt der »Gelbmützen« nennt sich Dalai Lama. »Dalai« bedeutet Ozean; gemeint ist der Ozean des Wissens. Er ist nicht nur der religiöse, sondern ebenso der politische Führer der Tibeter. Der gegenwärtige 14. Dalai Lama lebt im indischen Exil, seit Tibet 1959 von den Chinesen besetzt worden ist. Die zweitwichtigste religiöse Persönlichkeit der Tibeter ist der Panchen Lama. Beide erhalten ihre religiöse und politische Macht durch die Lehre von der Wiedergeburt. Stirbt einer der beiden, so ist es die Aufgabe des andern, nach dem Kind zu suchen, in welchem der Gestorbene wiedergeboren ist. Der Ort, an dem gesucht werden soll, wird dem Sucher durch einen Traum mitgeteilt, ebenso wird im Traum die Familie beschrieben, in der der Wiedergeborene zu finden ist. Der Dalai Lama setzt sich auf internationaler Ebene für Toleranz zwischen den Religionen und Völkern ein. Das schlichte und sympathische Auftreten des Dalai Lama lässt leicht vergessen, dass er ein wirklicher Kirchenfürst ist, dem nur die Macht fehlt, diese Funktion auch auszuüben. Ein Kirchenfürstentum bringt man nur schwer mit der ursprünglichen Lehre Buddhas in Verbindung. Tatsächlich erlebte alles, was Buddha verworfen hatte, im Lamaismus eine Neugeburt: Priesterschaft, streng geregelter Gottesdienst, Zeremonie, Bilderverehrung. Der Buddhismus wurde im Lamaismus wieder zu einer Götterreligion. Entsprechend altertümlich waren auch die sozialen Vorstellungen, von denen Tibet bis zum Einmarsch der Chinesen geprägt war; man kann sie getrost als mittelalterlich-feudalistisch bezeichnen. Tibet war vor 1959 das Land mit der größten Anzahl von Mönchen, gemessen an der Einwohnerzahl. In riesigen Klosteranlagen lebten tausende von Mönchen weitgehend abgeschieden von der Außenwelt. Diese Klöster hatten von jeher eine große Macht, vor allem, weil die Mönche als Träger übernatürlicher Kräfte galten und die Äbte oft als Inkarnationen von Bodhisattvas auftraten. Das vertiefte die Kluft zwischen Mönchstum und Bevölkerung.

Die Angleichung des Buddhismus an die hinduistische Religion, gegen die er ursprünglich als Reformbewegung angetreten war, raubte ihm in Indien seine ganze Besonderheit. Er unterschied sich immer weniger vom Hinduismus. Um das Jahr 1000 n. Chr. war der Buddhismus fast ganz aus Indien verschwunden. Beschleunigt wurde der Verfall der buddhistischen Tradition durch eine hinduistische Gegenreformation, die im 8. Jahrhundert n. Chr. eingesetzt hatte. Den Todesstoß versetzte dem Buddhismus auf indischem Boden der um das Jahr 1000 n. Chr. eindringende Islam. Der Buddhismus konnte selbst dem Gesetz der Vergänglichkeit nicht entrinnen, aber das hat er auch niemals von sich behauptet. Für den Buddhisten ist eben alles vergänglich, auch der Buddhismus. Buddha selbst, so heißt es, habe seiner Lehre nur eine Dauer von 1000 Jahren vorausgesagt. Er irrte sich: Es gibt ihn mittlerweile schon seit 2500 Jahren.

Überdauert hat der Buddhismus bis heute außerhalb seines Geburtslandes Indien. Buddhistische Mönche hatten ihn auf Handelsreisen in Asien verbreitet – stets ohne Gewalt und Zwang. Überall, wo der Buddhismus Widerhall bei den Menschen fand, hielt er die alten Kulte bewusst aufrecht. Davon rühren die zahllosen Sonderformen des Buddhismus; sie sind stark von den Eigenarten der betreffenden Völker geprägt. Vielleicht ist es diese seltsame Verbindung einer hohen philosophischen Geistigkeit mit den magischen Ritualen alter Volksfrömmigkeit, die den Buddhismus außerhalb Indiens so erfolgreich gemacht hat. Überall nahm er auf die Traditionen der Menschen Rücksicht. Alles Extreme, das zeitweise auch im Buddhismus die Oberhand gewann, wurde wieder zur Mitte hin ausgependelt, ganz im Sinne Buddhas, der in allen Dingen des Lebens den mittleren Weg gepredigt hat.

Der Zen-Buddhismus in Japan

Von China über Korea fand der Buddhismus im Jahre 552 n. Chr. auch den Weg nach Japan, wo er bis heute eine starke religiöse Kraft geblieben ist. Obwohl der japanische Buddhismus vom chinesischen abhängt und mit ihm geschichtlich eng verbunden ist, hat er doch ganz eigene Formen ausgebildet. Denn auch in Japan hat sich der Buddhismus mit dem dort ansässigen alten Volksglauben verbunden und sich so dem Charakter der Japaner angepasst. Der alte japanische Volksglaube wird Shintoismus genannt, ein vom Nationalstolz und kriegerischen Geist der Japaner geprägter Kult. Dieser stand vollkommen im Dienst des Kaisers und seines Staatsapparats, huldigte vor allem den Tugenden des Ritterstands der Samurai und verehrte die Schönheiten der Natur. Von zentraler Bedeutung ist auch der Ahnendienst.

In seiner Verschmelzung mit dem Shinto-Kult gewann der Buddhismus eine ganz spezifische japanische Gestalt, die in keinem anderen buddhistischen Land ihr Gegenstück hat. Dabei blieb der Shintoismus bis heute als eine Art von Staatskult mit dem gottgleichen Kaiser in seinem Zentrum bestehen. Die meisten religiösen Japaner von heute verstehen sich als Buddhisten und Shintoisten gleichermaßen. Die alten Shinto-Götter wurden zu Erscheinungsformen von Buddhas und Bodhisattvas umgedeutet, was die Annäherung beider Religionen von vornherein erleichterte. Der Buddhismus führte zu einer moralischen und metaphysischen Vertiefung des Shintoismus, während dieser umgekehrt dem Buddhismus ein nationalistisches und auch kriegerisches Gepräge verlieh. Das sind freilich Wesenszüge, die der ursprüngliche Buddhismus vollkommen entbehrt.

Gerade, was Japan betrifft, darf man nicht übersehen, dass der Buddhismus dort eine unübersehbare Anzahl von Sekten und Untersekten hervorgebracht hat. Der Buddhismus scheint überhaupt die Religion zu sein, die dem Sektenwesen am förderlichsten ist. Der Grund liegt in der großen Freiheit, die der Buddhismus dem Einzelnen lässt. Das Wort »Sekte« sollte man hier also keinesfalls negativ auffassen. Gerade im Sektenwesen kommt der Buddhismus seinem innersten Wesen am nächsten. Dieses Wesen ist wohl am besten mit dem Wort

»Toleranz« umschrieben – eine Toleranz, die, wie wir gesehen haben, auch dem Hinduismus eigen ist.

Der japanische Buddhismus wird gemeinhin mit dem Zen-Buddhismus gleichgesetzt, aber das ist nicht richtig, eben weil es so viele Richtungen im japanischen Buddhismus gibt. Ursprünglich war Zen die buddhistische Schule des japanischen Rittertums (Samurai). Von da aus gewann Zen einen großen Einfluss auf die Künste, wobei der ritterliche Schwertkampf und das Bogenschießen auch als Künste verstanden wurden. Die japanische Zen-Lehre ist eine Weiterentwicklung des chinesischen Tschan, einer mystischen Schule des chinesischen Buddhismus. »Zen« ist das japanische Wort für »Tschan« und bedeutet »Versenkung«. Die Lehre des Tschan hatte der indische Mönch Bodidharma am Ende des 6. Jahrhunderts n. Chr. in China begründet. Im Tschan soll der Gläubige durch Ekstase auf dem Grund des eigenen Denkens das Absolute finden – ein zutiefst indischer Gedanke! Nicht durch den Verstand, sondern durch Meditation gelangt man zur Wahrheit und zur Vollendung. Und Meditation ist in gewissem Sinn ja auch nur eine Form der Ekstase: die Ekstase der Selbstauflösung.

Um 1190 brachte der japanische Mönch Eisai die Lehre des Tschan von einem Chinaaufenthalt nach Japan und gründete die erste Zen-Sekte. Dreißig Jahre später reformierte der Mönch Dogen diese Schule und nannte sie Yo do.

Im Zentrum einer jeden Zen-Schule steht die geistige Versenkung mithilfe verschiedener Konzentrationsübungen. Das Ziel ist auch hier das altbekannte: Die Seele soll von ihrem Verhaftetsein im Diesseitigen befreit werden, und sei es nur für kurze Zeit. Es geht dabei um die Suche nach dem innersten Kern des eigenen Daseins. Dieser fällt mit dem Urgrund des Universums zusammen. Die praktischen Übungen des Zen sind denen des indischen Yoga verwandt; sie stellen gewissermaßen deren höchste Vollendung dar. Im Yoga wie im Zen geht es um die Freisetzung geistiger Energien, die tief in jedem Menschen schlummern und meist ungenutzt bleiben.

Besonders im Zen wird das »Handeln ohne jede Absicht« kultiviert. Die grundsätzliche Wertlosigkeit des Lebens, das ja ohnehin nur Leiden bedeutet, führte im zenbuddhistischen Japan zum Ideal der »höchsten Unnützlichkeit«. Diese geistige Grundhaltung fand vor allem im Kriegeradel der Samurai starken Widerhall, aber ebenso bei Dichtern und Malern. Der weltschmerzliche Charakter des indischen Buddhismus erfuhr im Zen eine heitere Wendung, die wohl mit dem grundsätzlich eher heiteren Wesen der Japaner zu tun hat. Dieses kommt unter anderem auch in der besonderen Naturliebe der Japaner zum Ausdruck. Der Buddhismus hat dadurch in Japan eine starke weltbejahende Färbung bekommen. Dem japanischen Buddhismus ist der indische Geist des Duldens und Nichtwollens weitgehend fremd. Er ist viel stärker der Welt zugewandt, ist energisch, aktiv und kreativ, neugierig und neuerungssüchtig zugleich.

Selbst im japanischen Alltag wird Zen als ein Kult der unnützen Handlung praktiziert, sei es in der Teezeremonie oder in der Kunst des Blumensteckens (Ikebana). Die konzentrierte Praxis des Zen lässt jene geistige Macht spüren, die hinter der vordergründigen, scheinhaften Wirklichkeit verborgen ist – und dieses Spüren setzt ungeahnte Kräfte im Menschen frei, nicht nur im Krieger und Künstler. Die geistigen Übungen des Zen gelten noch heute in Japan als Methoden der Willensbeherrschung und werden so als charakterbildend angesehen.

Wie in Indien, so wird auch in Japan das religiöse Denken stark von der Idee einer allumfassenden Einheit alles Seienden bestimmt. Diese Einheit wird in der Zen-Meditation erfahrbar als das Eine und Unzerstörbare, das ganz Andere jenseits aller Vergänglichkeit. Aus dieser meditativen Erfahrung gewann der Samurai-Krieger seine Furchtlosigkeit vor dem Tod. Freilich ist es schon eigenartig, dass die buddhistische Lehre von der Unverletzbarkeit aller Lebewesen gerade im Stand der Krieger einen so großen Widerhall fand.

Die Zen-Meditation öffnet auch dem Dichter, Maler oder Musiker die Sinne für die Schönheit der Schöpfung. Diese lässt sich im kleinsten und unbedeutendsten Ding erkennen, wodurch es einen religiösen Wert erhält. So hat die japanische Kunst wie keine andere die spirituelle Dimension der Natur zum Ausruck gebracht und diesem Ausdruck eine vollendete Form gegeben. Das gilt vor allem für die alte japanische Malerei, die mit spärlichsten Mitteln das Absolute umkreist, sei es in der Darstellung einer Landschaft, eines Tiers, einer Pflanze, eines unscheinbaren Steins. Das setzt eine ganz besondere Tiefe des Empfindens voraus.

So hat die japanische Religiösität ihre Wurzeln weniger im Geistigen als im Reich des Empfindens und der Stimmung. Sie hat auf diesem Weg künstlerische Wirklichkeiten geschaffen, die zum wertvollsten Besitz der menschlichen Kultur zu zählen sind. Besonders das Naturempfinden in der japanischen Dichtung und Malerei ist wahrscheinlich das tiefste, das der Mensch erreichen kann.

Der buddhistische Geist Indiens hat nicht nur Tibet, China, Korea und Japan erleuchtet, sondern drang im Nordwesten nach Afghanistan vor und wurde von Tibet aus im 15. Jahrhundert auch die Religion der Mongolen. Es ist wohl unbestritten, dass Indien in religiöser Hinsicht das vielgestaltigste Land der Erde ist. Allein, dass es zwei große ethische Weltreligionen hervorgebracht hat, die sich wechselseitig beeinflusst haben, ist außergewöhnlich. Indien ist das Land der religiösen Fantasie schlechthin. Das mag einer der Gründe sein, wieso es auch für andere Religionen, nämlich für Judentum, Christentum und Islam, zur Heimat werden konnte. In Indien hat man von jeher gewusst, dass in jedem religiösen System nur ein Teil der Wahrheit steckt. Der einzelne Mensch vermag ohnehin nur einen Teil dieser Teilwahrheit zu erfassen. Alle Pfade, so sagt man in Indien, führen zur Spitze des Berges; es ist völlig bedeutungslos, welchen Pfad wir nehmen.

DRITTES KAPITEL

Der Chinesische Universismus

Das Symbol des Chinesischen Universismus wird Tai-dschi (Uranfang) genannt. Es stellt den Zustand des Universums dar, in welchem sich die beiden Urkräfte, das dunkle »Yin« und das helle »Yang«, bereits voneinander getrennt haben. Dennoch sind sie niemals isoliert voneinander denkbar, so wie es kein Oben ohne ein Unten, kein Rechts ohne ein Links gibt. Das Zeichen ist umrahmt von den acht Trigrammen des »Buchs der Wandlungen«. Auch hier symbolisieren die durchgezogenen Linien die männliche Urkraft »Yang«, die unterbrochenen Linien die weibliche Urkraft »Yin«.

Wann und auf welchen Wegen der Buddhismus nach China gelangte, wissen wir nicht. Es war wohl nicht vor dem 2. Jahrhundert v. Chr. Er traf dort auf eine Religion, die ihm sehr ähnlich war – eigentlich mehr eine Philosophie als eine Religion. Man spricht vom Chinesischen Universismus. Er ist in vieler Hinsicht bis heute die Grundlage des chinesischen Denkens und Handelns geblieben. Selbst Maos Kommunismus konnte ihn nicht auslöschen. Vielmehr machten sich auch die kommunistischen Machthaber dieses Denken zu Nutze, vor allem, wo es um die Aufrechterhaltung der staatlichen Ordnung ging. Hingegen befindet sich der einst so lebendige chinesische Buddhismus seit Jahrhunderten im Zustand der geistigen Erstarrung. Freilich konnte er nie zur herrschenden Religion Chinas aufsteigen. Von den Chinesen ist der Buddhismus immer nur als eine zusätzliche und ergänzende Lehre betrachtet worden. Manche chinesische Herrscher förderten den Buddhismus, doch viel öfter ist er verfolgt und unterdrückt worden. In jenen Zeiten, da der Buddhismus auf China eine starke Anziehungskraft ausübte, wirkte er auch befruchtend auf die chinesische Kunst und Philosophie.

Im Chinesischen Universismus steht, wie der Name schon ahnen lässt, das Universum im Zentrum der Weltanschauung, und zwar mit allen seinen Erscheinungen. Kosmos, Erde und Mensch bilden eine Einheit, stehen in engen Wechselbeziehungen zueinander und werden von einem universellen Geist regiert. Die Gesetze des Universums spiegeln sich im alltäglichen Leben des Menschen wider. Doch umgekehrt wirkt auch die Ordnung der menschlichen Gesellschaft auf den Kosmos zurück. Wenn also die menschliche Gesellschaft aus den Fugen gerät, ist auch die ganze kosmische Ordnung in Gefahr. Der Himmel über dem Menschen und das moralische Gesetz im Menschen bilden eine unauflösliche Einheit.

Das geheime Weltgesetz, das sich hinter allem verbirgt, wird »Tao« genannt, was so viel wie »Bahn« oder »Weg« bedeutet. Die Lehre vom Tao, die weit in die chinesische Vorzeit zurückreicht, teilte sich im 6. Jahrhundert v. Chr. in zwei Richtungen, die von den beiden Philosophen Konfuzius (oder Kung-fu-tse) und Lao-tse begründet wurden. Der Chinesische Universismus kennt also zwei Schulen: Konfuzianismus und »Lao-tseismus«; Letzterer wird Taoismus genannt. Aber letztlich ist auch der Konfuzianismus ein Taoismus.

Beginnen wir mit Konfuzius und seiner Lehre. Konfuzius wurde 551 v. Chr. in der heutigen Provinz Shantung geboren. Seinen Vater, ein Offizier aus verarmter, aber vornehmer Familie, verlor er früh. Bereits mit 19 Jahren heiratete er und hatte einen Sohn. Übrigens verstehen sich rund vier Millionen Chinesen von heute, die den Namen Kung beziehungsweise Kong tragen, als direkte Nachfahren des Konfuzius – in der 79. Generation.

Konfuzius vertiefte sich früh in die alten chinesischen Überlieferungen und gab sie an seine Schüler weiter, wobei er sie mit eigenen ethischen und politischen Ideen bereicherte. Er starb 479 v. Chr. in seiner Heimatstadt Qufu, wo heute noch sein Grab besichtigt werden kann.

Die ältesten Schriften der Chinesen, auf die sich Konfuzius berief, sind folgende: erstens das »Buch der Wandlungen« (I-dsching), ein vom mythischen Kaiser Fu-chi im Jahre 2950 v. Chr. verfasstes Wahrsagebuch, das von übersinnlichen Kräften und ihren Beziehungen zueinander handelt. Zweitens das »Buch der Lieder« (Shi-dsching), eine Sammlung von Gedichten aus dem 9. bis 6. Jahrhundert v. Chr. Drittens das »Buch der Urkunden«, eine Sammlung von Regierungserlassen und politischen Reden, von denen die meisten aus dem 9. bis 7. Jahrhundert v. Chr. stammen. Diese drei Urschriften des altchinesischen Denkens lieferten das Fundament für die chinesische Religion des Universismus. Konfuzius fügte ihnen mehrere eigene Werke hinzu: eine Sammlung von Gesprächen mit seinen Schülern, dazu eine kurze moralische Abhandlung und nicht zuletzt das »Buch vom Weg der Mitte«, das aber teilweise von einem Enkel des Konfuzius verfasst worden sein soll. Zu diesen drei Werken des Konfuzius gesellen sich noch die Aufzeichnungen des Philosophen Menzius (Meng-dsi), der von 372 bis 289 v. Chr. lebte und die Lehre des »Meisters Kung« weiterentwickelt hat.

Konfuzius hatte zu Lebzeiten nur wenige Anhänger. Doch während der so genannten Han-Zeit (206 v. Chr. bis 220 n. Chr.) erlebte seine Lehre eine ungeheure Blüte und wurde geradezu zur Staatsphilosophie des chinesischen Kaisertums. Der Kaiser war nämlich politisches und religiöses Oberhaupt in einem. Als Staatsreligion oder Staatsphilosophie war die Lehre des Konfuzius auch bestens geeignet, stellte sie doch eine direkte Verbindung zwischen dem weltlichen Herrscher und dem Kosmos her. Dieser Kosmos ist nach alter chinesischer Auffassung ein unendlich großer lebendiger Organismus, der sich unablässig verändert. Alles hängt in diesem Organismus mit allem zusammen, jede Veränderung im Kleinsten wirkt auf das Ganze ein. Zwischen allen Erscheinungen des Weltalls besteht eine durchgängige Übereinstimmung und Harmonie bei fortwährendem Entstehen, Bestehen und Vergehen.

In allem wirkt das Weltgesetzt des Tao

Die alte chinesische Vorstellung einer kosmischen Harmonie liegt auch der Philosophie des Taoismus zu Grunde, die von Konfuzius' Zeitgenossen Lao-tse begründet wurde. Dieser soll von 604 bis 517 v. Chr. gelebt haben. Doch letztlich hat alles, was wir über Lao-tse wissen, legendenhaften Charakter, weshalb die Vermutung durchaus berechtigt ist, dass es sich bei ihm um eine sagenhafte Figur handelt. Sein schmales Werk »Tao-te-king« (Buch vom Weltgesetz und seinem Wirken) wäre demnach nur eine Gedankensammlung von verschiedenen unbekannten Philosophen. Dagegen spricht freilich wieder das individuelle und eigenwillige Gepräge des Werks, das eher auf eine einzelne Autorschaft schließen lässt. Doch so wichtig ist diese Frage nun auch wieder nicht. Die großen Religionsstifter bewegen sich alle im nebulösen Zwischenreich von Wirklichkeit und Legende.

Legendenhaft sind auch Lao-tses berühmteste Schüler: Lieh-tsi (5. Jh. v. Chr.) mit seinem Werk »Das wahre Buch vom quellenden Urgrund« und Tschuang-tse (4. bis 3. Jh. v. Chr.) mit seinen »Reden und Gleichnissen« und dem Werk »Das wahre Buch vom südlichen Blütenland«. In Tschuang-tse hat Lao-tse seinen sprachgewaltigen Deuter gefunden. Wo Lao-tse seine Lehren in ernsten, trockenen Worten vorträgt, schwelgt Tschuang-tse in Gleichnissen. Damit gelingt es ihm, die tiefgründigen, zum Teil äußerst abstrakten und orakelnden Sprüche des alten Meisters in poetischen Gleichnissen darzustellen und damit auch allgemeinverständlich zu machen. Tschuang-tse ist der Dichter unter den taoistischen Weisen. Er hat die ursprüngliche Lehre Lao-tses nicht weiterentwickelt, sondern hat ihr auf geniale Weise den Ernst und die Strenge genommen, sie leicht und heiter gemacht mit den Mitteln der Ironie, des Witzes und des schalkhaften Humors.

Legende ist auch, dass Konfuzius und Lao-tse einander begegnet sind. Die Legende will wissen, dass die beiden nicht so recht zueinander fanden. Das geistige Fundament beider Philosophien ist zwar das gleiche, nämlich die altchinesische Überlieferung von der kosmischen Einheit aller Dinge, doch in der Deutung dieser Grundlagen gehen Konfuzius und Lao-tse doch recht unterschiedliche Wege.

Die seit Urzeiten Ackerbau betreibenden Chinesen verehrten wohl von jeher die Leben spendenden und Leben erhaltenden Kräfte der Natur. Darin unterscheiden sie sich freilich nicht von anderen Ackerbau treibenden Völkern. Ähnlich wie die altindische Kultur ließ auch die altchinesische sehr früh die Vorstellung eines ewigen Weltgesetzes entstehen, mag es nun »Brahma« oder »Tao« heißen. Zwischen dem Universum und dem Dasein des einzelnen Menschen stellt dieses Gesetz vielfältige Beziehungen her. Das hinter allem wirkende Weltgesetz des Tao bleibt für den Menschen allerdings unergründlich; es ist dem Verstand nicht zugänglich. Dieses Tao (oder Brahma) kann als Ursprung aller Dinge, als Urprinzip des Universums immer nur umschrieben und angedeutet, doch niemals erfasst werden. Tao begreifen zu wollen, wäre ein genauso unsinniges Bemühen wie Gott begreifen zu wollen. Es gibt keine Definition von Tao. Es ist kein Begriff wie irgendein anderer, sondern die Wirklichkeit selbst, das ewige Entstehen und Vergehen der Dinge und Wesen.

So beginnt auch Lao-tses »Tao-te-king« mit den rätselhaften Worten: »Das Tao, das genannt werden kann, ist nicht das ewige Tao.« Und weiter: »Könnten wir weisen den Weg, es wäre kein ewiger Weg. Könnten wir nennen den Namen, es wäre kein ewiger Name.«

Das Wort »Tao« wird in unserer Sprache meist mit »Weg« oder »Bahn« umschrieben. Gemeint war ursprünglich die geordnete Bahn der Gestirne am Himmel, aber ebenso der »sinnvolle Weg«, der zum Ziel führt. Zuweilen wird das Wort »Tao« auch mit »Ordnung«, »göttliche Vernunft«, »Natur« oder »Energie« übersetzt. Doch alle diese Begriffe bezeichnen nicht das, was »Tao« wirklich ist: das unbenennbare Gesetz hinter allem, was ist. »Tao« wird nicht erkannt und gewusst, sondern gelebt und getan. Es ist spürbar, aber nicht denkbar. Man kann es erahnen, aber nicht erklären. Tschuang-tse lässt in einer seiner Erzählungen den Meister Lao-tse sagen: »Dass der Himmel hoch ist, dass die Erde breit ist, dass Sonne und Mond kreisen, dass die Dinge gedeihen, das ist ihr Tao.« Das Tao war schon, bevor die Welt war. Im Uranfang – wir würden sagen: im Urknall – gingen aus dieser unfassbaren Einheit des Tao die beiden Urkräfte Yin und Yang hervor, die die Ursachen für den unaufhörlichen Wandel aller Dinge sind.

Die Einheit der Gegensätze
von Yin und Yang

Yin ist die negative Kraft, Yang die positive. Das ist nicht als moralische Wertung zu verstehen, sondern eher mit der mathematischen und physikalischen Vorstellung von negativ und positiv zu vergleichen. Etwa in dem Sinn, dass erst die positiven Atomkerne und die negativen Elektronen die Atome als Bausteine der Materie ergeben. Yin und Yang ergänzen einander wie Schatten und Licht. Yin wird auch als das Weibliche, Passive, Empfangende, Verhüllende gedeutet im Gegensatz zum Yang als dem Männlichen, Aktiven, Zeugenden, Lichten. Eines ist ohne das andere nicht denkbar. Keines ist also besser als das andere. Beide Urkräfte sind keine Gegensätze, die einander bekämpfen, sondern sie ergänzen sich wechselseitig. Jeglicher Wandel entsteht, indem mal das eine, mal das andere Prinzip überwiegt. So erklärt sich zum Beispiel der Wechsel der Jahreszeiten nach der taoistischen Lehre aus den sich verschiebenden Kräfteverhältnissen zwischen Yin und Yang: Im Sommer hat die Kraft des Yang die Herrschaft inne, im Herbst tritt sie allmählich gegenüber dem Yin zurück, bis dieses im Winter seine höchste Macht erreicht, um sie im Frühling wieder an das Yang abzugeben. Jeder Wandel auf der Erde und im ganzen Universum beruht auf diesem Wechselspiel von Yin und Yang, von Negativem und Positivem, von Stoff und Kraft, von Erde und Himmel, von Ruhe und Bewegung, von Weichheit und Härte, von Kälte und Wärme, von Böse und Gut usw.

Yin und Yang bestimmen alles, vom Größten bis zum Kleinsten, gerade auch im Wechselspiel der Elemente, aus denen alles Irdische entstanden ist. Die Elemente selbst gehen aus der Vereinigung dieser beiden Urkräfte hervor. Allerdings kennen die Chinesen nicht vier philosophische Elemente, wie sie in der abendländischen Antike gebräuchlich waren (Erde, Wasser, Feuer, Luft), sondern deren fünf: Erde, Wasser, Feuer, Metall und Holz. Die wechselseitigen Wirkungen der Elemente aufeinander werden wiederum von Yin und Yang bestimmt: Die Erde saugt das Wasser auf, das Wasser löscht das Feuer, das Feuer schmilzt das Metall, das Metall schneidet das Holz, das Holz pflügt die Erde. Die Elemente sind also keine ewigen und unzerstörbaren Substanzen; auch sie befinden sich in fortwährender Umgestaltung.

Ähnlich wie im Buddhismus ist auch im Chinesischen Universismus von einem Gott nicht die Rede – fast nicht die Rede. Denn immerhin ist mit dem Wort »Shang-ti«, das in alten chinesischen Schriften zu finden ist, ein oberster Herrscher gemeint, der am »festen Punkt« des Himmels, dem Polarstern, seinen Palast hat. Von dort schaut er auf das Weltgeschehen, ohne in dieses aktiv einzugreifen. Auch wenn die Chinesen sich Shang-ti als ein persönliches, menschenähnliches Gotteswesen vorstellen, war es im Grunde doch nur die als Person gedachte kosmische Ordnung. Das ist auch der Grund, wieso die Chinesen zu diesem »Gott« niemals ein so enges persönliches Verhältnis entwickelten wie die Inder zu Shiva und Vishnu oder die Christen zu ihrem Gott. Das hatte auch damit zu tun, dass Opferhandlungen für »Shang-ti« allein dem Kaiser vorbehalten waren. Die höchsten religiösen Handlungen waren reine Staatsangelegenheit. Das einfache Volk musste sich auf den Ahnenkult und die Verehrung kleiner örtlicher Gottheiten und Geister beschränken. Zu diesen ist auch der mythische Drache zu zählen; er ist noch heute *das* Symboltier Chinas. Der Drache wird in China, im Gegensatz zur abendländischen Kultur, als ein wohltätiges Wesen verehrt; er ist ein Wolkenwesen, das zum Beispiel für den Leben spendenden Regen verantwortlich ist.

Dem altchinesischen Ahnenkult lag die Vorstellung zu Grunde, dass die Toten nicht wirklich tot sind, sondern weiter mit der Familie in Kontakt stehen und um Rat befragt werden können. Es gab aber auch Richtungen in der altchinesischen Philosophie, die die Fortdauer der Seele über den Tod hinaus verneinten. Vorstellungen von Wiedergeburt und Karma hat erst der Buddhismus nach China gebracht.

Das Typische an der altchinesischen Religion war die Einbindung dieser eher primitiven Götter- und Geisterkulte in ein großes kosmisches Ganzes mit seinen unendlich vielen Einzelkreisläufen des Werdens und Vergehens. Diesen kosmischen Kreisläufen hat sich der Mensch anzupassen, um in Harmonie mit dem Universum zu leben. Hierin hat zum Beispiel die große Bedeutung des Kalenderwesens und der Sterndeutung im chinesischen Denken ihren Ursprung. Der ganze

Alltag des Chinesen war in alter Zeit auf die großen kosmischen Beziehungen hin angelegt. So wurde beispielsweise der Wohnraum so gestaltet, dass er den günstigen kosmischen Einflüssen ausgesetzt ist. Unter dem Namen Feng-shui (Wind und Wasser) ist dieses »kosmische Wohnen« in jüngster Zeit auch bei uns bekannt geworden.

Die taoistische Tugendlehre

Da das Tao in allem wirksam ist, muss es nicht verwundern, dass auch die ganze altchinesische Sittlichkeit und das davon geprägte soziale Leben als ein Teil der kosmischen Harmonie betrachtet wird. Wie jeder Einzelne in Harmonie mit dem Tao leben soll, so auch die sozialen Gemeinschaften, also Familie, Dorfgemeinde, Stadt und Reich. Entsprechend den fünf Elementen, die miteinander in unendlich vielen Wechselbeziehungen stehen und dabei alles Seiende erzeugen, sollen die Menschen ihr Miteinander gemäß den »fünf Beziehungen« regeln. Diese »fünf Beziehungen« gehören zum ältesten Besitz des chinesischen Denkens.

Gemeint sind die Beziehungen zwischen Herrscher und Untertan, Vater und Sohn, älterem und jüngerem Bruder, Mann und Frau, Freund und Freund. Uns fällt natürlich sofort auf, dass von den Müttern und Töchtern nicht die Rede ist; sie spielten in der Tat im alten China nur eine untergeordnete Rolle.

In diesen fünf Beziehungen soll sich der Mensch entsprechend dem Tao in sittlicher Weise verhalten und entsprechend auch sein äußeres Benehmen gestalten, das heißt nach den überlieferten Formen der Höflichkeit. Die alten chinesischen Verhaltensmaßregeln nennen neun Doppeltugenden: Der Mensch soll freundlich und würdevoll sein, milde und fest, gerade und höflich, ordentlich und respektvoll, gelehrig und kühn, aufrichtig und sanft, nachsichtig und maßvoll, stark und zuverlässig, mutig und gerecht.

Man sieht an dem bisher Gesagten recht deutlich, dass sich das chinesische Denken, wie es Konfuzius und Lao-tse im 6. Jahrhundert v. Chr. vorfanden, doch in wichtigen Punkten vom altindischen unterschieden hat. Zwar gingen auch die Inder von einem ewigen, allumfassenden Weltgesetz aus, doch führte sie das zu einer grundsätzlich anderen Lebensauffassung. In religiöser Hinsicht muss die indische Geisteswelt im Vergleich zur chinesischen als die stärkere angesehen werden. Nicht grundlos hat sie auf die umliegenden Völker – und eben auch auf China – so stark ausstrahlen können, während das chinesische Denken in Indien oder anderswo in Asien kaum Wirkung gezeigt hat. Der indische Geist wirkte geradezu belebend auf das nach strengen Ordnungsprinzipien gestaltete chinesische Denken. Dabei muss man allerdings bedenken, dass indisches Denken nur in Gestalt des Buddhismus nach China gelangte, nicht als Hinduismus. Denn Hindu wird man, wie wir gehört haben, allein durch Geburt, nicht durch Mission.

Interessant ist in diesem Zusammenhang, dass Inder und Chinesen die einzigen Völker sind, deren religiös-philosophische Kultur sich in ununterbrochener Überlieferung aus dunkler vorgeschichtlicher Zeit bis in unsere Gegenwart fortgepflanzt hat und lebendig ist. Dagegen sind alle anderen alten Hochkulturen schon seit langem untergegangen.

Mag der religiöse Grundgedanke in der indischen und chinesischen Kultur auch der gleiche sein – seine Ausformungen weichen doch stark voneinander ab. Der Grund liegt einfach in der unterschiedlichen Wesensart beider Völker. Die Chinesen waren von jeher praktischer und nüchterner veranlagt als die eher schwärmerischen und fantastischen Inder. Die Chinesen waren viel mehr dem Diesseits zugewandt, während der Blick der Inder auf das Jenseitige gerichtet war, das Leben in Indien ohnehin als etwas Leidvolles betrachtet wurde, das es mit der Kraft der geistigen Versenkung zu überwinden galt. Das Religiöse war bei den Chinesen immer sehr stark auf das Gemeinwesen, auf die soziale Ordnung und das Politische bezogen, während es in Indien zuallererst als eine persönliche Angelegenheit angesehen wurde. Das Staatsleben war für die Inder nur von untergeordnetem Interesse.

Konfuzius und Lao-tse – zwei Brüder im Geiste und doch Gegner

Konfuzius und Lao-tse haben auf unterschiedliche Weise die überlieferten religiösen Schriften gedeutet und ihre Inhalte weiterentwickelt. Konfuzius, so könnte man sagen, hat das typisch Chinesische weiter kultiviert, während Lao-tse es auf geradezu indische Weise zu einer Mystik für den Einzelnen umgestaltet hat. So ähnelt Lao-tses Taoismus in vielem der Lehre Buddhas.

Wenden wir uns aber zunächst dem Denken des Konfuzius zu. Seine nur spärlich erhaltenen Lebensdaten haben wir bereits genannt, ebenso seine Schriften beziehungsweise die seiner Schüler. Zu keiner Zeit war es so, dass es in China eine einheitliche Auffassung über das höchste Weltprinzip des Tao gegeben hätte. Wie bei allen Religionen der Welt gab es auch hier stets unterschiedliche, zum Teil widerstreitende Ansichten. Ob die eine oder andere Richtung zum Tragen kam, hing in China meist davon ab, was der gerade amtierende Kaiser bevorzugte. So hat auch die Lehre des Konfuzius über die Jahrtausende hinweg die unterschiedlichsten Wirkungsgrade erlebt. Es war ja nicht so, dass er und Lao-tse die einzigen einflussreichen Philosophen dieser Zeit gewesen wären. Eine ganze Reihe bedeutender Denker, etwa Me-ti (470–380 v. Chr.), der Verkünder einer universellen Menschenliebe, oder die Vertreter der »Schule der Gesetzeslehrer«, die die Gleichheit aller vor dem Gesetz verfochten, hatten zeitweise großen Einfluss in China.

Die Zeit, in der Konfuzius und Lao-tse wirkten, war eine der sozialen Wirren und des wirtschaftlichen Niedergangs. Das Volk litt große Not. Auch geistig suchte man nach Halt.

Konfuzius verstand sich als Bewahrer und Verkünder der alten chinesischen Geistestradition. Das Durcheinander im Land hatte seiner Meinung nach damit zu tun, dass diese alten Werte verloren gegangen waren. Konfuzius war also das, was man heute einen Konservativen nennt: ein Bewahrer des Althergebrachten. Eigentlich wollte er in diesem Sinne als Staatsbeamter wirken, doch in den politischen Wirren der Zeit wurde daraus nichts. Nur für kurze Zeit hatte er das Amt des

Justizministers an einem Fürstenhof inne. Also blieb ihm nichts anderes übrig, als seine Ideen als Wanderprediger kundzutun. Dreizehn Jahre lang zog er ruhelos in Begleitung einiger Schüler von Ort zu Ort. Konfuzius hatte, wie schon erwähnt, zu Lebzeiten nur einen kleinen Kreis von Anhängern.

Sein Anliegen war im Grunde ganz einfach: Die Lebensweisheiten der Vorfahren sollten bewahrt bleiben. Von daher war Konfuzius kein Schöpfer einer neuen Idee, schon gar nicht einer neuen Religion. Dennoch wollte er den Schatz der alten Weisheitslehren nicht nur bewahren, sondern ihn von allem Überflüssigen und Unzeitgemäßen befreien. Auf der Grundlage der guten Tradition wollte er praktische Anweisungen für ein gutes, das heißt sittliches Leben geben. Er selbst lebte diese Sittlichkeit vor – eine Sittlichkeit und Ethik des einfachen Lebens: »Solange ich groben Reis als Nahrung, Wasser als Getränk und meinen gebogenen Arm als Kopfkissen habe, kann ich bei all dem noch fröhlich sein. Reichtümer und Ehren, auf unredliche Weise erworben, sind mir gleich fliehenden Wolken.« Dieses und Ähnliches liest man in den von seinen Schülern gesammelten »Gesprächen« (Lun-yü).

Konfuzius predigte kein asketisches Leben, sondern, wie Buddha auch, ein Leben des mittleren Maßes. Alles am Leben interessierte ihn und deshalb zog er sich nie wirklich aus ihm zurück. Er selbst aß nicht viel, legte aber Wert darauf, dass es mit Liebe und Kenntnis zubereitet war. Das Fleisch durfte niemals den Geschmack des Reises überdecken. Er trank in Maßen Wein und pflegte während des Essens zu schweigen. Besonders wichtig war ihm gepflegte Kleidung, ebenso achtete er auf peinliche Ordnung in seiner Wohnung, so er eine hatte. »Ordnung« ist überhaupt ein zentraler Begriff in seinem Denken – harmonische Ordnung, um genau zu sein. Alles soll der Ordnung des Lebens dienen. Heute liefe Konfuzius wahrscheinlich Gefahr, als Ordnungsfanatiker oder Zwangsneurotiker bezeichnet zu werden. Der Hang zur Ordnung ging bei ihm in der Tat sehr weit: »Auf eine Matte, die nicht richtig lag, setzte er sich nicht«, weiß die Überlieferung. Zur äußeren Ordnung solle die innere hinzutreten, sprich: die Disziplin. Oder anders: In der äußeren Ordnung soll sich die innere geistige Ordnung des Menschen widerspiegeln.

Wollte man Konfuzius mit drei Begriffen charakterisieren, so wären das »Konzentration«, »Mitte« und »Harmonie«. Diese Begriffe könnte man aber genauso gut dem Hinduismus oder Buddhismus zu Grunde legen. Denn was sollte für einen Menschen heilsamer sein, als sich vollkommen zu verinnerlichen und die dadurch erreichte innere Mitte in einer harmonischen äußeren Erscheinung zum Ausdruck zu bringen?

Konfuzius fühlte sich, entgegen anderen Religionsstiftern, nicht im Besitz eines besonderen geheimen Wissens. Er war kein Mystiker und im Grunde auch gar kein Religionsstifter. Sein Anliegen war nicht das Jenseits, sondern das Diesseits. Er wollte die Kultur und Sittlichkeit Chinas erneuern. Dabei kam die Lehre des Konfuzius dem nüchternen Wesen des chinesischen Menschen entgegen. Die Chinesen zeigen in ihrer langen Geschichte einen erstaunlich geringen Hang zur Religiosität. Als praktisch-nüchterne Verstandesmenschen waren sie immer skeptisch gegenüber allen Jenseitstheorien. Die geistige Grundhaltung der Chinesen gibt sogar zu verstehen, dass es überflüssig, ja schädlich sei, sich mit übersinnlichen Fragen zu beschäftigen. Der Sinn der Welt liege in der Welt selbst, er trete im Natürlichen und Fassbaren ganz zu Tage. Im übertragenen Sinn kann man die Chinesen aber durchaus als religiös bezeichnen: in ihrem unglaublichen Gleichmut, der nichts Phlegmatisches oder Passives an sich hat. Im Gegenteil: China war immer ungeheuer vital und geschäftig. Diese Lebendigkeit verbirgt sich nur allzu oft unter allergrößter Selbstbeherrschung. Freilich ist diese wieder eine Folge des Konfuzianismus. Dieser, so scheint es, ist Teil des chinesischen Erbguts geworden.

Die große Bedeutung von Ordnung und Disziplin drückt sich im wunderbaren chinesischen Schriftsystem aus. Das Chinesisch vermag mit drei Schriftzeichen mehr mitzuteilen als unsere Sprache auf einer ganzen Seite.

Neben Ordnung und Disziplin sind Ehrfurcht und Respekt zwei wichtige Prinzipien des Konfuzianismus. Gemeint ist die Ehrfurcht vor dem, was über uns ist, was unter uns ist und was uns gleich ist, kurzum: Ehrfurcht vor allem, was ist. Was Konfuzius hier lehrte, war seit Urzeiten vom chinesischen Bauern als etwas Selbstverständliches gelebt worden. China ist ja bis heute *das* Bauernland schlechthin. Es liegt auf der Hand, dass das bäuerliche Dasein nur bei harmonischer Zusammenarbeit gedeihen kann. Die natürliche Harmonie zu stören, käme einer Selbstvernichtung gleich. Denn nur dem, was man vollkommen ernst nimmt, wird man gerecht. Deshalb ist die chinesische Höflichkeit nicht nur etwas Äußerliches, Aufgesetztes, sondern der elementarste Ausdruck von Sittlichkeit. Der Mensch kann nur innerlich vollendet werden, wenn er sich nach außen hin vollkommen gibt. Daher rührt der ursprüngliche Sinn der Chinesen für gute Umgangsformen und Etikette. In der Höflichkeit, so könnte man sagen, drückt sich der Konfuzianismus am alltäglichsten aus.

Von unserer abendländischen Warte aus erscheinen uns Chinesen, Japaner und Koreaner als distanziert, eben weil sie so selbstbeherrscht sind. Aber das Gegenteil ist der Fall: Sie, die so schnell nichts aus der Fassung bringen kann, verstehen nur, auch im alltäglichen Getriebe zu entspannen. Und, indem sie entspannen, sind sie urplötzlich zu guter Laune und Heiterkeit in der Lage. So überraschen auch die Schriften des Konfuzius und seiner Schüler durch plötzlich aufleuchtenden Humor und Witz. Gerade der Beherrschte ist besonders in der Lage, bei Gelegenheit seine in ihm schlummernden Fähigkeiten zu steigern. Wer sich selbst besitzt, kann auch wirklich aus sich herausgehen.

Konfuzius ist davon überzeugt, dass sich in jedem Menschen ein guter Kern verbirgt, der durch Erziehung und Bildung entfaltet werden kann. Wenn das Universum harmonisch ist, muss auch der Mensch es sein – solange nicht negative Einflüsse diese Urharmonie stören oder gar zerstören. Also kann eigentlich jeder ein »Edler«, ein Mensch mit vornehmem Charakter werden. Vornehm zu sein bedeutet für Konfuzius, selbstbeherrscht, gelassen, menschlich und gütig zu sein. Pflicht jedes Herrschers und jeder Regierung ist es, das Volk in diese Richtung zu erziehen und ihm diese Grundsätze selber vorzuleben. Der Herrscher soll durch Vorbild erziehen und das Volk an seinem Wohlstand teilhaben lassen. »Wenn man durch Erlasse leitet und durch Strafen ordnet«, sagt Konfuzius, »so weicht das Volk aus und hat kein Gewissen. Wenn man durch Kraft des tugendhaften Wesens leitet und durch Sitte ordnet, so hat das Volk ein Gewissen und erreicht das Gute.« Vor allem durch den Schüler Menzius wurde die Theorie, dass der Mensch von Natur aus gut sei, vertieft. Später gab es im Konfuzianismus aber auch die gegenteilige Lehre: dass der Mensch von Natur aus schlecht sei, aber durch Erziehung zum Guten geführt werden könne. Im noch späteren Konfuzianismus setzte sich dann die optimistische Sicht des Menzius wieder durch.

In den »Gesprächen« werden die hohen Ideale des konfuzianischen Denkens in eindringlicher Klarheit dargelegt: »Als man den Meister fragte: ›Gibt es ein Wort, nach dem man sich das ganze Leben hindurch richten kann?‹ Der Meister sprach: ›Die Nächstenliebe. Was du dir selbst nicht wünschest, das tue auch keinem andern an.‹« Das ist die »Goldene Regel« des Handelns, wie sie auch von Buddha und Jesus vertreten wurde. Die christliche Nächstenliebe ist also bei Konfuzius schon zentrales Lebensgebot. Und Konfuzius nahm hier auch den deutschen Philosophen Immanuel Kant (1724–1804) vorweg, dessen berühmter »kategorischer Imperativ« auch nichts anderes zum Inhalt hat. Überhaupt hat das alte preußische Tugendideal viel Konfuzianisches an sich, gerade auch in der Betonung von Pflicht, Ordnung, Disziplin, Gehorsam, Fleiß. Die alten Preußen, so könnte man sagen, waren auf europäischem Boden die besten Konfuzianer.

Doch der eigentliche Adressat der konfuzianischen Lehre – wir sagten es schon – ist nicht so sehr der Einzelne, sondern das Staatswesen als Ganzes. Aus diesem relativen Desinteresse am Einzelnen bei Konfuzius entspringt womöglich das auffallende Fehlen von Mitgefühl in der chinesischen Kultur. Schon Buddhas »Mitleid« war nicht Mitgefühl in unserem christlichen Sinn; es enthielt keinen Ansporn zum Helfen. In China, wie im ganzen Osten, lässt individuelles Leiden den Menschen eher gleichgültig.

Konfuzius, der Staatsphilosoph

Wie schon gesagt: Die Lehre des Konfuzius setzte sich in China nur langsam durch. 300 Jahre mussten vergehen, ehe der erste Kaiser der Han-Dynastie im Jahre 174 v. Chr. das Grab des Konfuzius besuchte und dort ein Opfer darbrachte. Davor hatte es sogar eine Zeit gegeben, in der die Schriften des Meisters Kung verbrannt worden waren. Doch in der Han-Dynastie entwickelte sich die Lehre des Konfuzius geradezu zur Staatsphilosophie. Das war freilich eine äußerst zwiespältige Ehre, denn die chinesischen Kaiser missbrauchten die Lehre, um mit ihr das Volk zu beherrschen und auszubeuten. Man muss allerdings zugeben, dass dafür der Konfuzianismus auch bestens geeignet war. Schließlich predigte er den unbedingten Gehorsam vor der Obrigkeit. Dass er damit eine dem Guten verpflichtete Obrigkeit meinte, der es um das Wohl des Volks zu tun ist, wurde von den Herrschern bewusst unterschlagen. Die chinesischen Kaiser machten so aus dem Reformer Konfuzius einen Reaktionär. Sie erstickten in seinem Namen jeden freien Geist in China während zweier Jahrtausende. Das ging einher mit einer buchstäblichen Vergöttlichung des Meisters, wohl wissend, dass man ihn damit am besten als Stütze, nämlich als heilige Stütze des Kaiserthrons einsetzen konnte. Ihm wurden sogar Tempel geweiht. Im Jahre 1906 wurde Konfuzius auf Erlass des Kaisers den Gottheiten von Himmel und Erde gleichgestellt. Das half freilich dem chinesischen Kaisertum auch nicht mehr über die Zeit; es wurde 1912 gestürzt. Damit schwand der Einfluss des Konfuzius in China dahin, um dann im Kommunismus des Mao Zedong rigoros bekämpft zu werden.

Zur Zeit sieht es im kommunistischen China so aus, dass allerorten konfuzianische Schulen aus dem Boden sprießen – mit Duldung der Kommunistischen Partei. In Zeiten des radikalen Umbruchs, in denen sich in China Korruption und organisiertes Verbrechen wie eine Seuche ausbreiten, besinnt sich das Riesenreich auf seinen größten und wirkungsvollsten Denker. Den Kommunisten in China geht langsam, so scheint es, der Glaube an den Kommunismus verloren. Nun soll wohl auch Konfuzius zur Begründung ihrer diktatorischen Herrschaft Verwendung finden, so wie er einst die Herrschaft der Kaiserdynastien zu rechtfertigen hatte. Konfuzius war für den chinesischen Staat immer dann besonders nützlich, wenn er Stabilität suchte in unsicherer Zeit. So erlebt China im Augenblick eine wahre Wiedergeburt der alten konfuzianischen Werte: Tugend, Moral, Disziplin, Fleiß, Familiensinn werden dem Volk von oben her gepredigt. Konfuzius wird wieder einmal zum Staatsphilosophen erhoben. Ein solcher wollte er ja insgeheim immer sein.

Die entscheidende Frage dabei ist, welcher Konfuzianismus im heutigen China gepredigt wird. Es ist zu befürchten, dass jene entstellte Lehre gemeint ist, mit der das Volk tausend Jahre lang unterdrückt wurde. Das hat Konfuzius bis zu einem gewissen Grad selbst zu verantworten, indem er sich an vielen Stellen seiner Schriften sehr geringschätzig über das Volk – und hier vor allem über die Frauen – auslässt.

Am Beispiel Japans und auch Koreas kann man sehen, wie konfuzianisches Denken einen bedeutenden Einfluss bei der Modernisierung einer Gesellschaft ausüben kann. Japan, so könnte man ohne Übertreibung sagen, ist das konfuzianischste Land überhaupt. Kungs Lehre wird dort als »Ju-do« oder »Ju-kyo« bezeichnet und hat sich im Lauf der Zeit in mehrere Schulen zergliedert. Aber das ist ja immer so bei Religionen und Philosophien. In Japan fügte sich der Konfuzianismus vortrefflich in den alten japanischen Ahnenkult des Shintoismus ein und ließ sich bestens mit der buddhistischen Lehre, die ja auch von China nach Japan kam, verbinden.

Als der Konfuzianismus nach Japan vordrang – oder besser: der Buddhismus im konfuzianischen Gewand –, haben ihn die Japaner sofort als vertieften Ausdruck dessen angenommen, was seit je bei ihnen gang und gäbe war. Er führte so auch rasch zu einer Vertiefung japanischer Sittlichkeit, die man zu Recht als eine Rücksichtskultur bezeichnet hat. Konfuzianismus und Shintoismus sind sich in der Verehrung der Ahnen sehr ähnlich, in der tiefen Verbundenheit mit all jenen, die vor einem selbst waren. Ihnen gebührt Ehrfurcht, Liebe und Dank. Im Ahnenkult haben Shintoismus und Konfuzianismus gleichermaßen ihr geistiges Heiligtum. In ihm wurzelt auch die geradezu altertümliche Demut der Japaner gegenüber Kaiser und Vaterland.

Gerade sein Wirtschaftswunder, das freilich seit Jahren in einer tiefen Krise steckt, konnte Japan wohl nur auf der Grundlage konfuzianischer Vorstellungen von Ordnung, Fleiß, Gehorsam und Disziplin verwirklichen. Auch in Vietnam, so ist zu hören, soll konfuzianisches Denken auf dem Vormarsch sein. So ist die Lehre des Konfuzius, wenngleich urchinesisch, nicht auf ihr Ursprungsland beschränkt geblieben. Sie hat in ganz Ostasien Verbreitung gefunden, freilich vermischt mit buddhistischem und taoistischem Gedankengut.

Der Taoismus und die Lehre vom Selbstsein des Menschen

Die Geschichte Chinas zeigt, dass der Konfuzianismus als »Staatsreligion« den Taoismus nie wirklich hochkommen ließ, ja ihn zeitweise sogar verfolgte und auszulöschen suchte. Während der Konfuzianismus sich hauptsächlich mit den ethischen, gesetzlichen und rituellen Regeln, den Gebräuchen und Übereinkünften beschäftigt, geht es im Taoismus allein um den einzelnen Menschen. Ihm soll, ähnlich wie im Buddhismus, ein Weg zum Seelenheil aufgezeigt werden. Die verblüffenden Ähnlichkeiten zwischen Buddhismus und Taoismus haben sogar zu der Überlegung geführt, ob die beiden Philosophien nicht schon viel früher als vermutet miteinander in Berührung gekommen sind.

Konfuzius wollte den Menschen erziehen, Lao-tse wollte ihn letztlich so sein lassen, wie er ist. Da sich im Universum ohnehin alles mit allem in ewiger Harmonie befindet, ist auch das, was der Einzelne tut, sei es nun gut oder böse, in Harmonie mit dem großen Ganzen. Ohne Schatten kein Licht, ohne Böses kein Gutes, ohne Unglück kein Glück, ohne Yin kein Yang. Man bedenke nur, wie viel Gutes und Schönes in der Menschheitsgeschichte aus Bösem und Hässlichem hervorgegangen ist.

Unbestritten ist, dass die chinesische Kultur ihre außergewöhnliche Dauerhaftigkeit und Reife vor allem dem Konfuzianismus verdankt. Vernünftig, bewahrend, gemäßigt und human, wie er ist, stellt er eine der brauchbarsten Formen gesellschaftlicher Ordnung dar, die die Menschheit überhaupt hervorgebracht hat. Ordnung birgt allerdings stets die Gefahr in sich, dass sie zu Erstarrung und Stillstand führt. In Verbindung mit der Einstellung des Taoismus, nirgendwo störend einwirken zu wollen, brachte der Konfuzianismus eine sanfte und ziemlich gutmütige chinesische Sinnesart hervor. China fiel in seiner langen Geschichte nur ganz selten durch Aggression gegenüber Nachbarvölkern auf, wie das ja auch für Indien gilt.

Die Chinesen mit ihrer nüchternen, praktischen Lebensauffassung machten aus dem mönchisch-asketischen Buddhismus, wie er aus Indien kam, einen gangbaren Lebensweg für jedermann. Der Buddhismus erlebte in China durch sein Zusammentreffen mit Konfuzianismus und Taoismus eine Art gesunder Verweltlichung. Er wurde in China »naturgemäß« – bezogen auf die Natur des gewöhnlichen Menschen. Dagegen zeigte der Buddhismus in Indien oder Tibet stets einen starken Hang zum Übermenschlichen. Er schien dort eher für Engel als für Menschen geeignet zu sein. Gleichwohl hat der Buddhismus auch in seinem Stammland stets den mittleren Weg zwischen den Extremen gelehrt. Den Weg des mittleren Maßes zu wählen, muss nicht bedeuten, dass man ein mittelmäßiger Mensch ist. Buddha hat immer betont, dass die Erleuchtung ohnehin nur im alltäglichen Menschsein erlangt werden kann. Man muss kein Engel werden, um erlöst werden zu können.

Wie gesagt: In China fand der aus Indien kommende Buddhismus einen idealen Nährboden. Er musste sich freilich der chinesischen Wesensart anpassen, der Liebe zu Ordnung und Disziplin.

Was nun den Taoismus betrifft, diese dem Buddhismus sehr verwandte Philosophie, so geht es auch bei ihm um das Selbst-Sein des Menschen – und genau das setzt ihn in Gegensatz zum Konfuzianismus. Ein geordnetes und funktionierendes Staatswesen war Lao-tse gleichgültig. In gewisser Weise versuchte er mit seiner Lehre gerade das wieder wettzumachen, was durch den gesellschaftlichen Ordnungszwang im Einzelnen beschädigt wird. Daher rührten auch die Feindseligkeiten, die der Taoismus in China durch die Anhänger des Konfuzius erfahren hat. Diesen Konflikt löste man auf chinesisch-nüchterne Weise: Der Konfuzianismus war die »Religion« für die Kinder, die zu ordentlichen, gehorsamen Untertanen erzogen werden sollten. Dagegen war der Taoismus die »Religion« für die Alten – gemeint sind die alten Männer. Denn von Frauen ist weder bei Konfuzius noch bei Lao-tse die Rede.

Wenn man so will, dann rüttelt der Taoismus an den gesellschaftlichen Normen und Schranken, die vom Konfuzianismus errichtet werden. Doch dieses Rütteln bleibt schwach, weil es nur von den weisen Alten betrieben wird. So blieb der Taoismus gesellschaftlich weitgehend wirkungslos. Dabei wandte sich der Taoismus grundsätzlich gar nicht gegen die überlieferten Sitten und Gebräuche der chinesischen Gesellschaft. Er wollte dem Einzelnen nur die Möglichkeit bieten, sich von ihnen nicht täuschen oder gar lähmen zu lassen. Denn Sitte und Norm behindern ein direktes und intensives Begreifen des Lebens jenseits der alltäglichen Banalität. Sitte und Norm behindern das mystische Durchdringen des Daseins. Wenn Konfuzius der Philosoph für die Staatsmacht ist, dann ist Lao-tse der Mystiker für den Einzelnen.

Dennoch berufen sich beide auf die überlieferten Schriften, vor allem auf das I-dsching (Buch der Wandlungen). In ihm sind bereits die Grundgedanken angelegt, wie sie dann von Lao-tse in seinem Werk Tao-te-king vertieft worden sind. Während Konfuzius die Grundgedanken des I-dsching stets auf das Ganze der Welt und der Gesellschaft bezog, suchte Lao-tse sie für das Selbstverständnis des Menschen nutzbar zu machen – um so die Wahrheit hinter den Dingen zu erkennen. Dieses Erkennen kann nicht über den Verstand geschehen. Denn das Tao übersteigt den menschlichen Verstand.

Auch der christliche Gott ist dem menschlichen Verstand unzugänglich, dennoch ist Tao nicht mit Gott gleichzusetzen. Gott hat die Welt erschaffen, also durch göttliches Tun gebildet. Tao hat sie im Gegensatz dazu durch »Nicht-tun« (Wu-wei) hervorgebracht, ähnlich wie die Natur einfach wachsen lässt, ohne dass man eine schöpferische Anstrengung bemerkt. Geschaffenes besteht aus zusammengesetzten Teilen, denen von außen eine Form gegeben wird. Dagegen erzeugt sich das Gewachsene ganz von selbst; es entfaltet sich von innen nach außen. Weil die Natur hauptsächlich nach diesem Wachstumsprinzip verfährt, ist dem chinesischen Denken jede Frage nach dem Ursprung des Seienden völlig fremd. Keinem Taoisten würde im Traum einfallen, danach zu fragen, *wie* Tao die Welt hervorgebracht hat. Es war einfach so. Und zwar ohne jeden Plan und ohne Ziel. Der Grund des Tao ist unergründlich.

Das Tao gedanklich fassen zu wollen kommt dem Versuch gleich, sich an die Zeit vor der Geburt erinnern zu wollen. Das Tao muss unfassbar sein, nur so ist es das wirkliche Tao. Mit den Worten Tschuang-tses, Lao-tses bedeutendstem Schüler: »Wäre die Sprache zureichend, würde es einen ganzen Tag brauchen, um Tao kundzutun. Da sie aber unzureichend ist, nimmt schon die Erklärung irdischer Dinge so viel Zeit in Anspruch. Tao ist etwas, das jenseits der materiellen Existenz liegt. Man kann es weder durch Worte vermitteln noch durch Schweigen.« Im Hinduismus wird vom »Brahma«, »Dharma« oder »Atman« nichts anderes gesagt: »Es gibt dort Wissen ohne Wiederstrebigkeit, Grund ohne Wirkung, unaussprechbar, unvergleichbar, unbeschreibbar – was ist das? Unmöglich kann man es sagen.«

Und doch kann das Tao jenseits von Sprache und Schweigen geahnt werden. Aber wie? »Durch Einfältigkeit und Dummheit«, würde ein Taoist vielleicht sagen. Tao ist nur dem Geist zugänglich, der wie das Tao selbst das Wu-wei pflegt, also die feine und schlichte Kunst des Nicht-tuns. Das Wesen des Wu-wei wird vielleicht verständlicher, wenn man daran denkt, dass das Allerweichste, nämlich das Wasser, in der Lage ist, das Allerhärteste, nämlich den Stein, auf Dauer zu schleifen – ohne etwas zu tun. Es gelingt dem Wasser einfach dadurch, dass es fließt. Doch das Fließen des Wassers ist kein Tun, schon gar keines mit dem Ziel, Steine zu vernichten. »Nicht-tun« ist also nicht mit Passivität oder gar Faulheit zu verwechseln, sondern es ist die Fähigkeit, zu Entscheidungen zu kommen, ohne den Geist dabei zu bemühen. Mehr noch: Im Wu-wei ist man tätig, ohne zu wissen, dass man tätig ist. Man wirkt, indem man nichts tut. »Der Vollkommene«, so sagt Tschuang-tse, »gebrauchst seinen Geist wie einen Spiegel. Dieser ergreift nichts und weist nichts ab. Er nimmt auf, hält aber nicht fest.«

Der Taoismus steht dem Wollen, dem Tätigsein und Handeln, der Anstrengung und der Betriebsamkeit, also dem, was wir als Tüchtigkeit verehren, ablehnend gegenüber. Aber genau damit steht er im Gegensatz zum Konfuzianismus, wo die Tüchtigkeit ein Teil der gesellschaftlichen Ordnung ist, eine wichtige Voraussetzung für ihr reibungsloses Funktionieren. Denn ein Staat gründet sich ja auf den tätigen Fleiß seiner Mitglieder. Von daher versteht man auch, wieso im alten China die Kinder im Geist des Konfuzius erzogen wurden, während man den Taoismus als Philosophie für die weisen alten Männer ansah, die am gesellschaftlichen Leben nicht mehr teilnahmen.

Lao-tse ging es um die Befreiung des Menschen von den überlieferten Tugendpflichten, die Konfuzius gerade ins Zentrum seiner Lehre gestellt hat. Tugend aus reinem Gehorsam lehnte Lao-tse ab. Wertvoll sei nur die Tugend, die aus eigenem inneren Antrieb gewonnen wird. Anerzogene Tugenden, so meint Lao-tse, hindern den Menschen nur bei der Freisetzung seiner schöpferischen Kräfte. Diese Freisetzung müsse ohne angelernte Methoden oder Techniken geschehen, ohne bewusstes Zutun – eben durch Wu-wei. Das Wollen weckt im Menschen stets egoistische Ziele. Damit aber entfernt er sich zwangsläufig von der ewigen kosmischen Ordnung und gerät ins Unglück. Der Weise wirkt durch seine Absichtslosigkeit. Deshalb sieht Lao-tse das Lebensideal im beschaulichen Sich-Versenken, der ruhigen Begierdelosigkeit, der Zurückhaltung gegenüber den weltlichen Dingen. Und zu diesen zählt für ihn auch der ganze Tugendapparat, den Konfuzius in seiner Philosophie errichtet.

Während es Konfuzius darum ging, den Verfall des chinesischen Reichs durch Erneuerung von Sitte und Tugend aufzuhalten, war dem einsiedlerischen Lao-tse der Zustand des Reichs gleichgültig. Konfuzius verkörpert den aktiven politischen Menschen, der durch tatkräftiges Eingreifen in die Geschichte diese zum Guten wenden will. Lao-tse interessiert die Geschichte nicht, er lässt sie so sein, wie sie ist, und lehrt, dass jeder innerhalb der vorgefundenen Verhältnisse unbewusst und spontan das für ihn Richtige tun soll. Was das Richtige ist, erkennt man durch Versenkung in den Urgrund von allem. Die Versenkung will freilich geübt sein.

Taoismus ist kosmische Religiosität

Der rechte Weg lässt sich nicht verordnen. Doch im Grunde ist alles ganz einfach: »Das Tao des Himmels ist Fördern und nicht Schaden, das Tao des Heiligen ist Wirken und nicht Streiten.« Im Diesseits ordnend und gestaltend wirken zu wollen, wie es Konfuzius lehrt, muss dem Taoisten schon deshalb fragwürdig erscheinen, weil doch alles ohnehin in Ordnung ist. Die große kosmische Ordnung ist immer da, egal, ob in einem Land wie China gerade alles drunter und drüber geht. Auch dieses Drunter und Drüber ist Teil der einen kosmischen Ordnung. Diese taoistische Auffassung war den Konfuzianern zuwider und deshalb bekämpften sie sie als schädliche Weltentsagung. Vom sozialen Standpunkt aus hatten sie gewiss Recht, denn mit den taoistischen Ansichten ist buchstäblich kein Staat zu machen. Vom religiösen oder metaphysischen Standpunkt aus aber ist dem Taoismus kein Vorwurf zu machen. Im Gegenteil: Er ist dem Konfuzianismus, was die metaphysische Tiefe angeht, weit überlegen. So fühlten sich die Taoisten auch stets als die wahren Erben chinesischer Urweisheit. Konfuzius, so sagten sie, habe sich nur einen kleinen Teil davon angeeignet und den Rest ausgeblendet. Umgekehrt warfen die Konfuzianer den Taoisten vor, sie hätten die chinesische Urweisheit verraten durch Übernahme buddhistischen Gedankenguts. Dieser Vorwurf des Verrats ist jedoch nicht gerechtfertigt, denn Taoismus und Buddhismus waren sich von vornherein so ähnlich, dass eine Verschmelzung beider Philosophien auf chinesischem Boden nur natürlich war.

Aus christlicher Sicht erscheint weder der Konfuzianismus noch der Taoismus als religiöses System, sondern als hochgeistige Philosophie. Als solche hat die Lehre des Lao-tse im Westen gewiss mehr Bewunderer gefunden als jene des Konfuzius. Nicht umsonst ist das Tao-te-king das meistübersetzte chinesische Buch bei uns. Hinzu kommt, dass Lao-tse in Tschuang-tse nicht nur einen genialen Schüler, sondern auch einen begnadeten Dichter fand, der die schwierige, weil sehr abstrakte Lehre des Meisters in wunderbare, gleichnishafte Geschichten zu übertragen verstand. Sie wurden meisterhaft von dem jüdischen Philosophen Martin Buber ins Deutsche übersetzt. Leicht und geistreich kommen diese Geschichten daher und besitzen dabei doch eine große geistige Tiefe.

Was bei Lao-tse Philosophie ist, wird bei Tschuang-tse zur Poesie. Lao-tse folgt der Eingebung, Tschuang-tse dem Verstand. Und mit diesem hat er vor allem auch die Lehre des Konfuzius angegriffen und mit beißendem Spott überschüttet. Für ihn war Konfuzius ein Weltverbesserer und Tugendwächter, seine Lehre die reinste Torheit.

Wohl der berühmteste unter all den geistvollen Aussprüchen des Tschuang-tse ist der vom Schmetterling: »Ich, Tschuang-tse, träumte einst, ich sei ein Schmetterling, ein hin und her flatternder, in allen Zwecken und Zielen ein Schmetterling. Ich wusste nur, dass ich meinen Launen wie ein Schmetterling folgte, und war meines Menschenwesens unbewusst. Plötzlich erwachte ich; und da lag ich: wieder ›ich selbst‹. Nun weiß ich nicht: war ich da ein Mensch, der träumt, er sei ein Schmetterling, oder bin ich jetzt ein Schmetterling, der träumt, er sei ein Mensch?«

Was an den taoistischen Schriften vor allem auffällt, ist ihre Liebe zum Paradox, das heißt zum Widersinnigen. Im Tao-te-king des Laotse finden sich solche philosophischen Widersinnigkeiten in Fülle: »Tue nichts und alles ist getan.« »Weil der Weise sich selbst vergessen kann, wird sein Selbst verwirklicht.« »Tao wirkt Fülle und Leere, aber es ist weder Fülle noch Leere.«

Auch Buddha hat gern das Paradoxon in seinen Reden bemüht, und selbst Jesus stellt sich in diese alte Tradition, wenn er zum Beispiel sagt: »Wer sein Leben verliert, wird es finden.« Oder: »Die Ersten werden die Letzten sein.« Hinter diesem Denken verbirgt sich das Wissen von der kosmischen Umkehr, vom ewigen Kreislauf. Jedes Ende wird zu einem Anfang und alles kehrt zu seinem ursprünglichen Zustand zurück. Das Lebendige stirbt und verwest, doch aus dem Toten entsteht neues Leben, das wiederum stirbt. Das ist die Bewegung des Rads: ein ständiger Wechsel von Auf- und Abstieg. Das Erreichen des höchsten Punkts ist bereits der Beginn des Niedergangs. Mit der höchsten Stärke beginnt die Schwäche.

Der Taoismus, so könnte man sagen, ist eine »Kreislauf-Philosophie«; sie macht einen damit vertraut, dass es im Leben keine absoluten Fixpunkte gibt. Und sie lehrt, dass sich der Mensch vor allen Festlegungen hüten soll; sie sind nur Selbsttäuschung, mehr nicht. Was für den einen schön ist, ist für den andern hässlich, was der eine für klug hält, erscheint dem andern töricht.

Diese chinesische Weltsicht strahlt noch heute, wenn auch geschwächt, ins alltägliche Dasein und liefert den Grundton aller chinesischen Weisheit: das Stillhalten und umsichtige Handeln. Lieber sein Licht unter den Scheffel stellen, als durch sein Leuchten unliebsame Aufmerksamkeit auf sich ziehen. Lao-tse sagt: »Wer sein Licht erkennt und dennoch im Dunkel weilt, der ist das Vorbild der Welt.« Lieber schwach erscheinen als stark. Unter allen Umständen nachgeben. Denn das ist auch der Weg der Natur: Schaffen ohne Absicht, Vorwärtsschreiten ohne Weiterwollen, sich in das Gegebene fügen. Dieses Denken steht im krassen Gegensatz zu den christlichen Idealen des Überwindens und Weltveränderns, kurz: der Selbstverwirklichung durch Tun.

Taoismus ist im wahrsten Sinn des Worts eine kosmische Religiosität. Diesen Begriff hat der Physiker Albert Einstein für sein persönliches religiöses Empfinden geprägt. Wenn man Einsteins Äußerungen hierzu nachliest, gewinnt man rasch den Eindruck, dass dieser wohl bedeutendste Naturforscher der Moderne in tiefster Seele Taoist war. In bester taoistischer Art meinte er: »Das Wissen um die Existenz des für uns Undurchdringlichen (…) macht wahre Religiosität aus; in diesem Sinne und nur in diesem gehöre ich zu den tief religiösen Menschen. Einen Gott, der die Objekte seines Schaffens belohnt und bestraft, der überhaupt einen Willen hat nach Art desjenigen, den wir an uns selbst erleben, kann ich mir nicht einbilden.« Und weiter meint Einstein: »Ich habe das Bedürfnis nach Genügsamkeit und habe oft das bedrückende Bewusstsein, mehr als nötig von der Arbeit meiner Mitmenschen zu beanspruchen. (…) Auch glaube ich, dass ein schlichtes und anspruchsloses Leben für jeden gut ist, für Körper und Geist. (…) Die banalen Ziele menschlichen Strebens: Besitz, äußerer Erfolg, Luxus, erschienen mir seit meinen jungen Jahren verächtlich.«

Es scheint, dass die großen Wahrheiten der Welt von den Weisen aller Zeiten gesehen wurden. Doch man muss kein Genie wie Einstein sein, um diese Wahrheit zu erkennen. Wir sind ja alle von ihr umgeben, sind selbst Teil dieser Wahrheit. »Wer nicht so denkt«, meint Lao-tse, »dessen Tor zum Tao ist verschlossen.«

VIERTES KAPITEL

Das Judentum

Das religiöse Symbol des Judentums ist der sechszackige Davidstern. Er ist durch zwei ineinander geschobene Dreiecke gebildet – ein magisches Zeichen, das man bei vielen Völkern findet. Das Zeichen versinnbildlicht die Durchwirktheit der irdischen Welt durch Gott. Der Davidstern erscheint auch in der Flagge des Staates Israel.

Die Religionen des Ostens, die wir in den vorangegangenen Kapiteln dargestellt haben, kennen keinen persönlichen höchsten Gott. Sie kennen eine ewige, unfassbare, gestaltlose Urkraft, die sich hinter allen Erscheinungen der Welt verbirgt. Im Hinduismus gibt es eine Unzahl sterblicher Götter, die unterschiedlich starke Verehrung genießen. Shiva, Vishnu und Brahma sind die höchsten, aber auch sie sind sterblich. In den Lehren von Buddha, Konfuzius und Lao-tse spielen Götter keine Rolle.

Die Religionen des Westens hingegen sind alle auf einen einzigen allmächtigen und persönlichen Schöpfergott, den Beherrscher und Lenker der Welt, zentriert, ob er nun Jahwe bei den Juden, Gott bei den Christen oder Allah bei den Muslimen genannt wird. Gemeint ist immer die eine allmächtige, ewige und persönliche Gottheit, die getrennt von der Welt existiert. Alle drei großen Religionen des Westens verehren also denselben Gott. Man spricht von den drei großen monotheistischen Religionen – »Ein-Gott-Religionen«, so könnte man sagen. Im Gegensatz dazu wäre der Hinduismus in seiner volkstümlichen Form eine polytheistische Religion, eine »Viel-Götter-Religion«:

Verehrt werden viele Götter, die einen mehr, die andern weniger. Sie alle haben starke menschliche Züge.

Der Monotheismus geht religionsgeschichtlich fließend aus dem Polytheismus hervor. Das hatte wahrscheinlich damit zu tun, dass sich die menschliche Seele immer stärker vereinheitlicht und dabei ein eindeutiges Ich herausgebildet hat. Dieses persönliche Ich des Menschen spiegelt sich im persönlichen Gott. Er ist gewissermaßen das allmächtige Ebenbild seiner selbst. Dagegen versinnbildlichen die vielen Götter nur die Vielfalt der menschlichen Triebe und die in der Natur wirkenden Kräfte.

Selbst dort, wo die zahllosen Götter bestehen bleiben wie etwa im Hinduismus, kristallisiert sich über ihnen eine ewige, gestaltlose Macht heraus, der auch die sterblichen Götter unterworfen sind. Die verschiedenen Götter wären demnach nur verschiedene Merkmale der einen und höchsten göttlichen Kraft.

Ordnung, Gesetz und Zusammenhang lösten das ursprüngliche Durcheinander im Himmel ab. Damit wurde die Religion strenger, moralischer, bindender. Offenheit und Toleranz, die am Hinduismus auffallen, gehen den monotheistischen Religionen ab. Bei ihnen ist das, was der Einzelne zu glauben hat, streng reglementiert. Abweichungen werden nicht geduldet. Das führt dazu, dass die Seelen der Gläubigen meist farbloser, starrer und oft auch dürrer sind. Womöglich liegen hierin auch die Wurzeln für religiösen Fanatismus, der in den monotheistischen Religionen häufiger und auch rigoroser auftritt als in den eher friedlich gestimmten Religionen des Ostens. Denn der eine Gott lässt jene, die an ihn glauben, als auserwählt erscheinen. Alle anderen Menschen glauben dann logischerweise das Falsche und werden im äußersten Falle gar als Ungläubige angesehen, die es zu bekämpfen gilt.

Wenn sich überhaupt unter den monotheistischen Religionen eine für »auserwählt« halten kann, dann ist es die jüdische. Sie wird aber gemeinhin nicht zu den großen Religionen der Welt gezählt – wegen der relativ kleinen Zahl ihrer Mitglieder. Doch was zählt schon die Quantität! Das Judentum gehört zu den großen Religionen kraft seiner geistigen Qualität, also seiner großen geistigen Bedeutung. Nicht zuletzt haben Christentum und Islam ihre Wurzeln im Judentum.

Und was das Erstaunlichste dabei ist: Trotz Jahrtausende währender Unterdrückung, Zersplitterung, grausamster Verfolgung und Verachtung ist das jüdische Volk nicht untergegangen. Im Gegenteil: Gestern wie heute gehören ihm viele der besten Geister in Kunst und Wissenschaft an. So sprach der Schriftsteller George Steiner von der »geheimnisvollen Unverwüstlichkeit« des Judentums. Und was von den Christen oft übersehen oder verdrängt wird: Die Auserwähltheit des jüdischen Volks wird gerade durch Jesus auf eindringliche Weise bestätigt: Gott ist als Jude Mensch geworden! Schon Heinrich Heine sah das Christentum als ein entgrenztes Judentum an. »Jesus Christus«, so liest man bei ihm, »berief alle Völker der Erde zur Teilnahme an dem Reiche Gottes, das früher nur einem einzigen auserlesenen Gottesvolke gehörte, er gab der ganzen Menschheit das jüdische Bürgerrecht.«

Juden, Christen und Muslime stehen in religiöser Hinsicht in einem engen Verwandtschaftsverhältnis – ob ihnen das nun passt oder nicht. Diese drei Religionen sind Bruder- und Schwesterreligionen. Wie alle drei geschichtlich auf den Mosaismus zurückgehen, so ist es ein Geist, der sie letztlich von innen her beseelt. Abraham ist der Glaubensvater von Juden, Christen und Muslimen gleichermaßen. Moses ist der Stifter der jüdischen Religion, und sowohl Jesus als auch Mohammed sehen sich in dieser von Moses begründeten Tradition verwurzelt. Deshalb ist Jesus auch für die Muslime ein heiliger Mann – der letzte Prophet Gottes vor Mohammed –, und für die Juden ist Jesus ohnehin einer der ihren, eben weil Jesus Jude war.

Wenn dem so ist, dann ist die Verschiedenheit dieser drei Religionen letztlich nur eine der Symbole, Riten und Gebräuche, also zweitrangig. Denn die Riten sind immer nur als Zeichen der Glaubenswahrheit eingesetzt; sie sind niemals die Glaubenswahrheit selbst. Alle drei Religionen besitzen die gleiche Glaubenswahrheit; sie verehren ein und denselben Gott. Sie haben diesem einen Gott jeweils einen anderen Namen gegeben, weil sich Gott selbst keinen Namen gegeben hat. Als Moses Gott nach seinem Namen fragte, antwortete dieser ausweichend: »Ich werde sein, der ich sein werde«, was auf Hebräisch »Jahwe« geschrieben wird, im biblischen Text in Form der Konsonanten JHWH.

Auch der eine Gott hat seine Ahnen

Auch dieser eine Gott, ob er nun von den Juden »Jahwe«, von den Christen »Gott« oder von den Muslimen »Allah« genannt wird, hat religionsgeschichtlich betrachtet einen Ahnherrn beziehungsweise gleich mehrere Ahnväter, die in ihm verschmolzen sind: jene heidnischen Götter, denen die alten semitischen Wüstenvölker geopfert haben. Es waren Wüstengottheiten, herbe, einfache, ja dürftige Götter mit einem wüsten, grausamen Zug in ihrem Wesen. Entsprechend herb ist auch das Gottesbild des Judentums, wie es uns im Alten Testament überliefert ist. Gott erscheint als ein zorniges Himmelswesen, das fortwährend durch Opfergaben milde gestimmt werden muss. Er ist durchaus nicht der liebende, gnädige Gott, als der er im Christentum erscheint. Jahwe ist auch ein kriegerischer Gott. Das Alte Testament ist neben aller Weisheit, die sich darin kundtut, auch ein Buch der Kriege und Grausamkeiten. Manche Religionsforscher vertreten die Meinung, Jahwe sei ursprünglich ein Gewitter- oder Vulkan-Gott gewesen, also eine Naturgottheit, die von Moses zum Stammesgott der Juden erhoben wurde.

Dieser alte und wilde Gott will nicht irgendwelche Opfer, sondern für ihn zählt allein das Blutopfer. Der biblische Gott kann seine Abkunft aus der heidnischen Welt der Fleisch verzehrenden Götter nicht verleugnen. Gottes Vorliebe für Fleisch wird zuerst im Bruderstreit zwischen Kain und Abel deutlich. Gott ist allein von Abels Tieropfer angetan, während er Kains Pflanzenopfer verschmäht. Schon in dieser biblischen Urgeschichte zeigt sich Gott in seiner ganzen Widersprüchlichkeit: Er gebietet den Menschen, keine Tiere zu töten, erwartet aber das Tieropfer als höchste Huldigung an ihn, was ja nichts anderes als die Tötung eines Tiers bedeutet. Religionsgeschichtlich ist das vielleicht so zu deuten, dass aus den alten heidnischen Göttern der Wüstenvölker langsam ein neuer, einziger Gott hervorging, der zuerst noch viele Eigenschaften der alten Götter in sich trug. Es waren Götter, die Fleisch aßen, mehr noch: Sie aßen mit Vorliebe Menschenfleisch. Gottes Ungerechtigkeit gegenüber Kain bedeutet also nicht, dass er dem Viehzüchter und Hirten günstiger gesinnt war als dem

Mann der Scholle. Es geht dabei um etwas anderes: Während Kain in seinem Pflanzenopfer nichts weiter als die Früchte seiner Felder darbrachte – er hatte nichts anderes –, opferte Abel mit seinem Lamm symbolisch sich selbst. Kains Pflanzenopfer wirft kein schlechtes Licht auf ihn, sondern, wenn überhaupt, auf Gott. Dieser kommt von seiner heidnischen Herkunft nicht los, seiner primitiven Vorliebe für Menschen- und Tieropfer, für dampfendes Fleisch auf blutverschmierten Altären.

Noch deutlicher kommt Gottes urzeitliche Lust auf Menschenopfer in der Geschichte von Abraham und seinem Sohn Isaak zum Ausdruck. Hier verlangt Gott, ganz im Stil einer heidnischen Gottheit, das Menschenopfer als Beweis für Abrahams bedingungslosen Gehorsam. Erst als Abraham das Messer gegen seinen Sohn erhebt, der schon gebunden auf dem Opferholz liegt, schreitet Gott ein und verhindert den Mord. Anstelle des Sohnes wird dann ein Widder geopfert – aber mit diesem war eigentlich der Sohn gemeint. Das Tieropfer ist ein stellvertretendes Menschenopfer.

In den ältesten Teilen der Bibel erscheint Jahwe überhaupt noch stark vermenschlicht. Vor allem sein leicht erregbarer Zorn wird hervorgehoben, aber auch seine Reue über diesen Zorn. Gott, so scheint es, hat sich noch nicht im Griff. Andererseits ist er auch ein gnädiger, väterlich-gerechter Gott, der das Gute belohnt und das Böse bestraft.

Diesen zornig-gnädigen Gott versucht Moses, der Stifter der jüdischen Religion – die man deshalb auch Mosaismus nennt –, seinem Volk nahe zu bringen. Das geht nicht ohne Konflikte ab. Die Idee des einen Gottes, der keine anderen Götter neben sich duldet, hat Moses wohl von den Ägyptern übernommen. Zwar verehrten die alten Ägypter eine Vielzahl von Göttern, doch hatte der Pharao Amenophis IV. (ca. 1377 v. Chr. – 1336 v. Chr.), der sich später Echnaton nannte, zum ersten Mal in der Menschheitsgeschichte einen Monotheismus eingeführt: den Glauben an den einen Gott Aton. Moses, der das Volk der Israeliten bei ihrer Flucht aus der ägyptischen Knechtschaft, wo es zur Zwangsarbeit verpflichtet war, anführte, könnte ein Anhänger Echnatons gewesen sein. Doch das ist reine Spekulation, weil die Gestalt des Moses geschichtlich gar nicht fassbar ist und zeitlich nicht sicher einem Pharao zugeordnet werden kann. Vielleicht war

Figürliche Darstellung des Gottes Shiva. Er ist einer der drei Hauptgötter des Hinduismus. Mit seinem kosmischen Tanz bewirkt er die Zerstörung der Welt.

Die Stadt Varanesi (früher Benares) am Ganges ist der bedeutendste hinduistische Wallfahrtsort. Das Bild zeigt Hindus beim rituellen Bad im heiligen Fluss, von dem es heißt, er fließe aus den Haaren Shivas selbst.

Meditierender buddhistischer Mönch in der typischen Haltung des sitzenden Buddha

Buddhistischer Tempel in Bodhgaya

Lao-tse wird meist auf dem Rücken eines schwarzen Büffels dargestellt. Auf ihm, so die Legende, ritt der greise Meister, der Welt überdrüssig, dem Vergessen entgegen.

Konfuzius. Anders als Lao-tse, der der Welt entsagte, versuchte er Familie, Staat und Moral im Sinne der chinesischen Tradition zu gestalten.

*Mittelalterliche Darstellung des Königs David,
gekrönt und Harfe spielend*

Der Gottesdienstraum der Synagoge von Temesvar (Rumänien). Wichtigster Teil der Innenausstattung ist der Schrein zur Aufbewahrung der Torarollen. Er befindet sich an der Wand, die nach Jerusalem ausgerichtet ist.

Der Auferstehungs-Heiland, dargestellt in einem Gemälde von Paolo Veronese. Der aus dem Grab entschwebende Christus zeigt unverkennbar die Züge eines antiken Sonnengotts.

Die Ka'ba, das Haupteiligtum des Islams in Mekka, zu dem jährlich Millionen Muslime pilgern, um so eine der fünf Grundpflichten des Islams zu erfüllen

Innenansicht des Doms zu Speyer. Er zählt zu den bedeutendsten romanischen Bauwerken der Welt und kündet von der Macht und der Größe des mittelalterlichen Christentums.

Im Islam gibt es, als Abgrenzung zum Götzendienst, ein Bilderverbot, das aber nur bei der Darstellung des Propheten Mohammed strikt befolgt wird. Hier hat der Künstler Mohammeds Gesicht mit einem Tuch verhüllt.

es auch umgekehrt: Echnatons Monotheismus war die Folge des großen Einflusses, den Moses zeitweise in Ägypten hatte. Sicher ist nur, dass auch Moses den Monotheismus nicht erfunden hat. Ihm offenbarte sich ja nur der Gott der Väter. Wenn, dann wurde der eine Gott von Abraham »erfunden«. Im Grunde waren Moses, Jesus und Mohammed Schüler Abrahams: Schüler in monotheistischer Religion. Hierin liegt die enge Verwandtschaft von Judentum, Christentum und Islam begründet. Alle drei Religionen gehen auf ein und dieselbe Wurzel zurück – und diese Wurzel heißt Abraham. Von daher ist Moses im strengen Sinn auch kein Religionsstifter; er hat keine neue religiöse Lehre geschaffen, sondern nur Gottes Gesetz verkündet und vertreten. Moses war ein Berufener; er wurde von Gott angerufen, um sein Volk zum Gott Abrahams zurückzuführen.

Die jüdische Geschichte ist von Anbeginn eine Kriegsgeschichte

Moses, so könnte man sagen, ist der erste Prophet des Gottes Jahwe. Er hat daneben aus einer losen Gruppierung von zwölf Stämmen das Volk der Israeliten geformt, indem er als Gesetzgeber, Lehrer und Richter tätig war und es als Feldherr im Kampf führte. »Unser Vater« sagen die Juden, wenn sie von Abraham, »unser Lehrer«, wenn sie von Moses sprechen. Doch Abraham ist der Vater vieler Völker, während Moses der Lehrer des einen, von Gott auserwählten Volkes ist. Wieso Gott gerade dieses und kein anderes Volk auserwählte, wissen wir nicht.

Moses war also auch ein großer belehrender Staatsmann – und darin liegt eine gewisse Parallele zu Mohammed. Das Gesetz aber bekam Moses direkt von Jahwe, der sich ihm offenbart hat als Gott seines Volkes: »Ich bin der Gott deines Vaters, der Gott Abrahams, der Gott Isaaks und der Gott Jakobs.« Das sind die drei Stammväter (Patriarchen) des Volkes Israel. Moses ist der Erste, dem sich Gott mit seinem Namen, beziehungsweise Scheinnamen, offenbart. Für die Patriarchen war er ein verborgener Gott gewesen. Man kann davon ausgehen, dass diese noch die alten heidnischen Götter der Nomadenstämme in ihren Sippenkulten verehrt hatten. Die Zeit für den einen Gott war da noch nicht reif.

Zum ersten Mal in der Menschheitsgeschichte wird durch Moses eine streng monotheistische Religion begründet – Echnatons Versuch, der mit seinem Tod auch gleich wieder gescheitert war, ist hierzu nur das kurze Vorspiel gewesen.

Jahwe ist sowohl eine universelle kosmische Gottheit als auch ein Nationalgott, mit dem das Volk der Israeliten einen »Bund« schließt. Dieser Bund ist mehr als nur ein göttlicher Vertrag mit einem auserwählten Volk, sondern gleichzeitig ein Gesetzesvertrag, der eine moralische Botschaft enthält in Gestalt der Zehn Gebote. Dieses Gesetz ist im wahrsten Sinne des Worts ein strenges, starres und hartes Gesetz, steinhart, um genau zu sein. Es wird von Jahwe auf Steintafeln geschrieben. Doch das Judentum erkennt sich in diesem Gesetz – und es erkennt sich in Moses, der dem Volk das Gesetz brachte. Das war eine wichtige Voraussetzung dafür, dass die zwölf Stämme bei ihrer Flucht aus Ägypten und dem Einzug in das Gelobte Land von Kanaan sich als ein Volk zu fühlen begannen. Dennoch errangen einige Stämme eine Vormachtstellung, so der Stamm Juda (von ihm leitet sich das Wort »Jude« ab) und der Stamm Israel.

Die eigentliche Geschichte Israels beginnt mit der Landnahme des Gebiets beiderseits des Jordans durch die israelitischen Stämme. »Landnahme« ist freilich ein verharmlosendes Wort; es handelte sich in der Tat um einen Eroberungskrieg gegen die dort siedelnden Kanaanäer. Moses führte die Israeliten dabei mit großem militärischem Geschick. Doch trotz seiner Kriegserfolge gewann das Volk der Israeliten lange Zeit nur in den dünn besiedelten Gebirgsgegenden die Oberhand. In den fruchtbaren Niederungen wurden sie durch die Hauptwaffe der Kanaanäer, den Streitwagen, in Schach gehalten. Doch nach und nach setzten sich die Stämme Israels auch in den Niederungen fest und vermischten sich mit der eingesessenen Bevölkerung.

Als die Stämme Israels ihr Gelobtes Land gefunden hatten und darin sesshaft geworden waren, mussten sie sich immer wieder gegen äußere Feinde zur Wehr setzen, etwa gegen nomadisierende Wüstenstämme aus dem Osten und Süden. Erst unter der stabilen Regierung

König Davids (ca. 1004 v. Chr. – ca. 964 v. Chr.) war damit Schluss. Davor aber kam es noch zu blutigen Bruderkriegen zwischen den Stämmen beiderseits des Jordans. Sie wurden vor allem durch den Stamm Efraim geschürt, der um seine Vorrangstellung fürchtete, die er zeitweise innehatte. Über diese grausame Zeit in der jüdischen Frühgeschichte kann man im biblischen Buch der Richter nachlesen. Doch nicht nur Angriffe nomadisierender Völker und Bruderzwiste im eigenen Volk hatten die Israeliten zu bestehen. Feinde kamen auch übers Meer und verwüsteten die Küsten Palästinas, wie das Gelobte Land auch bezeichnet wird. Vor allem waren es die Philister – von ihnen leitet sich das Wort »Palästina« ab –, gegen die sie sich im 12. Jahrhundert v. Chr. zur Wehr setzen mussten. Die Philister waren ein Seefahrer-Volk aus dem östlichen Mittelmeer, das mit der Insel Kreta in Verbindung gebracht wird. Von den Küstenregionen Palästinas schwärmten die Philister und andere Seevölker ostwärts aus und brachten einen großen Teil der israelitischen Bevölkerung unter ihre Herrschaft. Dem Volk Israel drohte die Auslöschung.

Doch in dieser schweren Zeit kam endlich Rettung in Gestalt des Propheten und Richters Samuel. Unter seiner geistigen Führung gelang es dem Volk Israel, sich von den Philistern zu befreien. Der Erfolg in diesem harten Kampf begründete die israelitische Nation als Königreich. Das war am Ende des 11. Jahrhunderts v. Chr. Als erster König Israels wurde Saul von Samuel auserwählt und gekrönt. Unter seiner Regentschaft veränderte sich das gesellschaftliche Gefüge des israelitischen Volks grundlegend. Eine neue Volksschicht, die dem König besonders verbunden war, stieg auf und bekam vom Monarchen Ländereien, die den Philistern gehört hatten. Gegen diese Schenkung gab es allerdings erheblichen Widerstand all jener, die sich plötzlich benachteiligt fühlten. Diesen Widerstand unterdrückte Saul, weshalb seine Regierungszeit mit gewissem Recht als Gewaltherrschaft bezeichnet werden kann. Sie wurde immer willkürlicher, je näher Sauls Ende kam.

David und Salomo – die goldene Zeit Israels

Gleichsam in Sauls Schatten stieg die Lichtgestalt David zum Nachfolger auf, wobei er von Anbeginn in starker Rivalität zu Saul stand. Dieser hatte ihm sogar nach dem Leben getrachtet. Sauls Herrschaft endete in einer Schlacht gegen die Philister, die erneut Israel angegriffen hatten. Saul nahm sich nach der verlorenen Schlacht das Leben. Die Folge davon war die Spaltung des Königreichs Israel. Im Süden wurde David als König von Juda eingesetzt. Das war im Jahre 1004 v. Chr.

Die Zeit Davids ist von allen Epochen der biblischen Geschichte am ausführlichsten beschrieben. Das hat damit zu tun, dass David an seinem Hof, wie im alten Orient üblich, viele Schreiber angestellt hatte, die erstaunlich offen und kritisch über den König berichtet haben. Als Sauls Nachfolger im nördlichen Teil Israels zu Tode kamen, wurde David auch dort zum König eingesetzt. Ihm gelang es, die wiedererstarkten Philister vernichtend zu schlagen. Damit ging die Jahrhunderte währende Feindschaft mit den Philistern zu Ende.

David wählte die Stadt Jerusalem zur Hauptstadt des wiedervereinten Reichs. Dorthin kam auch das Symbol der jüdischen Stammeseinheit, die so genannte Bundeslade. Diese stammte noch aus vormosaischer Zeit. Sie war nichts anderes als der Gottesthron, den die herumziehende Stämme auf ihren Wanderungen als ihr Hauptheiligtum mit sich führten. Später wurden in ihr die Steintafeln mit den Zehn Geboten aufbewahrt. Auf diese Weise machte König David seine neue Hauptstadt auch gleich zum religiösen Zentrum der Juden.

Unter David blühte das Reich auf und wuchs auch an Größe beträchtlich an, nachdem in mehreren Kriegen mit östlichen Nachbarn weite Gebiete dem Königreich Israel einverleibt wurden. Von großer Bedeutung für Davids Herrschaft war die von ihm eingesetzte Lehre vom Bund zwischen dem Gott Israels und dem davidischen Königshaus. Dieser Bund entsprach jenem, den Moses auf dem Berg Sinai zwischen Israel und Jahwe geschlossen hatte. Damit wurde der König zum obersten Priester, dem fortan die gesamte Priesterschaft unterstellt war.

Trotz aller Erfolge hatte König David auch Feinde, vor allem unter den Stämmen des Nordens, die die Vorherrschaft des Südens schmerzte. Diese unterschwellige Feindschaft kam schließlich im Aufstand des Abschalom zum Ausbruch. David, der plötzlich weitgehend allein stand, blieb nur die Flucht. Es gelang ihm nach einer gewissen Zeit, eine Streitmacht gegen Abschalom aufzustellen und dessen Aufstand niederzuschlagen. Dennoch drohte das Reich erneut in seine beiden Landesteile zu zerfallen, denn die schwelende Glut des Widerstands erlosch bis zum Tod Davids niemals ganz. So erhob er noch zu seinen Lebenszeiten Salomo, den Sohn seiner Lieblingsfrau Batseba, auf den Thron, um so der Gefahr des Reichszerfalls nach seinem Tod vorzubeugen. Damit überging er jedoch mehrere ältere Söhne und säte so einen neuen Keim der Zwietracht.

Doch Salomo konnte sich gegen seine Brüder mit brutalen Mitteln durchsetzen. Er ließ sie einfach umbringen. Damit war er der unumschränkte König von Israel und Juda. Salomo herrschte von 965 v. Chr. bis 928 v. Chr. Wie David, so ist auch Salomo in der Bibel umfassend dargestellt. Vor allem wird er als König mit göttlicher Weisheit beschrieben, der dem Reich politische Ruhe und wirtschaftlichen Wohlstand bescherte. Salomo war, so heißt es in der Bibel, »weiser als alle Menschen«. Sein Reichtum, sein außergewöhnlicher politischer Instinkt, seine großen Fähigkeiten als Gesetzgeber und nicht zuletzt seine dichterische Begabung galten als untrügliche Zeichen einer »Weisheit, die ihm Gott ins Herz gesenkt hatte«, als er den Thron bestieg. Salomo gilt den Juden als »Vater der Weisheit«. Während seiner langen und weitgehend friedlichen Regierungszeit erblühte das vereinte Israel zu einem großen und mächtigen Königreich, zum einflussreichsten und angesehensten Staat zwischen Ägypten und Kleinasien. Ein Beweis hierfür ist Salomos Heirat mit der Tochter des ägyptischen Pharaos. Dieser hätte seine Tochter gewiss nicht einem Fremden gegeben, wenn nicht gewichtige politische und wirtschaftliche Gründe dafür gesprochen hätten.

Salomo baute Jerusalem zur prächtigen Residenzstadt mit Palast und Tempel aus. Hiermit erfüllte er die Wünsche seines Vaters, der die neue Hauptstadt zum Kultzentrum des Reichs hatte machen wollen. Die Bundeslade fand Aufnahme im Tempel. Zur Einweihung des ersten Tempels zu Jerusalem soll Salomo 22 000 Rinder geopfert haben – ein wahrer Exzess der Frömmigkeit. Das Opfer (von Lateinisch »offere«, eine Offerte, also ein Angebot, eine Darbringung machen) wurde fortan zur zentralen heiligen Handlung im Tempel. Tag für Tag wurden zwei einjährige Widder verbrannt, nicht ohne sie vorher nach geheiligten Regeln zu schlachten.

Doch auch diese Blüte des Reichs war nicht von Dauer. Gegen Ende von Salomos Herrschaft gab es Aufstände in Randgebieten, die das Reich sehr bald in die Krise stürzten. So kam es nach Salomos Tod zur erneuten Teilung in die beiden Staatswesen Juda und Israel. Die getrennten Königreiche bestanden zwei Jahrhunderte. Obwohl sie ständig miteinander rivalisierten oder sich zuweilen sogar bekriegten, war das religiöse Band, das sie geistig zusammenhielt, viel stärker als alles Trennende. Das jüdische Volk verstand sich weiterhin als ein einziges, das nur vorübergehend in zwei getrennten Staaten lebte.

Doch in dieser Zeit erstarkte ein anderes Reich in der Region: Babylonien. Schließlich dehnte es seine Macht auch auf das Gebiet Palästinas aus. Unter dem babylonischen König Nebukadnezar drangen die nördlichen Nachbarn bis nach Jerusalem vor und belagerten die Stadt mehrmals, ohne sie erobern zu können – bis zum Jahre 586 v. Chr. Da brach der Widerstand der umzingelten Stadt zusammen. Sie wurde völlig zerstört. Fast das gesamte Volk ging nach Babylonien in die Gefangenschaft. In einem Klagelied heißt es: »Der Herr ist wie ein Feind geworden. Er hat Israel vertilgt. Er hat alle Paläste zerstört und hat die Burgen vernichtet. Er hat der Tochter Juda viel Jammer und Leid gebracht.«

Die lange Geschichte der Zerstreuung der Juden

Mit der Zerstörung Jerusalems und der Wegführung der Juden nach Babylonien dehnte sich der Horizont der jüdischen Geschichte zum ersten Mal über Palästina aus. Es ist der Beginn der jüdischen Diaspora, der »Zerstreuung« des jüdischen Volks über die ganze Welt, die bis auf den heutigen Tag andauert. Nicht nur die nach Babylonien Verschleppten bildeten dort jüdische Gemeinden, sondern schon während des langen Kriegs waren viele Juden in alle Richtungen geflohen, nach Ägypten vor allem, aber auch nach Kleinasien.

Überall in der Fremde gelang es ihnen, lebensfähige Gemeinden aufzubauen und in diesen ihre religiöse und kulturelle Eigenart und Eigenständigkeit zu bewahren. In Babylonien wurden die Verschleppten am »Fluss Kebar« angesiedelt. Dort betrieben sie hauptsächlich Landwirtschaft. Andere kamen in die Stadt Babylon und fanden als Handwerker ein reiches Betätigungsfeld.

Aber weil nichts auf der Welt Bestand hat, ging auch Babylonien unter. Es wurde von den Persern unter ihrem König Kyros erobert (539 v. Chr.). Dieser gestattete den Juden die Rückkehr in ihre Heimat und den Wiederaufbau ihres zerstörten Tempels in Jerusalem aus Mitteln des königlichen Schatzes. Die »babylonische Gefangenschaft« war zu Ende. Doch nicht alle Juden wollten zurück ins Gelobte Land. Viele waren in Babylonien heimisch geworden und hatten es zu Wohlstand gebracht. Die überwiegende Mehrheit war ja auch in Babylonien geboren und fühlte sich von den Verheißungen eines fernen Heimatlands, das sie nie gesehen hatten, wenig angesprochen.

Der Bau des zweiten Tempels zog sich hin, konnte aber endlich 71 Jahre nach seiner Zerstörung abgeschlossen werden (515 v. Chr.). Von da an verläuft die jüdische Geschichte nach einem neuen Grundschema: Es gibt viele lebensfähige Gemeinden in der Diaspora, die in einer engen geistigen Beziehung zum Volk in der Heimat stehen. Dies blieb auch in späterer Zeit ein wesentliches Merkmal der Beziehung zwischen Mutterland und Diaspora und prägt das Leben aller Juden bis heute.

332 v. Chr. wurde Palästina dem Reich Alexanders des Großen angegliedert, 198 v. Chr. geriet es unter die Oberhoheit der Seleukiden. 30 Jahre später konnten die Juden unter Führung des jüdischen Geschlechts der Makkabäer wieder ihre Religionsfreiheit zurückgewinnen, etwas später auch ihre staatliche Unabhängigkeit. Doch mit der Errichtung des Römischen Weltreichs verloren die Juden Palästinas erneut ihre Eigenständigkeit: 63 v. Chr. eroberten die römischen Truppen unter Pompeius Jerusalem.

Immer wieder kam es zu Aufständen, schließlich im Jahre 66 n. Chr. zum ersten Jüdischen Krieg, den die Römer erst 70 n. Chr. mit der Zerstörung Jerusalems und des zweiten Tempels für sich entscheiden konnten. Nach dieser Niederlage begann eine erneute Zerstreuung der Juden in alle Welt. Die meisten gingen nach Ägypten, wie es schon viele ihrer Ahnen getan hatten und wo es deshalb zahlreiche jüdische Gemeinden gab. Andere gingen nach Asien oder Europa. Eine ansehnliche Minderheit existierte weiterhin in Babylonien.

Das jüdische Gemeinwesen des Landes Israel bewahrte zwar weiterhin seine Besonderheiten, hatte sich aber zahlenmäßig stark verkleinert. Dadurch verlor das Heimatland seine führende Stellung als Zentrum jüdischer Gelehrsamkeit, das auf die Gemeinden in der Fremde hätte ausstrahlen können. Die ganz auf den Tempel bezogenen Formen des religiösen Lebens waren mit dessen Zerstörung untergegangen. Die Opferhandlungen, die im Tempel stattfanden, gab es nicht mehr, ebenso wenig die Pilgerfahrten zum Tempel und andere religiöse Bräuche. Obwohl das Judentum im Lande Israel längst nicht vom endgültigen Zerfall bedroht war, bewirkte der Untergang des Tempels eine tiefe und anhaltende Verzweiflung im Volk. Es zweifelte an seiner Zukunft und an der Richtigkeit seiner Lebensform. Es gab später zwar immer wieder Phasen einer geistigen und gesellschaftlichen Erneuerung des jüdischen Volks im Heimatland, doch zu einer jüdischen Nation führten diese nicht mehr.

Nach der Herrschaft der Römer folgte die christlich-byzantinische Herrschaft, während der es zu ersten Ausschreitungen christlicher Fanatiker gegen Juden auf dem Boden Palästinas kam. In den letzten Jahrzehnten vor der Zerstörung des zweiten Tempels hatte sich das Christentum durch das Wirken des Apostels Paulus in kurzer Zeit aus einer jüdischen Reformsekte zu einer neuen Religion entwickelt.

Zwischen 630 und 640 n. Chr. ging das Judentum nicht nur in Palästina, sondern ebenso in Babylonien, ganz Kleinasien und Nordafrika im islamischen Kalifenreich der Araber auf, konnte aber durch einen engen Kontakt zur islamischen Umwelt nicht nur seine eigene Tradition weiter pflegen, sondern die jüdische Theologie und Philosophie mit neuen Ideen befruchten. Die muslimischen Araber betrachteten die Juden als Besitzer heiliger Schriften und sahen in Abraham, Moses,

David und Salomo Träger göttlicher Weisheit und Vorläufer der von Mohammed vollendeten göttlichen Offenbarung. Sie verehrten Jerusalem als ihre dritte heilige Stadt. Auf dem Tempelberg erbaute der Kalif Abd-al-Malik in den Jahren 669 bis 692 den Felsendom mit seiner berühmten Goldkuppel.

Das Judentum – eine Gesetzesreligion

An dieser Stelle wollen wir unseren Blick auf die jüdische Geschichte abbrechen, denn diese Geschichte verteilt sich von da an auf unzählige jüdische Gemeinden in aller Welt mit unterschiedlichsten Entwicklungen. Es ist die Geschichte des von Gott auserwählten Volks, das in alle Winde zerstreut wird, aber dabei seine Identität bis auf den heutigen Tag zu bewahren vermag. Allein das spricht für die einzigartige Kraft dieses Volks und verleiht ihm eine Sonderstellung unter den Völkern der Welt – vor allem jene unsägliche Besonderheit, von diesen nur selten geachtet, sondern meistens angefeindet oder grausam verfolgt zu werden. Von den heute weltweit über 14 Millionen Juden leben rund 6 Millionen in den USA, rund 4,7 Millionen in Israel, rund 1,2 Millionen in den Ländern der EU und etwa 1 Million in Russland und in der Ukraine.

Über die jüdische Religion haben wir bis zu diesen Punkt noch kaum etwas erfahren. Eigentlich nur das: Moses ist ihr Begründer. Ihm offenbarte sich Jahwe, der eine Gott, und schloss, wie schon erwähnt, mit dem Volk Israel einen Bund (lateinisch: Testamentum). Das Volk Israel erhielt von Jahwe die Gesetzestafeln mit den Zehn Geboten, in denen er seinen göttlichen Willen verbindlich für die Menschen niedergelegt hat. Diese Zehn Gebote sind für die Juden die Grundlage ihres sittlichen Lebens. Das heißt, dass jeder Einzelne letztlich die Freiheit besitzt, sich für das Gute oder das Böse zu entscheiden. Eine unentrinnbare Schicksalsbestimmung kennt die jüdische Religion nicht, ebenso wenig die christliche Vorstellung einer Erbsünde, mit der jeder Mensch zur Welt kommt. Die Zehn Gebote haben Folgendes zum Inhalt: 1.) Verbot, andere Götter als Jahwe zu verehren. 2.) Verbot, sich von Jahwe Bilder zu machen und diese anzubeten. 3.) Verbot des Missbrauchs von Jahwes Namen. 4.) Gebot der Sabbat-Heiligung. 5.) Gebot, die Eltern zu ehren. 6.) Verbot des Mordes. 7.) Verbot des Ehebruchs. 8.) Verbot des Diebstahls. 9.) Verbot, falsches Zeugnis abzulegen. 10.) Verbot, sich fremdes Eigentum anzueignen. Von diesen Geboten entsprechen 6 bis 9 jenen, die auch in anderen Religionen als Grundbedingungen für ein gesundes soziales Leben eingeschärft werden. Die Gebote 5 und 10 erheben zusätzlich sittliche Forderungen, die von einer hohen moralischen Gesinnung zeugen. Die Gebote 1 bis 4 enthalten besondere Vorschriften des Jahwe-Kults, die jenen Religionen, die nicht aus dem Judentum hervorgegangen sind, fremd sind. Das Wesentliche der jüdischen Ethik findet sich in den beiden Bibelsprüchen: »Du sollst Jahwe, deinen Herrn, lieben von ganzem Herzen, von ganzer Seele und von ganzem Gemüt.« Und: »Du sollst deinen Nächsten lieben wie dich selbst.«

Grundlage der jüdischen Religion ist also das Bekenntnis zu diesem einen Gott Jahwe. Ihm steht der Gläubige ohne Vermittler, also ohne Priester gegenüber. Der Bund Jahwes mit seinem Volk wird im 5. Buch Mose mit folgenden Worten beschlossen: »Höre Israel, der Herr unser Gott ist ein einziger Gott! Und du sollst den Herrn deinen Gott lieben von ganzem Herzen, von ganzer Seele, von allem Vermögen! Und diese Worte, die ich dir heute gebiete, sollst du dir zu Herzen nehmen und sollst sie deinen Kindern einschärfen und davon reden, wenn du in deinem Hause sitzest oder auf dem Wege gehest, wenn du dich niederlegst oder aufstehst, und sollst sie binden zum Zeichen auf deine Hand, und sie sollen dir ein Denkmal vor deinen Augen sein, und du sollst sie über deines Hauses Pforten schreiben und an die Tore.« Diese Worte sind das Bekenntnis des jüdischen Volks zum Monotheismus, einem Monotheismus, der einem einzigen Volk zugedacht ist. Das ist unter den großen Religionen eine Besonderheit, denn wo immer sonst an einen höchsten allmächtigen Weltgott geglaubt wird, bevorzugt dieser kein bestimmtes Volk, sondern will für alle Menschen der Erde der eine höchste Gott sein.

Der Bund Jahwes mit dem Volk Israel ist durch freie Wahl geschaffen, das heißt, Jahwe hat sich Israel als Volk erwählt, aber Israel hat sich Jahwe auch als Gott erwählt. Dieser Bund gilt als Fortsetzung jenes

Bundes, den Gott schon mit den Stammvätern des Volkes Israel, also mit Noah (Sinnbild des Bundes war der Regenbogen am Himmel) und mit Abraham (Sinnbild war die Beschneidung der Knaben) geschlossen hatte. Doch was veranlasste Gott, einen Bund mit einem Volk zu schließen? Nun, so absonderlich es klingt: Dieser Bund entspringt dem Bedürfnis Gottes nach Liebe. Gott offenbart in der Bibel die Forderung nach Liebe, weil Gott selbst das Verlangen hat, geliebt zu werden. Dieses Verlangen Gottes nach Liebe formt diesen Bund. Auf dem Berg Sinai, so könnte man sagen, erfüllt sich Gottes Sehnsucht nach Liebe. Denn Gott hat einen Plan, den er nicht ohne den Menschen erfüllen kann. Er ruft den Menschen gewissermaßen zur Mitarbeit an diesem göttlichen Plan auf. Für diesen Plan scheint ihm allein das Volk Israel geeignet zu sein. Die Auserwähltheit bestätigt sich, wie wir weiter oben schon bemerkten, durch die erstaunliche Unvergänglichkeit dieses Volks. Dieser Bund aber bedeutet für den Menschen noch mehr: Er erkennt zum ersten Mal, dass er nicht der Besitzer der Welt ist. Die Welt gehört Gott. Er allein ist König der Welt. Alles menschliche Königtum ist dem göttlichen Königtum untergeordnet. In der Bibel spricht Gott: »Die ganze Erde ist mein. Ihr seid meine Pächter und Gäste. Ich bin der König.«

Dieser Bund mit Gott und dieses Bekenntnis zu ihm wird im täglichen Gebet des gläubigen Juden gleichsam bestätigt; es ist dieses »Sch'ma Jisrael« (Höre Israel), womit die Bekenntnisworte beginnen. Es ist das Letzte, das der fromme Jude in seiner Todesstunde sagt oder hört. In diesen Bekenntnisworten spricht sich ein äußerst starker Glaube aus, nämlich einer, der das Judentum durch die Jahrtausende trotz schlimmster Verfolgungen am Leben gehalten hat, es zu einer Einheit trotz Zerstreuung zusammenschweißte – und der in der Not ein starker Trost war.

Tora und Talmud, die heiligen Schriften der Juden

Die maßgebliche heilige Schrift der Juden ist die hebräische Bibel, von den Christen »Altes Testament« genannt. Aus ihr leiten sich die Bestimmungen für das ganze religiöse und sittliche Leben ab. Die 5 Bücher Mose, mit denen die Bibel beginnt, werden Tora genannt, was so viel heißt wie »Unterweisung« oder »Gesetz«. Auf schweren Pergamentrollen besitzen wir seit Jahrhunderten die Tora gewissermaßen als Originalwerk des Moses. Es sind die von ihm verfassten Berichte über die Entstehung der Welt (Genesis), die Sintflut, den Bund zwischen Gott und Abraham, Isaak und Jakob, über Moses' Leben und den Auszug aus Ägypten (Exodus). Im weiteren enthält die Tora das am Sinai offenbarte Gesetz (Leviticus), dann die Wanderschaft des auserwählten Volks durch die Wüste der arabischen Halbinsel (Numeri) und schließlich die letzte Rede des Moses und den Bericht von seinem Tod an der Grenze zum Gelobten Land Kanaan (Deuteronomion).

Wenn wir soeben sagten, dass Moses der Autor der Tora sei, so ist das von der Religionswissenschaft vielfach angezweifelt worden. Zweifel sind schon deshalb angebracht, weil Moses nicht seinen eigenen Tod beschrieben haben kann. Auch sonst gibt es im Text einige Widersprüche, die gegen die Autorschaft einer einzigen Person sprechen: So wird der heilige Berg bald Sinai, bald Horeb genannt, und Jehova heißt an manchen Stellen Elohim. Das lässt auf verschiedene Verfasser schließen. Die Forschung nimmt deshalb an, dass die 5 Bücher Mose auf mindestens vier Quellen zurückgehen und erst im Lauf der Zeit zu einer Einheit zusammengefasst worden sind. Für den gläubigen Juden ist das freilich zweitrangig. Für ihn ist die Tora als »Schatzhaus der Weisheit« ohnehin göttlichen Ursprungs, mehr noch: übergöttlichen Ursprungs. Denn nach rabbinischer Vorstellung ging die Tora der Existenz der Welt voraus: Als Jehova beschloss, das Universum zu schaffen, befragte er die Tora.

Der heilige Text der Tora ist gegenwärtig in fast tausend Sprachen übersetzt. Er ist Grundstein der jüdischen Bibel, die 24 Bücher umfasst, aber ebenso Grundstein der katholischen Bibel, die 46 Bücher zählt. Man betritt die Bibel gewissermaßen über die Tora. Jede Synagoge besitzt ihre eigene, nach festen Regeln mit der Hand auf Pergament geschriebene Tora-Rolle, den so genannten Sefer Tora, der in der Bundeslade aufbewahrt wird, durch einen schweren Stoffvorhang den Blicken der Gläubigen entzogen. Zwar ist die ganze Synagoge ein heiliger Ort, doch der in der Bundeslade liegende Sefer Tora stellt das Allerheiligste dar. Beim Beten bleiben die Gläubigen sitzen, doch wenn sich der Vorhang vor dem Sefer Tora öffnet, erhebt sich die ganze Gemeinde. Das ist der feierliche Höhepunkt des jüdischen Gottesdienstes. Die Gemeinde steht dann symbolhaft am Fuß des Berges Sinai, wo das Volk Israel stehend das Wort Jahwes empfangen hatte.

Weist ein Sefer Tora auch nur den geringsten Makel auf – etwa einen verblassten Buchstaben –, so ist er nicht mehr verwendbar. Auch ein gedruckter Sefer Tora ist wertlos. Wenn ein Sefer Tora aus Altersschwäche verfällt, so sagt der Glaube, dass nur der »Körper« des Buchs vergeht; die Seele des Sefer Tora, sein heiliger Text, ist unsterblich wie die menschliche Seele. Der Text der Tora ist gewissermaßen die unsterbliche Seele des Judentums. Das jüdische Volk hat seine Fruchtbarkeit, sein Überdauern, seine Originalität vor allem diesem heiligen Text zu verdanken. Die Treue zu diesem Text *ist* das Leben des jüdischen Volks.

Das zentrale Gebot der Tora ist das der Nächstenliebe. Die Nächstenliebe als religiösen Wert hat also nicht das Christentum erfunden. Das Leben des Frommen ist nach Gottes Willen dazu bestimmt, ihm und den Mitmenschen liebend zu dienen. Die Welt wird als gute Schöpfung Gottes verstanden, über die der Mensch gesetzt ist, um sie zu gestalten und zu bewahren. Am Ende aller Zeiten wird der aus dem Geschlecht Davids stammende Messias das Reich Gottes als Reich des Friedens für die Juden und für die Gerechten aller Völker errichten.

Es gibt also drei tragende Säulen des jüdischen Glaubens: die Nächstenliebe, das Gesetz und der Bund mit Jahwe. In der Nächstenliebe begründet sich die jüdische Sittlichkeit; es ist ein absolutes Gebot, das nicht nur den Nächsten, sondern auch den Fernsten, ja sogar den Feind meint. Das göttliche Gesetz bedeutet mehr, als dass der Mensch in allem Gott gehorchen soll. Es dient als Wegweiser für den Menschen. Der Mensch soll Gott nachahmen: »Ihr sollt heilig werden, denn heilig bin ICH euer Gott«, heißt es in der Bibel. Inhalt und Ziel des Gesetzes ist das Leben, das ein heiliges sein soll. Denn nicht umsonst ist der Mensch nach Gottes Ebenbild geschaffen.

Neben der hebräischen Bibel ist der so genannte Talmud das zweite Hauptwerk des Judentums. Das Wort »Talmud« bedeutet Lehre. Man kann den Talmud auch als die »mündliche Tora« neben der »schriftlichen Tora« der 5 Bücher Mose ansehen. Beide zusammen bilden sie das jüdische Religionsgesetz. Der Talmud entstand während vieler Jahrhunderte durch mündliche und schriftliche Überlieferung – gewissermaßen als Endergebnis der Sammel- und Lehrtätigkeit aller Rabbiner-Schulen Palästinas und Babyloniens, wie es zwischen 500 und 600 n. Chr. niedergelegt wurde. Im Talmud werden die Gesetze und Unterweisungen aus der Tora, also der Wille Gottes, bis ins Feinste ausgedeutet und diskutiert. Mit einem ungeheuren Aufwand an Fleiß und Intelligenz wird das alltägliche Leben des frommen Juden bis ins Kleinste nach religiösen Gesichtspunkten geregelt. Der jüdische Glaube kennt 613 Gebote und Verbote für das alltägliche Leben. Das richtige Verhalten soll so für alle Lebenslagen festgeschrieben werden. So wird im Talmud zum Beispiel darüber entschieden, ob man auf einem Pferd reitend ein Gebet sprechen darf, das heißt in einer Körperhaltung, die die notwendige Demut vor Gott vermissen lässt. An einer anderen Stelle wird tief schürfend erörtert, ob falsche Zähne oder ein Holzbein am Sabbat getragen werden dürfen. Diese Frage wird deshalb gestellt, weil es am Sabbat nicht erlaubt ist, Schmuckstücke anzulegen; falsche Zähne oder ein Holzbein sind möglicherweise als solche zu deuten. Der Sabbat ist der jüdische Ruhe- und Festtag zur Erinnerung an das Ruhen Gottes am siebten Tag nach vollbrachtem Schöpfungswerk. Der Sabbat beginnt am Freitag kurz vor Eintritt der Dunkelheit und endet am Samstagabend nach Einbruch der Dunkelheit. Am Sabbat hat jede Arbeit zu ruhen. Auch viele andere Arten der Betätigung wie etwa Rauchen, Reisen, Schreiben, Telefonieren oder das Berühren von Geld sind untersagt. Freilich hält sich heutzutage nur noch der strenggläubige Jude daran. Vor allem in nichtjüdischen Ländern ist die Sabbatheiligung kaum durchzuführen.

Der Talmud, ein gewaltiges literarisches Werk, das zwölf dicke Bände umfasst, hat auf das Denken der Juden über die Jahrhunderte hinweg einen großen Einfluss ausgeübt. Er stand zeitweise sogar gleichwertig neben der Bibel. Freilich mutet es nicht unbedingt als erstrebenswert an, den Alltag bis ins Kleinste vorgeschrieben zu bekommen. Die Eigenverantwortlichkeit des Menschen – gerade auch gegenüber Gott – ist dadurch fast völlig aufgehoben.

So gab es stets auch Richtungen im Judentum, die den Talmud wegen seiner absonderlichen Lebensregeln ablehnten. Dennoch ist er eines der bedeutendsten Werke der Weltliteratur, worin die geistige Arbeit zahlloser Rabbiner während vieler Jahrhunderte zusammengefasst worden ist. In ihm finden sich die unterschiedlichsten Strömungen im ethisch-religiösen Leben des Judentums widergespiegelt. Damit bietet er ein genaues Abbild der vielgestaltigen Kräfte, die das jüdische Denken geformt haben.

Die jüdische Frömmigkeit

Wenngleich Jahwe der einzige Gott der Juden ist, gibt es dennoch eine Vielzahl höherer Mächte, die von ihm geschaffen wurden und ihm zu Diensten sind. Vor allem sind es die Engel, die in der Bibel »Elohim« (Gottessöhne) genannt werden. An ihrer Spitze stehen die Erzengel Michael, Gabriel, Uriel und Raphael. Erwähnt werden die Cherubim und Seraphim, von denen einer mit flammendem Schwert das Tor zum Paradies bewacht. Die Erzengel umgeben Gott als eine Art Hofstaat, sie führen seine Aufträge aus, indem sie zum Beispiel nach seinem Befehl die Menschen beschützen. Der Erzengel Michael gilt den Juden als Schutzpatron. Gabriel ist der Verkünder göttlicher Offenbarungen, Uriel der Herr der Sterne und des Wetters, Raphael ist als Wunderheiler tätig. Gedacht werden die Engel als geflügelte Menschen. In der älteren Anschauung bedurften sie allerdings noch einer Leiter, um vom Himmel auf die Erde zu gelangen. Wenn ein Mensch stirbt, dann erschlägt ihn der Todesengel mit einem Schwert. Deshalb rät der Talmud, dass man im Haus eines Verstorbenen alles vorhandene Wasser ausgieße, denn der Todesengel habe in diesem sein Schwert gesäubert. Es gibt auch zahlreiche böse Engel, allen voran ihr oberster Herrscher

Satan. Während in alter Zeit Jahwe für Gut und Böse gleichermaßen verantwortlich gemacht wurde, schrieb man später alles Böse dem Wirken der satanischen Mächte zu.

Es ist nicht nur für die jüdische Religion, sondern ebenso für Christentum und Islam typisch, dass an Engel, Schutzgeister und Dämonen geglaubt wird. Das ist möglicherweise das Zugeständnis an einen tief verwurzelten polytheistischen Volksglauben, dem solche Geistervorstellungen lieb und teuer waren. Sie wurden zu Hilfs- und Gegenmächten Gottes umgedeutet. Im Christentum haben zum Teil auch die Heiligen die Rolle von Halbgöttern übernommen, hier vor allem die Gottesmutter Maria.

Doch die alten Vorstellungen von Engeln, Geistern und Teufeln sind heute nur noch unter den strenggläubigen Juden von Bedeutung. Ähnliches gilt für die überlieferten religiösen Kulte, die das tägliche Leben begleiten und formen. Aber das ist bei den anderen Religionen auch nicht anders. Es gibt einen großen Unterschied zwischen der Glaubenswirklichkeit eines Frommen und der eines durchschnittlich Gläubigen.

Auch die älteste monotheistische Religion hat sich in ihrer langen Geschichte immer wieder reformiert, vor allem natürlich in Europa im Zuge der Aufklärung des 18. Jahrhunderts. Die wohl stärkste jüdische Reformbewegung wurde vor 200 Jahren in Deutschland durch Israel Jacobson begründet, der 1810 in seiner »Religions- und Industrieschule« den ersten reformierten jüdischen Gottesdienst abhielt. Sein Ziel war es, die religiöse jüdische Tradition mit der aufgeklärten Moderne in einen sinnvollen Zusammenhang zu bringen. Jacobson stand mit seinem liberalen Judentum in der Tradition der Haskala, der jüdischen Aufklärung am Ende des 18. Jahrhunderts. Im Gegensatz zum konservativen und orthodoxen Judentum behauptet das reformierte Judentum, dass Tora und Talmud nicht direkte göttliche Offenbarungen sind, sondern menschlicher Ausdruck einer religiösen Erfahrung. Im Zuge dieser Sichtweise haben sich die liberalen Juden auch vom Glauben an die Auferstehung der Toten und an die Wiedererrichtung des Jerusalemer Tempels verabschiedet. Sie erwarten auch nicht mehr den Messias, sondern sprechen von einem »messianischen Zeitalter, das dadurch entsteht, dass die gesamte Menschheit Gottes Willen annimmt«. In orthodoxen Gemeinden werden solche Ansichten natürlich strikt abgelehnt. Das Verhältnis zwischen liberalen und orthodoxen Juden ist dementsprechend angespannt.

Eine vermittelnde Position zwischen liberalem und orthodoxem Judentum nimmt die Masorti-Bewegung ein, eine konservative Richtung, die eine Verbindung zwischen Moderne und Tradition herzustellen versucht. Diese Bewegung war in Deutschland vor dem Holocaust die bestimmende gewesen und keimt jetzt, nach 58 Jahren, langsam wieder auf. In der Masorti-Bewegung können auch Frauen das Amt des Rabbiners ausüben; so gibt es derzeit in Deutschland zwei Rabbinerinnen, die die jüdischen Gemeinden von Oldenburg und Weiden führen. Hierin drückt sich die Vielfalt jüdischer Religionsausübung und jüdischer Kultur aus.

Das Leben des frommen Juden wird von Gebeten umrahmt und durchzogen. Das Gebet ist in festgelegter Form morgens, mittags und abends zu sprechen. Für besondere Gelegenheiten gibt es auch besondere Gebete. Beim Morgengebet wird ein Gebetsmantel (Tallit) umgelegt, ein gefranstes viereckiges Woll- oder Seidentuch. Werktags werden bei diesem Morgengebet auch noch zwei Gebetsriemen (Tephillim) am linken Arm auf der Höhe des Herzens und an der Stirn befestigt. An diesen ist je eine Kapsel mit Pergamentröllchen angebracht, auf denen vier Stellen aus der Tora geschrieben stehen. Ursprünglich waren diese Riemen wohl als Schutz spendende Amulette gedacht. Die Männer müssen beim Gebet immer das Haupt bedeckt halten. Die Gebete werden nach Jerusalem gewendet gesprochen.

Die Gebräuche und Feste der Juden

Acht Tage nach seiner Geburt wird der männliche Jude beschnitten. Hierbei erhält er auch seinen Namen. Die Abtrennung der Penisvorhaut ist ein alter Brauch, der sich bei vielen Völkern findet. Sie ist für die Juden ein äußeres Zeichen des zwischen Jahwe und Abraham geschlossenen Bundes – eines echten Männerbundes, wenn man so will.

Mit vollendetem dreizehnten Lebensjahr wird der Knabe »Bar Mizwa« (Sohn des Gebotes), das heißt gebotspflichtig und damit ein volles Mitglied der Gemeinde.

Von allergrößter Bedeutung für die Lebensweise eines gläubigen Juden sind die zahlreichen Speisegesetze. Sie legen bis ins Kleinste fest, welche Speisen auf welche Weise zubereitet werden müssen, damit sie »koscher«, das heißt tauglich sind. Was den Fleischverzehr betrifft, so sind dafür nur Wiederkäuer mit gespaltenen Klauen erlaubt, also Rind, Schaf und Ziege. Gegessen werden dürfen auch bestimmte Arten von Vögeln und Fischen. Verboten hingegen ist das Fleisch von Schweinen, Kamelen und Hasen. Gemüse und Früchte dürfen nur gegessen werden, wenn sie »sauber«, also nicht von Würmern oder Insekten befallen sind. Der Genuss von Milch und Eiern ist nur von »reinen« Tieren erlaubt, also solchen, die weder verletzt noch krank sind. Auch Fleisch von erlaubten Tieren darf nur dann gegessen werden, wenn diese nicht krank oder verletzt waren. Verboten ist ferner das Essen von Tieren, die nicht rituell geschlachtet wurden. Rituelles Schlachten wird Schächten genannt; es meint die Tötung des Tiers durch einen schnellen, tiefen Schnitt durch Speise- und Luftröhre. Es soll alles Blut aus dem Körper fließen, denn »das Blut ist die Seele«, und die gehört Gott. Verboten ist nicht zuletzt der gleichzeitige Genuss von Fleisch- und Milchspeisen. Im jüdischen Haushalt verwendet man aus diesem Grund für das »Fleischige« und »Milchige« getrenntes Geschirr. Interessant ist in diesem Zusammenhang, dass Jahwe seinem Volk anfangs das Töten und Essen von Tieren grundsätzlich verboten hatte. Der Mensch sollte nach Gottes Wunsch vegetarisch leben. Nach der Sintflut jedoch, als Gott einen neuen Anfang mit seiner misslungenen Schöpfung machte, erlaubte er dem Menschen auf einmal das Essen von Fleisch. »Alle Tiere«, so liest man im 1. Buch Mose, »werden sich vor euch fürchten müssen: Landtiere, Wassertiere und Vögel. Ich gebe sie in eure Gewalt. Ihr dürft von jetzt ab Fleisch essen, nicht nur Korn, Obst und Gemüse; alle Tiere gebe ich euch als Nahrung. Nur Fleisch, in dem noch Blut ist, sollt ihr nicht essen; denn im Blut ist das Leben.« Von einem Schweinefleisch-Verbot steht hier freilich nichts; es muss mit der Entwicklung der Reinheitsgebote entstanden sein, da man die Lebensweise des Hausschweins, das ja selbst »unreine« Tiere wie Würmer oder Schnecken frisst, als unrein ansah.

Bis zur Zerstörung des zweiten Tempels von Jerusalem im Jahre 70 n. Chr. stand im Mittelpunkt des Gottesdienstes das Opfer, das heißt die Darbringung von Tieren oder pflanzlichen Speisen, die verbrannt wurden. Seit der Tempelzerstörung gibt es im Judentum keinen Opferkult mehr. Damit erlosch auch das Amt des Hohepriesters. An die Stelle des Opfers trat das Gebet – ein geistiges Opfer, wenn man so will.

Orte des gemeinschaftlichen Gebets der Juden sind die Synagogen; solche hat es schon im 3. Jahrhundert v. Chr. gegeben, nicht nur in Israel, sondern ebenso an den verschiedensten Orten der Diaspora. Die Synagoge ist das Zentrum der jüdischen Gemeinde. Deren geistiges Oberhaupt ist der Rabbi oder Rabbiner (zu Deutsch: »Mein Lehrer«). Dieser nimmt nicht nur die heiligen Handlungen während des Gottesdiensts wahr, sondern führt Hochzeiten und Beerdigungen aus, betreibt Seelsorge in der Gemeinde und leitet den religiösen Unterricht der Kinder. Er entscheidet auch über Streitfälle, die die Einhaltung religiöser Gesetze betreffen.

Die Synagogen von heute weichen in ihrem Baustil sehr voneinander ab, weil sie sich den Bauweisen der jeweiligen Länder angepasst haben. Das gemeinsame Gebet leitet ein Vorbeter oder Vorsänger. Neben Dank- und Bittgebeten bilden Lesungen aus der Tora einen Hauptbestandteil des Gottesdienstes. An Festtagen werden Umzüge mit der Tora-Rolle abgehalten. Diese befindet sich, wie schon erwähnt, in einem Schrein gegenüber dem Eingang der Synagoge.

Das heilige jüdische Jahr kennt viele Feste, deren Daten sich nach dem jüdischen Kalender richten. Dieser schreibt zur Zeit das Jahr 5763. Das jüdische Jahr, das sich auf den Mond bezieht, hat nur 354 Tage; es teilt sich auf in zwölf Monate mit jeweils 29 oder 30 Tagen. Um die Mondmonate an das Sonnenjahr anzugleichen, wird siebenmal in 19 Jahren ein dreizehnter Monat eingeschaltet. Das jüdische Jahr beginnt im September oder Oktober mit dem Neujahrsfest, dem ersten von zehn Bußtagen, deren letzter als »Versöhnungstag« (Jom Kippur) mit Fasten und ganztägigem Synagogenbesuch begangen wird. Diesem höchsten jüdischen Feiertag folgt an Bedeutung das Pessach- oder

Passah-Fest im März oder April zur Erinnerung an den Auszug der Juden aus Ägypten. Bei diesem Fest wird ungesäuertes Brot, Mazzot oder Mazze genannt, gegessen, denn die Überlieferung besagt, dass die Juden beim Verlassen Ägyptens keine Zeit mehr hatten, das Brot zu säuern. Beim Passah-Fest empfindet sich jeder fromme Jude zu allen Zeiten so, als würde er selbst aus Ägypten fortziehen. Er spürt in sich die Gewissheit der Befreiung; er spürt sie als ewige Freiheit, als echte Erlösung von allem Elend. Dieser jüdische Erlösungsgedanke, der die eigentliche Seele des Passah-Fests ausmacht, wurde vom Christentum aufgegriffen, jedoch radikal umgedeutet: Der Christ wird durch den Tod Jesu erlöst, während sich der Jude durch Erinnerung an die Erlösung seines Volks aus ägyptischer Gefangenschaft gleichsam selbst erlöst. Mit dieser Umdeutung des Erlösungsgedankens durch das Christentum wurde bewusst der Bruch mit dem Judentum herbeigeführt. Äußerlich wurde dieser Bruch durch eine Verschiebung des Osterdatums bekundet. Während das jüdische Passah-Fest an den ersten Vollmond nach Frühlingsanfang gebunden ist, fällt das christliche Osterfest immer auf den ersten Sonntag nach dem ersten Vollmond nach Frühlingsanfang, wie ja der christliche Sonntag überhaupt an die Stelle des jüdischen Sabbats tritt. Hierin hat der ewige und unselige Streit zwischen Judentum und Christentum seine Wurzeln. Die christliche Botschaft bricht mit dem ursprünglichen biblischen Heilsplan und schafft sich in der Auferstehung Christi einen neuen.

Gefeiert wird das Passah-Fest in Gestalt der Seder-Zeremonie. Sie wird in jedem jüdischen Haus in der Nacht des ersten Frühlingsvollmonds am Familientisch begangen. Seder bedeutet »Ordnung«. Der Sederabend ist in 15 Abschnitte unterteilt, folgt also einem streng geordneten, rituellen Ablauf, in dessen Zentrum die Haggada steht, die Erzählung. Diese besteht aus Berichten, Gebeten, Erklärungen, Geschichten, talmudischen Erläuterungen und anderem mehr. Am Ende wünschen sich alle: Leschana haba'a b'Jeruschalajim! (Nächstes Jahr in Jerusalem!) Und man singt Lieder. Heinrich Heine hat in seiner Erzählung »Der Rabbi von Bacharach« dieses Fest wunderbar geschildert: »Sobald es Nacht ist, zündet die Hausfrau die Lichter an, spreitet das Tafeltuch über den Tisch, legt in die Mitte desselben drei von den platten ungesäuerten Broten, verdeckt sie mit einer Serviette und stellt auf diesen erhöhten Platz sechs kleine Schüsseln, worin symbolische Speisen enthalten, nämlich ein Ei, Lattich, Mairettichwurzel, ein Lammknochen und eine braune Mischung von Rosinen, Zimmet und Nüssen. An diesen Tisch setzt sich der Hausvater mit allen Verwandten und Genossen und liest ihnen vor aus einem abenteuerlichen Buche, das die Agade heißt, und dessen Inhalt eine seltsame Mischung ist von Sagen der Vorfahren, Wundergeschichten aus Ägypten, kuriosen Erzählungen, Streitfragen, Gebeten und Festliedern. Eine große Abendmahlzeit wird in die Mitte dieser Feier eingeschoben, und sogar während des Vorlesens wird zu bestimmten Zeiten etwas von den symbolischen Gerichten gekostet, so wie alsdann auch Stückchen von dem ungesäuerten Brote gegessen und vier Becher roten Weins getrunken werden. Wehmütig heiter, ernsthaft spielend und märchenhaft geheimnisvoll ist der Charakter dieser Abendfeier, und der herkömmlich singende Ton, womit die Agade von dem Hausvater vorgelesen und zuweilen chorartig von den Zuhörern nachgesprochen wird, klingt so schauervoll innig, so mütterlich einlullend und zugleich so hastig aufweckend, daß selbst diejenigen Juden, die längst von dem Glauben ihrer Väter abgefallen und fremden Freuden und Ehren nachgejagt sind, im tiefsten Herzen erschüttert werden, wenn ihnen die alten, wohlbekannten Paschaklänge zufällig ins Ohr dringen.«

Als wichtiges jüdisches Fest wäre noch das Erntedankfest zu erwähnen, das im September/Oktober gefeiert wird; es heißt Laubhüttenfest (Sukkot) und soll an die Zeit des Wüstenzugs erinnern, als die Israeliten vorübergehend in einfachen Hütten wohnten.

Die jüdische Mystik

Wir haben bis jetzt die jüdische Religion als eine strenge Gesetzesreligion kennen gelernt, für die die heiligen Texte von Tora und Talmud maßgebend sind. Gott spricht über die Tora zum Menschen. Dabei sagt er notgedrungen seit über dreitausend Jahren immer das Gleiche, eben das, was er Moses auf dem Berg Sinai offenbart hat. Die Gotteserfahrung bleibt für den jüdischen Gläubigen eine indirekte, aber das ist ja bei allen monotheistischen Religionen so. Es gibt eine unendliche Distanz zwischen Gott und dem Menschen, die durch die heiligen Texte nicht wirklich überbrückt werden kann. Es ist von daher nicht verwunderlich, dass in den monotheistischen Religionen bei vielen Gläubigen ein starkes Bedürfnis entstanden ist, Gott direkt zu erfahren, die Geheimnisse seiner Weisheit tiefer zu durchdringen, als das im Studium der heiligen Texte möglich ist. In den monotheistischen Religionen erkennt der Mensch den unüberwindbaren Abgrund zwischen sich als endlicher und Gott als unendlicher Person. Über diesen Abgrund hinweg dringt nur die Stimme Gottes als leitende, gesetzgebende Stimme in der Offenbarung. Und umgekehrt versucht die Stimme des Menschen diesen Abgrund durch das Gebet zu überwinden.

Damit aber will der Mystiker sich nicht zufrieden geben; er will diesen Abgrund nicht nur mit seiner Stimme überwinden, sondern mit seiner ganzen Person. Der Mystiker erstrebt die vollkommene seelische Vereinigung mit Gott, und sei es nur für Momente. Mystik ist also das Bemühen um ein direktes, fast greifbares Erlebnis göttlicher Gegenwart. Die Mystik sucht ein Wissen von Gott, das durch lebendige persönliche Erfahrung gewonnen wird.

In der jüdischen Mystik geht es freilich um mehr als nur eine persönliche Gottesschau; es geht auch um ein tieferes Begreifen des endlosen Leids, das das jüdische Volk über die Jahrtausende hat erfahren müssen. Was ist der Sinn dieses Leids?, fragt der Mystiker.

Doch selbst der jüdische Mystiker stellt diese Frage auf der Grundlage des Tora-Textes. Das ganze Judentum samt seiner Mystik ist letztlich nur aus der Tora zu begreifen. Dennoch ist es für eine Mystik sehr ungewöhnlich, dass sie sich von einem heiligen Gesetzestext ableitet, also von Gesagtem. Denn in jeder Mystik geht es ja gerade um das Unsagbare. Der Mystiker will Gott jenseits der Sprache erfahren, auch jenseits von Gottes offenbartem Wort. Gerade jene Dinge, die jenseits aller Texte, auch aller heiligen Texte, liegen, sind für den Mystiker die kostbarsten.

Das Besondere an der jüdischen Mystik ist also, dass sie beim heiligen Wort ansetzt; sie nimmt die Tora als Ausgangspunkt. Damit soll nicht gesagt sein, dass Moses als Empfänger der Tora ein Mystiker gewesen wäre. Nein, das genaue Gegenteil ist der Fall: Moses erscheint in der Bibel als ein schlichter, demütiger Knecht Jahwes. Er will gar nicht mit seinem Gott verschmelzen. Er spricht mit ihm wie mit seinesgleichen. Beide sprechen nicht in mystischen Rätseln, sondern sie »sprechen Klartext«, wenn man das so sagen kann. Für den Empfang seiner göttlichen Offenbarung bedurfte Moses keiner Meditation, keiner Entrücktheit, keiner Ekstase, keiner Traumgesichte. Selbst Moses' Tod bleibt ohne jeden mystischen Anhauch, er ist nichts anderes als die Erfüllung seines irdischen Schicksals.

Und dennoch bezieht sich die Urschrift jüdischer Mystik, der so genannte Sohar (zu Deutsch: »Lichtglanz«), auf die Tora. Er ist eine Art mystischer Kommentar zur Tora, der in immer tiefere Geistigkeit eintaucht und sich dabei in eine ekstatische Nähe zu Jahwe aufschwingt. Der Sohar entstand am Ende des 13. Jahrhunderts n. Chr. in Spanien und gilt als Hauptwerk der jüdischen Mystik, die als Kabbala (zu Deutsch: »Überlieferung«) bezeichnet wird. Als erster Kabbalist gilt »Isaak der Blinde«, der im 12. Jahrhundert in Südfrankreich lebte. In Spanien und Deutschland erlebte die Kabbala ihre erste Blüte, um dann von Deutschland aus im 16. Jahrhundert auch nach Palästina zu gelangen.

Die jüdische Mystik geht von den besonderen Werten des Judentums aus, also vor allem von der Frage, welchen tieferen Sinn die Offenbarung Gottes hat, wie sie im heiligen Gesetz der Tora niedergelegt ist. Der in der Tora sich offenbarende Gott ist einerseits fassbar als ein guter, strenger, weiser, gerechter und barmherziger Gott, zugleich ist er aber auch ein verborgener, ewig unergründlicher Gott, der in den Tiefen seines Wesens ruht, oder wie es die Kabbalisten ausdrücken: »in den Tiefen seines Nichts«.

Für die jüdischen Mystiker ist die Tora ein lebendiger Organismus. Ein geheimes geistiges Leben pulsiert in unendlichen Schichten im Innern der Tora, gewissermaßen der äußeren Schale des bloßen Worts. Die Tora besteht also nicht nur aus Wörtern, Sätzen und Kapiteln, sondern sie *ist* die lebendige Verkörperung der göttlichen Weisheit. Damit ist die Tora nicht nur das göttliche Gesetz des jüdischen Volks, sondern das kosmische Gesetz schlechthin.

Durch die enge Beziehung der jüdischen Mystik zur Tora entstand eine typisch jüdische Buchstaben- und Zahlenmystik, mit deren Hilfe der Kabbalist in die Geheimnisse des Göttlichen einzudringen und diese zu entschleiern versucht. Um wenigstens eine vage Vorstellung von der Gedankenwelt der Kabbala zu geben, sei hier eine Stelle aus dem Sohar wiedergegeben. Dort heißt es über das göttliche Urlicht, das im Innern aller Dinge leuchtet: »Als der Allerheilige daran war, Welten zu schaffen, da ließ er ein verborgenes Licht ausgehen – aus diesem entspringen all jene Lichter, die offenbar werden. Zunächst entfalten sich und schaffen sich aus jenem die übrigen Lichter – sie bilden die obere Welt. Aber jenes höchste Licht breitete sich noch weiter aus und bildete eine Art von Licht, welches nicht leuchtet – dieses ist der Urgrund der unteren Welt. Und dieses nicht leuchtende Licht, wie es der Verbindung mit der oberen Welt bedarf, um zum Leuchten zu kommen, vermag dies nur durch Vermittlung der unteren Welt. Aus der Verbindung mit der oberen Welt aber gibt es Entstehung zahlreicher weiterer Wesensheere und Scharen, die den höheren dienstbar sind. Darum heißt es: ›Wie viel sind deine Werke, Herr, sie alle hast du in Weisheit gemacht, voll ist auch die Erde deines Eigens.‹ Was auf der Erde ist, ist auch in der Höhe. Es ist kein noch so geringes Ding in dieser Welt, das nicht abhängig wäre von einem Wesen, das darüber gesetzt ist. Und wird das untere Ding in Bewegung gebracht, dann auch jenes obere, das darunter gesetzt ist, denn alles ist wechselseitig miteinander verbunden und geeinigt.« Das erinnert doch sehr an die All-Einheitslehre des Hinduismus oder die taoistische Lehre von den Gegensatzpaaren aus Yin und Yang. Gerade in ihrem mystischen Gehalt sind die Weltreligionen kaum voneinander zu unterscheiden. Im Grunde gibt es nur eine Mystik.

Das Grundproblem jeder Mystik, auch der jüdischen, besteht darin, etwas in Worte fassen zu wollen, das jenseits aller Sprache liegt. Typisch für die jüdische Mystik ist nun, dass sie ihre Sprache, das Hebräisch, als heilige Sprache versteht, wie das ja auch für das Sanskrit im Hinduismus gilt. Das Hebräisch selbst hat für die Kabbalisten einen mystischen Wert. Die hebräische Sprache erreicht Gott, weil sie selbst von Gott kommt. Gott spricht Hebräisch. Aber nicht nur die hebräische Sprache, sondern alles Erschaffene ist für die Kabbalisten Ausdruck von Gottes verborgenem Wesen. Gerade auch im eigenen Selbst offenbart sich Gott. Selbsterkenntnis ist für den Kabbalisten somit einer der sichersten Wege zu Gott. Alles, was ist, besteht letzten Endes durch das Wort Gottes, also durch die Sprache. Gott war schöpferisch, indem er sprach. Sprechend erschuf er auch Adam, den ersten Menschen. Und Adam war im Verständnis der Kabbalisten auch der erste Mystiker. Das Wissen Adams von den menschlichen und göttlichen Dingen *ist* das Wissen des Mystikers zu allen Zeiten. Die jüdische Mystik trat deshalb mit dem Anspruch auf, die Uroffenbarung Gottes an Adam, also dieses ursprünglichste Wissen zu überliefern und mit Leben zu erfüllen. Damit aber steht die jüdische Mystik in einer Tradition, die bruchlos bis zu den Tagen der Schöpfung zurückreicht. Die Weisheit der Kabbala wird als überlieferte Weisheit Adams verstanden.

Aber es soll hier nicht der Eindruck erweckt werden, als stelle die jüdische Mystik eine einheitliche Lehre dar, die ganz und gar auf Sprachmystik beruht. Nein, es gibt die verschiedensten Arten von direkter Gotteserfahrung, je nachdem, an welchen Orten der weltweiten jüdischen Diaspora sich die Mystikerschulen entwickelt haben und welchen äußeren Einflüssen sie dabei ausgesetzt waren.

So oder so ist jede Mystik eine Geheimlehre, die meist auf einen kleinen Kreis von Anhängern beschränkt bleibt. Dennoch waren die Kabbalisten zu gewissen Zeiten immer wieder bemüht, weitere Kreise des jüdischen Volks zu erfassen und unter ihren geistigen Einfluss zu bringen. Und das gelang auch. Es ist erstaunlich, welch großen Erfolg die jüdische Mystik im jüdischen Volk hatte, wie sehr es ihr gelang, eine Verbindung zum einfachen Volksglauben herzustellen. Sie hat die Niederungen des menschlichen Alltags nicht verachtet, vor allem nicht die Lebens- und Todesängste, die jeder Mensch kennt und auf die die Vernunft noch nie etwas Überzeugendes zu erwidern wusste.

Es ist wohl so, dass eine so strenge Gesetzesreligion wie die jüdische die tieferen religiösen Bedürfnisse vieler Menschen nicht befriedigen kann. Denn die Mystik fängt eben dort an, wo der Gesetzestext der Tora aufhört. Die Mystik sucht zu einer neuen Schicht des religiösen Bewusstseins vorzustoßen, wobei dieser Vorstoß vom geistigen Boden der Tora aus geschieht, oder besser: von den Geheimnissen der Tora aus.

Freilich gibt es auch in der Kabbala, wie in jeder Mystik, reichlich obskure Spielarten in Form von ausufernden Spekulationen, religiösen Haarspaltereien, Buchstabenspielereien bis hin zu magischen Handlungen und Geisterbeschwörungen. In jeder Mystik liegt die Gefahr der Übertreibung, fast möchte man sagen: Mystik ist die religiöse Übertreibung schlechthin.

Aus der Kabbala ist Mitte des 18. Jahrhunderts der Chassidismus hervorgegangen, eine Bewegung von Frommen (hebräisch: »Chassidim«), die vor allem in Polen, der Ukraine und Rumänien einen großen Einfluss in der jüdischen Bevölkerung hatte. Ihr Begründer war der Rabbi Israel ben Elieser (1698–1759), genannt »Baalschem«. Weiter ausgestaltet wurde die chassidische Mystik durch den »Maggid (= Prediger) Bär«. Mystik war fortan nicht mehr die direkte Gotteserfahrung einiger weniger Auserwählter, sondern sie wurde im Chassidismus als volkstümliche Frömmigkeit gepflegt. Sie sollte auch einfachen und ungelehrten Menschen durch das ekstatische Gebet, durch Tanz und Gesang, die Vereinigung mit Gott unter Führung eines Zaddik ermöglichen. Ein Zaddik (= Gerechter) ist der Vorsteher der chassidischen Gemeinde. Der Chassidismus in Osteuropa ist im Holocaust des Zweiten Weltkriegs untergegangen.

Messias, der Retter im Weltuntergang

Eng mit der jüdischen Mystik verbunden war die alte rabbinische Lehre vom Erscheinen eines Messias (von Hebräisch »Masiah«: Gesalbter Gottes). Er werde, so prophezeit die Überlieferung, zu jener Stunde in der Welt erscheinen, in der die Zustände am schlimmsten sind. Diese Zustände werden sich durch Vorzeichen des Weltendes ankündigen. Das Weltende selbst gehe einher mit der Auferweckung der Toten, einem letzten Gericht und dem Erscheinen des Reichs Gottes auf Erden und dem Entstehen einer neuen, vergeistigten Welt. Der Messias werde ein Spross aus Davids Stamm sein und im erneuerten Jerusalem als Heilskönig herrschen und ein Reich des Friedens und der Gerechtigkeit errichten.

Im Glauben an den Messias drückt sich die Hoffnung der Juden auf eine endzeitliche und vollkommene Erlösung aus. Ursprünglich war mit dem Erlöser eine wirkliche Person gemeint, doch später entstand auch die Vorstellung einer messianischen Zeit, die ohne persönlichen Messias kommen werde, oder anders: Gott selbst sei der Erlöser. Diese messianische Zeit werde durch weltbewegende, auch katastrophale Ereignisse eingeläutet. Freiheit, moralische Vollkommenheit und irdisches Glück werden sich nicht nur für die Israeliten, sondern für die ganze Menschheit verwirklichen. Im Zentrum aller messianischen Vorstellungen über die zukünftige Erlösung steht der Begriff »Schalom« (Friede). Es werde ein paradiesischer Zustand in die Welt einkehren, wo der Wolf wieder beim Lamm lagert und der Panther beim Böcklein, wie der Prophet Jesaja weiß. Natur und Mensch werden wieder im Einklang miteinander sein.

Immer wenn es dem Volk der Juden besonders schlecht erging, weil es harter Verfolgung ausgesetzt war, wuchsen die Hoffnungen auf den Messias besonders stark. Es muss daher nicht verwundern, dass seit der Zerstörung des zweiten Tempels immer wieder Männer aufgetreten sind, die sich den gutgläubigen Massen als Messias ausgaben. Sie waren nichts anderes als religiöse Schwärmer oder berechnende Schwindler. Oft konnten sie eine beachtliche Anhängerschaft für sich gewinnen. Das war besonders zur Zeit der Römerherrschaft der Fall, ebenso während der Ausbreitung des Islams und zu Beginn der christlichen Kreuzzüge, unter denen auch die Juden stark zu leiden hatten. Kein Zustand aber schien den Bedingungen für die Ankunft des Messias deutlicher zu entsprechen als die deprimierende Lage der Juden in Osteuropa in der Mitte des 17. Jahrhunderts. In Polen und Ungarn verübten die Kosaken grauenhafte Pogrome, bei denen tausende Juden ihr Leben verloren. Wann immer irgendwo in Europa die Pest oder andere Seuchen ausbrachen, wurden die Juden dafür verantwortlich gemacht und verfolgt. Von den Gestalten, die sich in solchen »Weltuntergangszeiten« als Messias ausgaben oder sich tatsächlich dafür gehalten haben, ist wohl die faszinierendste jene des aus Smyrna in Kleinasien stammenden Sabbatai Zwi (1626–1676). Er, der bereits als Jugendlicher zum Rabbi ernannt worden war, kannte sich bestens im Talmud aus und legte sich schon früh mit anderen Rabbinern an, indem er überkommene Tabus brach. Schließlich zwang man ihn, Smyrna zu verlassen. Mit einigen Anhängern begab er sich auf Wanderschaft, die ihn in die Türkei, danach nach Ägypten und Palästina führte. Er traf mit dem Kabbalisten Abraham Jakhini zusammen, der später einer seiner glühendsten Anhänger werden sollte. Dieser behauptete, dass man getrost alle Sittengesetze brechen dürfe, weil die Messiaszeit angebrochen und folglich alles erlaubt sei. Wenn nämlich der Messias gekommen sei, dann gebe es keine Sünde und folglich auch keine Gebote und Verbote mehr. Sabbatai Zwi machte sich diese spitzfindige Ansicht zu Eigen. Er hob fast alle Gebote und Verbote des Talmuds auf, vor allem strich er alle Trauertage aus dem jüdischen Kalender. Wenn die Welt ohnehin durch den nahenden Messias erlöst wird, so sind Trauer und Fasten sinnlos geworden, argumentierte Sabbatai.

Schließlich hielt sich Sabbatai Zwi selbst für den Erlöser und wurde darin vor allem von seiner Frau Sarah bestärkt. Sie hatte als junges Mädchen in Kairo seine Nähe gesucht in der Überzeugung, sie sei auserwählt, die Frau des Messias zu werden. Sabbatai Zwi zog mit seinen Jüngern in Jerusalem ein, genau wie Juden und Christen es vom wahren Messias erwarteten, und verkündete der dortigen jüdischen Gemeinde, er werde den Sultan absetzen und an dessen Stelle treten. Die Juden Jerusalems aber wollten von ihm nichts wissen.

Als Sabbatai Zwi im Jahre 1665 nach Smyrna zurückkehrte, war ihm dorthin bereits sein messianischer Ruf vorausgeeilt. Man begrüßte ihn mit großem Pomp. Kurzerhand ließ er sich in der Synagoge seiner Heimatstadt öffentlich zum Messias ausrufen. Er fuhr fort, die überkommenen jüdischen Gesetze außer Kraft zu setzen und neue Gesetze und Bräuche einzuführen. Er verteilte Land und rief – zum großen Erstaunen der Gemeinde – sogar die Frauen zum Lesen der Tora auf.

In ganz Europa machte die Botschaft dieses seltsamen jüdischen Abenteurers die Runde; er verband wohl die Sehnsüchte der Zeit mit uralten messianischen Erwartungen. Immer mehr Menschen verfielen in eine wahnhafte Verehrung Sabbatais. In deutschen und holländischen Judengemeinden kam es zwischen Anhängern und Gegnern der neuen Erlösermystik zu heftigen Auseinandersetzungen. Selbst Christen gerieten in den Bann der aufgeregten Juden und fingen an, sich mit der Kabbala zu befassen. Dann aber kam die plötzliche Wende. Dem türkischen Sultan ging das Treiben Sabbatais schließlich zu weit. Er stellte ihn vor die Wahl, entweder den Tod zu erleiden oder zum Islam überzutreten. Und in der Tat entschloss sich Sabbatai Zwi, seinem jüdischen Glauben abzuschwören und Muslim zu werden.

Doch damit war der ganze pseudomessianische Spuk nicht zu Ende. Seine jüdischen Anhänger glaubten auch weiterhin an ihn. Selbst nach seinem Tod lebte sein Kult noch lange Zeit fort.

Immer wieder traten Schein-Messiasse auf, zuletzt der polnische Jude Jakob Frank (1726–1791). Auch er war ein radikaler Gegner des Talmuds und gründete eine Sekte, die sich in ekstatischen Festen erging und dabei bewusst jüdische Sittengesetze verletzte. Von den »Frankisten« traten später sehr viele zum katholischen Glauben über.

Der Messianismus war also keineswegs nur eine Angelegenheit von wenigen versponnenen Außenseitern; es entstanden zeitweise Messiasbewegungen, die das europäische Judentum an den Rand der Selbstauflösung führten. Doch der Messianismus hatte sogar eine große religionsgeschichtliche Bedeutung über das Judentum hinaus, und zwar für das Christentum: Die alttestamentarischen Messiaserwartungen sah das frühe Christentum in Jesus erfüllt. Der Name »Christos« ist die griechische Übersetzung des hebräischen Worts »Messias« und bedeutet also ebenfalls »der Gesalbte Gottes«. An zwei Stellen des Neuen Testament wird Jesus sogar als Messias bezeichnet. Jesus als christlicher Heilsbringer ist somit tief im jüdischen Messiasglauben verwurzelt. Ob sich Jesus selbst wirklich als Messias verstanden hat, ist fraglich. Unbestritten ist freilich, dass seine Person starke messianische Züge aufweist. Nicht nur in dieser Hinsicht umgibt Jesus ein großes Geheimnis.

Sicher ist, dass Jesus schon zu seinen Lebzeiten von seinen Jüngern, vor allem von Petrus, als Messias angesehen wurde. Sonst hätte Pilatus, der Jesus zum Tode verurteilte, auf das Kreuz Jesu nicht »König der Juden« schreiben lassen. Der Messias wird ja als König des neuen Gottesreiches auf Erden aufgefasst. Und damit sind wir auch schon beim nächsten Kapitel.

FÜNFTES KAPITEL

Das Christentum

Das tragende Symbol des Christentums ist das Kreuz. Daneben findet man aber oft dieses Zeichen, das so genannte Christusmonogramm. Es ist aus den griechischen Anfangsbuchstaben X (Chi) und P (Rho) gebildet.

Das Christentum gäbe es nicht ohne das Judentum. Das ist eine äußerst wichtige religionsgeschichtliche Tatsache, die von den Christen gern verdrängt wird. Jesus, der Stifter des Christentums, war Jude, genauer: ein jüdischer Rabbi, Wanderprediger und Wunderheiler. So wurde er zumindest von jenen gesehen, die Jesus selbst noch gekannt hatten. Übrigens fassen auch viele Juden von heute Jesus als einen der ihren auf, als »Bruder Jesus«, wie ihn Martin Buber, der große jüdische Religionsphilosoph, bezeichnet hat. »Jesus«, so schreibt er, »habe ich von Jugend auf als meinen großen Bruder empfunden. Dass die Christenheit ihn als Gott und Erlöser angesehen hat und ansieht, ist mir immer als eine Tatsache von höchstem Ernst erschienen, die ich um seinet- und um meinetwillen zu begreifen suchen muss (…) Gewisser als je ist es mir, dass ihm ein großer Platz in der Glaubensgeschichte Israels zukommt (…)«

Für die Urchristen in Jerusalem – man spricht von den Judenchristen – war Jesus Rabbi, Lehrer, Prophet und Messias in einem. Für sie war er nicht so sehr der vom Tode Auferstandene. Das Bild vom auferstandenen Christus entstand erst in den frühen griechischen Christengemeinden, die von Juden gegründet worden waren. Dort wurde vor allem die Erlösung durch den gekreuzigten und auferstandenen Christus gelehrt.

Wer war Jesus? Der Name Jesus ist die griechische Form des jüdischen Namens Josua beziehungsweise Jeschua oder Jeschu. Der Name bedeutet »Gott hilft«. Jesus wurde wahrscheinlich in der galiläischen Stadt Nazareth geboren als Sohn des Joseph und der Maria, die hebräisch Mirjam heißt. Jesus hatte vier Brüder: Jakobus, Joses, Judas und Simon. Besonders Jakobus genoss in Jerusalem hohes Ansehen und war einer der ersten Führer der christlichen Gemeinde. Mit gutem Grund kann man ihn als ersten Bischof von Jerusalem bezeichnen, der im Jahre 62 n. Chr. ein ähnlich grausames Schicksal wie sein Bruder erlitt: Tod durch Steinigung. Jesus hatte auch Schwestern, doch deren Namen sind nicht überliefert. Später wurden die Geschwister Jesu als störend empfunden und kurzerhand zu Halbbrüdern und Halbschwestern beziehungsweise zu Cousins und Cousinen umgedeutet.

In der Weihnachtsgeschichte erfahren wir freilich, dass Jesus nicht in Nazareth, sondern in Bethlehem geboren wurde. Der Evangelist Lukas löst diesen Widerspruch in der Weise auf, dass die Familie Jesu nur wegen einer Volkszählung von Nazareth nach Bethlehem gekommen sei, um danach wieder nach Nazareth zurückzukehren. Der Evangelist Matthäus sieht das anders: Nach ihm sei die Familie schon vor Jesu Geburt in Bethlehem sesshaft gewesen und habe sich erst nach der Flucht nach Ägypten in Nazareth angesiedelt. Religionswissenschaftler deuten das Problem des Geburtsortes Jesu so: Bethlehem war nur deshalb ins Spiel gebracht worden, um Jesus als Messias rechtfertigen zu können. Denn zu jener Zeit glaubten die Juden, dass der Messias aus dem Stamm Davids kommen und wie David in Bethlehem geboren werde. So bemühten sich die Evangelisten Lukas und Matthäus auch eifrig darum, einen Stammbaum Jesu zu konstruieren, der auf David zurückführt. Für diesen ist aber die väterliche Linie ausschlaggebend. Das heißt: Joseph, der Vater Jesu, stammt von David ab, nicht Maria. Daraus ergibt sich natürlich für die christliche Bedeutung Jesu als Sohn Gottes ein Problem: Wenn Joseph gar nicht der leibliche Vater Jesu ist, sondern Maria den Gottessohn jungfräulich zur Welt brachte, ist die Abstammungslinie zu David nicht gegeben. Interessant ist, dass dieser Widerspruch im Christentum niemals als solcher empfunden wurde; man nahm ihn gar nicht als solchen wahr. Daraus kann man schließen, dass Jesus als geschichtliche Person für das Christentum nicht so wichtig war. Wenn Jesus Gott war, dann steht er ohnehin außerhalb der menschlichen Geschichtsschreibung.

Wann Jesus geboren wurde, ist nicht bekannt. Die neuere Forschung meint allerdings sicher zu sein, dass Jesus nicht zum Zeitpunkt null geboren wurde, sondern einige Jahre davor. Daraus ergibt sich die widersinnige Formulierung, dass Jesus ungefähr in den Jahren 7 bis 2 v. Chr. geboren wurde. Die Christen feiern den Geburtstag ihres Herrn am 25. Dezember, doch ist das nicht der wirkliche Geburtstag Jesu, der, wie gesagt, nicht überliefert ist. Es handelt sich also um einen erfundenen Geburtstag. Um die Mitte des 4. Jahrhunderts setzte sich der 25. Dezember als Geburtstag und Weihnachtsfesttag durch. Der 25. Dezember war seit uralten Zeiten der Geburtstag der orientalischen Sonnengötter gewesen, es war auch der Festtag des römischen Sonnengotts, der »Deus Sol Invictus« (Unbesiegbarer Sonnengott) genannt wurde. Es bot sich an, diesen römischen Festtag als Geburtstag Christi zu übernehmen und dadurch Christus als »die wahre Sonne« und den »Lichtbringer« zu verehren. Es ist die Zeit der Winter-Sonnenwende: Die Tage werden wieder länger, die Zeit der Dunkelheit ist überwunden. In vieler Hinsicht zeigen die bildlichen Darstellungen Christi viele Eigenschaften eines heidnischen Sonnengotts. Vor allem ähnelt Christus dem griechischen Lichtgott Apollon. Wie dieser, so wird auch Christus mit langen Haaren dargestellt, den typischen Merkmalen eines Sonnengotts. Typisch apollinisch ist ebenfalls die strenge Klarheit Christi, sein überlegener Geist, sein gebieterischer Wille zur Einsicht, zur Wahrheit, zum rechten Maß und zur Ordnung. Auch Apollon ist Sohn des höchsten griechischen Gottvaters Zeus. Beide verkünden sie das Wort und den Willen des Vaters. Beide verstehen sich als Hirten, beiden ist der siebte Tag, der Sonntag, geweiht.

Das Wirken des historischen Jesus

Doch verlassen wir zunächst Christus, den Gottessohn, und wenden wir uns wieder Jesus, dem Menschensohn, zu. Die Zeit bis zu seiner Taufe durch den Prediger Johannes, die er etwa als Dreißigjähriger erhielt, verbrachte Jesus wahrscheinlich in Nazareth. Über diese dreißig Jahre wissen wir fast nichts. Es wird nur vom zwölfjährigen Jesus berichtet, der sich während eines Besuchs mit seinen Eltern in Jerusalem von diesen entfernt hat. Nach drei Tagen der Suche finden die Eltern den Knaben im Tempel mitten unter den Rabbinern, mit denen er über Tora und Talmud diskutiert. Jesus wird uns in dieser Geschichte als ein frühreifer, überdurchschnittlich begabter Jüngling vorgeführt. Er war also durchaus kein ungebildeter Mensch aus dem einfachen Volk.

Aus den Berichten der Evangelisten lässt sich mit ziemlicher Wahrscheinlichkeit nur schließen, dass Jesus im Jahre 28/29 von Johannes getauft worden ist, der seinerseits als Wanderprediger durchs Land zog. Sicher ist auch, dass Jesus im Jahre 30 zum Passah-Fest den Kreuzestod starb. Jesus war also nur kurze Zeit öffentlich als Wanderprediger tätig: ganze zwei Jahre! Das beweist aber auch, wie stark die geistige Kraft war, mit der er auf die Menschen gewirkt hat. Dabei war Jesus gewiss nur einer unter zahllosen Predigern, die in dieser unruhigen und aufrührerischen Zeit, die von vielen Juden als Endzeit empfunden wurde, in Israel unterwegs waren.

Das Dasein als Wanderprediger setzte, ähnlich wie bei Buddha, den Bruch mit der Familie voraus. Wer von einem religiösen Sendungsgefühl ergriffen wird, muss mit seinem bisherigen Leben brechen. Das scheint ein ehernes Gesetz zu sein, unter dem Religionsstifter anzutreten haben. Auch Johannes der Täufer hatte sich von allen gesellschaftlichen Bindungen losgesagt, um in die Wüste zu gehen und eine Bußtaufe zur Vergebung der Sünden zu verkünden. Johannes hatte großen Zulauf; viele hörten seine Angst machenden Predigten und ließen sich taufen, um sich dem nahenden Weltende ohne Sünde stellen zu können und so dem kommenden Zorngericht Gottes zu entrinnen. Mit gewissem Recht kann man Johannes als den Vorläufer Jesu bezeichnen. Für Jesus selbst war Johannes ein Prophet, der endzeitliche

Wegbereiter Gottes. Der Erfolg beim jüdischen Volk wurde Johannes zum Verhängnis. König Herodes Antipas ließ ihn festnehmen und töten. Im Schicksal des Johannes wird das Schicksal Jesu vorweggenommen. Mit der Bußtaufe Jesu beginnt seine eigene Tätigkeit als Prediger. Bei seiner Taufe begegnete Jesus den beiden Bruderpaaren Andreas und Petrus und Jakob und Johannes, allesamt Fischer am See Genezareth. Sie wurden seine ersten Jünger.

Normalerweise kehrten die von Johannes Getauften zu ihren Familien heim. Johannes wollte ja keine Sekte gründen. Jesus jedoch kehrte nicht zu seinem früheren Leben zurück; er ging weiter als Johannes, indem er eine kleine Gemeinde um sich scharte, die man heute als Sekte bezeichnen würde. »Tut Buße, denn genaht ist das Reich der Himmel«, predigte er. Er lehrte nicht nur unter freiem Himmel, sondern auch in den Synagogen. Er heilte Kranke kraft seines Worts. Er tröstete die Armen, ebenso jene mit gebrochenem Herzen, alle Trauernden und Gefesselten. Für seine Unterkunft und Verpflegung sorgten seine Verehrer. Wie Buddha, so war auch Jesus bei seinen Anhängern oft zu Gast, speiste gern mit ihnen und war auch dem Genuss von Wein nicht abgeneigt. Buddha lehnte, wie wir wissen, jeden Genuss berauschender Getränke ab.

Doch eines ist von Anbeginn klar: Der Jude Jesus wirkt unter Juden und will nur unter ihnen wirken. In Jesus bestätigt sich das jüdische Volk noch einmal als ein von Gott auserwähltes Volk. Man kann auch mit Sicherheit davon ausgehen, dass Jesus keine neue Religion gründen wollte. Vielmehr verstand er sich als Reformer Israels, auf dessen zwölf Stämme er mit der Berufung von zwölf Aposteln Anspruch erhob. Jesus war in allem, was er tat und lehrte, jüdisch geprägt; er war im Judentum fest verwurzelt. Doch Jesus hat die jüdische Tradition, vor allem die Gesetze und Gebote für das Alltagsleben, zum Teil völlig neu gedeutet, hat sie verändert und auf das für ihn Wesentliche zugespitzt. Damit entfernte er sich zwar vom Judentum, blieb aber selbst Jude. Jesus verstand sich wie jeder fromme Jude als ein Kind Gottes, also in seinem Fall als Sohn Gottes. Damit war aber keine leibliche Sohnschaft gemeint, was ja ohnehin keinen Sinn ergäbe, da Gott ein geistiges Wesen ist. Jahwe wurde von den Juden im Gebet als »Vater unser« angesprochen. Mit Sicherheit hat sich Jesus nicht selbst als

Gottes Sohn in dem Sinn verstanden, dass er selber göttlicher Natur sei. Das konnte er als Rabbi gar nicht. Denn schließlich lautet das erste Gebot: »Du sollst keine anderen Götter haben neben mir.« Wir sind alle Söhne und Töchter Gottes, ohne dass wir uns deshalb für Götter halten dürfen.

Jesus – Reformer der jüdischen Religion

Was das jüdische Gesetz betrifft, so hat Jesus die Starrheit und die Strenge mancher Gebote verworfen, ohne jedoch das Gesetz Mose aufheben zu wollen. Jesus selbst schuf kein neues religiöses System, sondern hat den überlieferten Wahrheiten des Judentums in wunderbaren Gleichnissen und Sprüchen einen ganz neuen, lebendigen Ausdruck verliehen. Und die Lebendigkeit der Aussprüche Jesu hat sich bis heute erhalten, weshalb sie auch einen Menschen des 21. Jahrhunderts zu ergreifen vermögen. Gerade auch Nichtchristen bewundern die Worte Jesu, wie sie uns etwa in der Bergpredigt überliefert sind.

Von einer starren und stumpfsinnigen Frömmigkeit hielt Jesus nichts. Denn die rituelle Reinheit eines Menschen sagt ja noch nichts über seine wirkliche moralische Reinheit aus. Wer die Reinheitsgebote einhält, muss deshalb in seiner Seele noch kein reiner Mensch sein. Jesus ging es um die reine Gesinnung des Menschen: »Wehe euch, ihr Schriftgelehrten und Pharisäer, ihr Heuchler, dass ihr die Außenseite des Bechers und der Schüssel reinigt, inwendig aber sind sie gefüllt mit Raub und Unmäßigkeit. Du blinder Pharisäer, mache zuerst den Inhalt des Bechers rein, damit auch seine Außenseite rein wird!« Jesus ging es also um die Reinheit des Herzens, um nichts sonst. Von den zahllosen religiösen Vorschriften in der jüdischen Religion hielt Jesus ganz offensichtlich wenig; sie hatten für ihn keinen wahren Wert. Die Sabbatvorschriften hielt er selbst nicht ein und dem Fasten war er abgeneigt.

In den eben zitierten Worten Jesu wird auch deutlich, dass seine leidenschaftlichen Angriffe als Prediger nicht gegen den jüdischen Glauben als solchen gerichtet waren, sondern gegen die erstarrte Gesetzespraxis. Mit seinen scharfen Worten aber schuf er sich mächtige Feinde unter den Jerusalemer Tempelpriestern. Jesus verkündete ihnen ganz offen den Untergang, weil sie aus seiner Sicht zu bösen Beherrschern des Volkes geworden waren. Und tatsächlich kam ja dann mit der Zerstörung des zweiten Tempels im Jahre 70 durch die Römer das Ende der Priesterschaft.

Schon zeitig ahnte Jesus, dass er das gleiche Schicksal wie Johannes der Täufer erleiden werde. Bei seinem Einzug in Jerusalem wusste er um sein tragisches Ende, das freilich aus christlicher Sicht ein von Gott gewolltes Ende war. Lässt man diese christliche Sichtweise einmal außer Acht, dann erscheint Jesus als religiöser Visionär und weltlicher Realist gleichermaßen. Er wollte nicht sterben, verstand seinen Tod auch nicht als Opfer, mit dem die Sünden der Welt gesühnt werden. Das wurde erst nachträglich von der jungen christlichen Kirche in die Leidensgeschichte Jesu hineingedeutet.

Mit Jesu Tod beginnt im eigentlichen Sinn das Christentum; an seinem Anfang steht also eine Katastrophe. Doch diese wird zum grandiosen religiösen Heilsereignis: Jesus Christus steht vom Reich der Toten wieder auf. Ob das eine geschichtliche Tatsache oder nur christliche Legende ist, ist nebensächlich. Wichtig ist die Wirkung, die dieses tatsächliche oder legendenhafte Ereignis hat: Schon wenige Jahre nach Jesu Tod am Kreuz entsteht eine neue Religion, die sich in raschem Tempo von Jerusalem über Kleinasien, Nordafrika nach Süd- und Mitteleuropa ausbreitet. Diese neue Religion begründet sich zwar auf dem Judentum, setzt sich aber auch in einen scharfen Gegensatz zu diesem. Dabei steht die Idee der Auferstehung gar nicht im Gegensatz zum jüdischen Glauben; sie war den Juden nicht fremd. Bereits im Alten Testament wird berichtet, dass die Propheten Elia und Henod nicht gestorben, sondern zum Himmel gefahren sind. In den Tagen Jesu, die so stark von der Erwartung des Messias geprägt waren, hat das die Fantasie des Volks außerordentlich beschäftigt. Viele Juden hatten auch die Überzeugung, dass der hingerichtete Johannes der Täufer von den Toten auferstanden sei. Trennend zwischen Judentum und dem neu sich bildenden Christentum war vor allem Jesu Freiheit gegenüber der jüdischen Gesetzestradition. Er bekundete diese Freiheit gegenüber Gesetz und Tempel. Jesus war in allem, was er lehrte und tat, jüdisch geprägt, aber er hat die jüdische Überlieferung in seinen Predigten so verändert und zugespitzt, dass es sich dabei nicht mehr um jüdisches Gedankengut handelte. Zwar verkündet auch das Judentum die Königsherrschaft Gottes auf Erden in Gestalt des Messias, doch nach den Worten Jesu war diese schon in ihm angebrochen. Die Zukunft war also nicht mehr offen, wie das Judentum es lehrte, sondern das Ende hatte schon begonnen. Jesus verstand sich selbst also nicht als ein neuer Prophet in der langen Kette der alttestamentarischen Propheten, sondern als letzter Vollender dieser Kette, der in seiner Person das Reich Gottes auf Erden für die Juden verwirklicht und damit die Leiden des jüdischen Volks für immer beendet.

Dieser Anspruch steht natürlich im starken Gegensatz zur jüdischen Auffassung, wonach es keinem Menschen zusteht, sich diese Rolle selber zuzuschreiben. Doch was als Gegensatz zum Judentum vielleicht noch stärker zum Tragen kam: Jesus wollte das Judentum wieder mehr auf den Menschen hin ausrichten, es wegführen von der starren Pflicht zur Gesetzestreue. Er forderte eine Menschlichkeit, die aus eigenem inneren Antrieb entsteht und nicht nur als Folge von Gesetzestreue.

Jesus durchbrach verschiedene Bestimmungen des mosaischen Gesetzes und hob sie auf, weil er sie schlicht für unwesentlich hielt. An die Stelle der Gesetze des Moses setzte er die neue Ordnung der Gottesherrschaft. Jesus fasste sie im Gebot der radikalen Nächstenliebe zusammen, die freilich schon im Judentum eine zentrale Bedeutung hat. Der Unterschied liegt allein darin, dass Jesus die Nächstenliebe mit ganz besonderem Nachdruck einfordert. Er verlangt von allen Menschen, dass sie ihm nachfolgen. Und wer dies tue, der folge dem Willen Gottes. Es geht also nicht mehr nur darum, dem Nächsten Gutes zu tun, sondern es geht um die Hingabe der eigenen Existenz an Jesus und damit an Gott. Diese Hingabe ist die höchste, die es gibt. Diese Auffassung musste zwangsläufig zu einer Ablösung der Gefolgschaft Jesu vom Judentum führen. Und so war es ja auch: Aus dem ursprünglichen Bestreben nach Erneuerung und Belebung entstand nach und nach eine neue Religion.

Paulus – der eigentliche Erfinder des Christentums

Wie aus den Evangelien hervorgeht, wirkte Jesus nur unter Juden, weil er nur unter ihnen wirken wollte. Wenn er vom Menschen spricht, meint er eigentlich den jüdischen Menschen, also die Angehörigen des von Jahwe auserwählten Volks. Das Christentum setzt als eigenständige Religion im Grunde dort an, wo jüdische Christen in die Welt ziehen und die Worte Jesu auch den so genannten Heiden verkünden. Damit wird ein erster Bruch zum Judentum vollzogen, denn wer an andere Götter glaubte, war für die Juden uninteressant. Deshalb hat es auch niemals eine jüdische Mission gegeben. Die Christen hingegen waren bestrebt, den Heiden ihren Gott nahe zu bringen. Diese Missionstätigkeit, die von Anbeginn einsetzte, war also den Juden völlig fremd und muss sie entsprechend befremdet und abgestoßen haben. So etwas widersprach dem Status eines auserwählten Volks.

Ohne diese Missionstätigkeit wäre das Christentum vermutlich nur eine jüdische Sekte unter anderen geblieben; früher oder später wäre es wieder verschwunden. Tatsächlich gab es verschiedene judenchristliche Sekten, die daran festhielten, dass es Jesus, eben weil er Jude war, nur um eine Neubelebung des Judentums ging und nicht um Stiftung einer neuen Religion. So lebten die Anhänger dieser judenchristlichen Sekten weiter jüdisch, weil sie glaubten, dass Jesus das so gewollt habe. Und das war ja durchaus keine abwegige Meinung. Dadurch gerieten sie aber mehr und mehr zwischen die religiösen Fronten, die sich mit der Zeit zwischen Judentum und Christentum herausbildeten. Von den Juden wurden sie als Ketzer verschrien, von den Christen als geistig Verirrte gebrandmarkt. Sie selbst aber glaubten fest daran, dass sie die Einzigen waren, die wirklich das Erbe Jesu verwalteten und den wahren Sinn des Judentums erkannt hatten. Die Geschichte ging freilich an ihnen vorbei, obwohl sie letztlich nur aus großer und bewundernswerter Treue zu Jesus an ihrem Standpunkt festgehalten hatten. Sie hatten Jesus streng beim Wort genommen. Aber das war zu wenig. Die Worte Jesu gewannen erst im Christentum ihre gewaltige Wirkungskraft.

Keimzelle des Christentums war die Jerusalemer Urgemeinde mit den Aposteln und anderen Menschen, die Jesus persönlich gekannt hatten. Mit Sicherheit waren auch Frauen unter seiner Anhängerschaft. Auch in Judäa und Galiläa, wo Jesus vor allem gewirkt hatte, gab es Gruppen von Judenchristen. Da diese Gruppen aber sehr bald von jüdischer, aber auch von römischer Seite verfolgt wurde, zerstreuten sie sich in alle Winde und erlitten dabei in gewisser Weise das alte jüdische Schicksal der Diaspora. Das Leid der Verfolgung hatte jedoch den positiven Effekt, dass sich die neue Religion in Windeseile ausbreitete, vor allem in den Gemeinden der Diaspora-Juden an den östlichen Küstenregionen des Mittelmeers.

Einen gewaltigen Aufschwung nahm die Ausbreitung des Christentums allerdings erst durch die gezielte Missionstätigkeit einiger Apostel. Unter ihnen hatte Paulus unbestritten die größte Bedeutung. Zugespitzt könnte man vielleicht sogar sagen, dass nicht Jesus, sondern Paulus das Christentum als neue Religion gestiftet hat. Er hat sie erst zu einer selbstständigen, vom Judentum scharf unterschiedenen Weltreligion gemacht. Paulus war damit einer der ganz großen religiösen Neuerer der Geschichte. An Bedeutung kommt er Mohammed gleich. Das Christentum, das sich mit Paulus herauszubilden begann, konnte sich auf Jesus als Stifter nur berufen, indem es ihn aus dem Judentum herauslöste und zugleich das Judentum schlecht machte, etwa dadurch, dass man die Juden zu einem Volk von Christusmördern erklärte.

Paulus ist vor allem deshalb der eigentliche Erfinder des Christentums, weil von ihm die Idee der Auferstehung stammt. Diese Idee ist eine tragende Säule des Christentums. Das Wort »Idee« klingt freilich etwas abwertend. Für die Christen handelt es sich dabei gerade nicht um eine bloße Idee, sondern um eine heilsgeschichtliche Tatsache. Zugegeben, es ist eine äußerst rätselhafte Tatsache, ein Mysterium im wahrsten Sinne des Worts: ein religiöses Geheimnis. Alle vernünftigen Erklärungsversuche dieses Mysteriums brauchen den Christen letztlich nicht zu interessieren; er nimmt dieses Mysterium einfach als solches an. Welche Religion kommt schon ohne Mysterien aus? Keine. Religion selbst *ist* ein Mysterium.

Interessant ist allerdings, dass Paulus als leidenschaftlicher Verfechter des Auferstehungs-Mysteriums dem Heiland selbst nie begegnet ist. Paulus gehörte nicht zur Gefolgschaft Jesu; er war im Gegenteil einer der fanatischsten Christenverfolger, ein junger, griechisch gebildeter, strenggläubiger Jude aus Tarsus in der heutigen Türkei, der eigentlich Saul hieß. Paulus hieß er bei den Griechen. Infolge einer plötzlichen, in Damaskus erlebten Vision des Auferstandenen änderte er seine Gesinnung und wurde zu einem leidenschaftlichen Kämpfer für das Christentum. Das war um das Jahr 30 n. Chr. In der Apostelgeschichte des Neuen Testaments wird das Bekehrungserlebnis des Paulus folgendermaßen beschrieben: »Auf dem Weg nach Damaskus, kurz vor der Stadt, umstrahlte ihn plötzlich ein Licht vom Himmel. Er stürzte zu Boden und hörte eine Stimme: ›Saul, Saul, warum verfolgst du mich?‹ ›Wer bist du, Herr?‹, fragte er. ›Ich bin Jesus, den du verfolgst‹, sagte die Stimme. ›Doch nun steh auf und geh in die Stadt! Dort wirst du erfahren, was du tun sollst.‹ Den Männern, die Saulus begleiteten, verschlug es die Sprache. Sie hörten zwar die Stimme, aber sie sahen niemand. Als Saulus aufstand und die Augen öffnete, konnte er nicht mehr sehen. Da nahmen sie ihn an der Hand und führten ihn nach Damaskus. Drei Tage lang war er blind. Während dieser Zeit aß und trank er nichts.«

Die Auferstehung Christi war es vor allem, die Paulus auf seinen drei großen Missionsreisen durch Kleinasien und Griechenland predigte, ebenso in seinen Briefen, die er an die von ihm gegründeten Christengemeinden schrieb. Die Auferstehungslehre des Paulus bewirkte etwas, das einzigartig unter den Religionen ist: dass die Wirkung einer Persönlichkeit – nämlich Jesus – am mächtigsten einsetzt, als diese nicht mehr unter den Lebenden weilt. Zwar hatte Jesus auch zu seinen Lebzeiten eine große Wirkung – wenngleich nur auf engem Raum –, doch blieb seine Anhängerschaft, die 12 Apostel eingeschlossen, stets sehr wankelmütig, besonders natürlich in den letzten Lebenstagen Jesu. Die Apostel ließen ihren Meister in seinen schwersten Stunden im Stich. Dazu soll einmal jemand gemeint haben: Hätte Jesus ein Hündchen in seiner Gefolgschaft gehabt, wäre er in seinen letzten Stunden nicht so einsam gewesen.

Mit der Auferstehung Christi, egal, ob sie nun wirklich stattfand oder nur Legende ist, sind seine Anhänger zu allen Opfern bereit bis hin zum eigenen Tod.

Das Christentum
ist eine Erlösungs-Religion

Zu einer machtvollen, viele Menschen in ihren Bann ziehenden Persönlichkeit wurde Jesus also vor allem dadurch, dass seine Jünger mit Bestimmtheit behaupteten, er sei aus dem Grabe auferstanden, noch einmal zu ihnen gekommen und schließlich vor ihren Augen zum Himmel gefahren. Die Erscheinung des Auferstandenen wurde von ihnen nicht als körperloser Geist oder verklärtes überirdisches Wesen geschildert, sondern als der leibhaftig Gekreuzigte, an dessen Körper die Wundmale der Hinrichtung zu sehen waren. Dieser Körper ließ sich auch anfühlen. Wichtig ist den Evangelisten auch festzustellen, dass das Grab Jesu tatsächlich leer war.

Die Auferstehung ist also das entscheidende Ereignis der christlichen Religion. Darauf lässt sich vortrefflich die ebenfalls von Paulus entwickelte Lehre von der Gottnatur Jesu begründen. Denn wer vom Reich der Toten zurückkehrt, muss ein Gott sein. Dass Jesus Christus Mensch und Gott in einer Person ist, ist jenes Faktum, das das Christentum von allen anderen großen Religionen unterscheidet. Das Christentum stellt wie keine andere Religion seinen Stifter in den Mittelpunkt – indem sie ihn zum Gott erhebt. Anders als Buddha oder Lao-tse ist Jesus nicht nur Schöpfer einer religiös-ethischen Lehre, er ist auch nicht, wie Mohammed, ein Prophet Gottes, auch nicht, wie im Hinduismus, nur eine von zahllosen Inkarnationen des Weltenherrn, sondern er ist Gott selbst. Von Ewigkeit her Gott, wurde er durch seine Geburt als Sohn Marias ein wirklicher Mensch. Christus ist kein Halbgott, wie die griechische Götterwelt ihn kennt, sondern unser Bruder, der allerdings sein göttliches Sein niemals aufgegeben hat. Als Gott führt er ein wahres menschliches Leben, »in allem uns gleich geworden, doch ohne Sünde«.

Das alles ist bei genauerem Nachdenken doch ein äußerst radikaler, für Nichtchristen durchaus anstößiger Gedankenschritt. Allerdings erscheinen diese Lehren dann so neu auch wieder nicht, denn in der Götterwelt der Griechen war es typisch für die Götter, dass sie sich in Menschengestalt unter die Irdischen mischten. Auch zeugten die Götter Griechenlands Nachkommen mit irdischen Frauen. Der christliche Gott tut dies freilich nur auf geistige Weise: Er zeugt allein durch das Wort.

Noch etwas anderes muss auf Anhänger anderer Religionen irritierend gewirkt haben: dass ein Gott seinen eigenen göttlichen Sohn am Folterkreuz qualvoll sterben lässt. Was ist der Sinn dieser für einen Gott doch befremdlichen Handlung? Der Verdacht liegt nahe, dass auch hier die griechische Götterwelt zum Vorbild genommen wurde, wie ja überhaupt das ganze Christentum ohne die griechische Geisteswelt nicht zu verstehen ist. Für den Tod des Gottessohnes gibt es in den griechischen Göttersagen ein Vorbild: der Weingott Dionysos. Dionysos ist der gemordete Gott, »der aus dem Tod kommt und von ihm berührt wird«. Die Glieder des von den Titanen gemordeten Gottes werden verbrannt und aus der Asche entsteht der Weinstock. Auch Jesus spricht ja oft von sich als von einem Weinstock.

Paulus war es also, der die Lehre von der Auferstehung und Gottnatur Jesu auf seinen Missionsreisen und in seinen Gemeindebriefen verbreitet hat. Das Geheimnis der Auferstehung und der Glaube an einen Mensch gewordenen Gott hat die Menschheitsgeschichte aufs Tiefste verändert. Dieser neue, aufrührende Glaube verhieß – und auch das ist eine Idee des Paulus –, dass auch der Mensch dereinst von den Toten auferstehen werde. Bei Paulus heißt es: »Ist Christus nicht auferstanden, so ist euer Glaube eitel.«

Dennoch – die Opferung des Gottessohnes durch den eigenen Vater bedurfte einer Erklärung; sie war für sich betrachtet zu unbegreiflich. Auch diese Erklärung lieferte Paulus, indem er die Geschichte aus dem Alten Testament vom Sündenfall Adams aufgreift und folgenden eigenartigen Schluss zieht: Indem Adam, der Stammvater der ganzen Menschheit, gegen Gott ungehorsam war, sind alle Menschen nach ihm ebenfalls sündig geworden. Adam vererbt seine Sünde allen seinen Nachkommen. Wir werden unschuldig und sündig zugleich geboren. Das will erst einmal so akzeptiert werden, denn ein negativeres und deprimierenderes Bild vom Menschen kann man sich kaum denken: Wir kommen auf die Welt und sind sogleich mit einer schweren Sünde beladen, noch ehe wir den ersten Schrei ausgestoßen haben.

Diese negative Bestimmung des Menschen, Erbsünde genannt, wird von Paulus zu einer positiven Erlösungstheorie umgestaltet: Aus eigener Kraft ist der Mensch nicht in der Lage, sich von der Schuld der Erbsünde zu befreien, die ja gleichzeitig der Grund für seine Sterblichkeit ist. Der Tod ist der Preis, der für diese Ursünde Adams von allen Menschen zu bezahlen ist. Die Befreiung von der Erbsünde ist nur durch die Gnade Gottes zu erreichen. Diese Gnade offenbart Gott, indem er seinen Sohn Mensch werden und für die ganze Menschheit qualvoll sterben lässt. Gott sühnt die Schuld des Menschen durch den Tod seines Menschensohns, der Gott ist, aber als Mensch stirbt. Die Erlösung bezieht Paulus also nicht mehr nur auf das auserwählte Volk der Juden, sondern auf die ganze Menschheit. Alle anderen Religionen sind somit aus christlicher Sicht zu überwindende Religionen.

Das Anliegen Jesu ist der Mensch

Damit wären die Menschen natürlich fein raus, denn durch Christi Sühneopfer am Kreuz sind sie ihre Erbsünde los. Doch so einfach macht es Paulus den Christen nicht. Die Erlösung durch den Opfertod Christi ist nur eine stellvertretende; sie wird erst dann zu einer tatsächlichen, wenn der Mensch durch den Glauben an Christus die göttliche Gnade in einem bewussten Akt annimmt, also ein Glaubensbekenntnis zu Jesus Christus ablegt und eine radikale Sinnesänderung vollzieht: aller Sündhaftigkeit entsagt. Eine eigenartige, aber wohl gerade deshalb so wirkungsvolle Lehre, die sich Paulus da ausgedacht hat. Sie wurzelt in der alten jüdischen Vorstellung, dass der Einzelne nicht die Folgen seiner Verfehlungen zu tragen hat und auch nicht als Einzelner durch die Gnade Gottes erlöst wird, sondern dass immer die Menschheit als Ganze sich versündigt und eine Erlösung nur auf die ganze Gemeinschaft der Menschen bezogen sein kann. Christus vertritt gewissermaßen die ganze Menschheit – und er tut dies als Sohn Gottes! –, er nimmt die ganze Last der menschlichen Sündhaftigkeit auf sich, um die Menschheit davon zu befreien. Für Paulus ist Jesus Christus aber nicht nur Gottes Sohn, sondern Gott selbst: »das Ebenbild des unsichtbaren Gottes, der Erstgeborene von allen Kreaturen«. Später fand der Gedanke der Einheit von Gott und Jesus Christus seinen lebendigen Ausdruck in der Lehre von der Dreieinigkeit von Gott-Vater, Gott-Sohn und Gott-Heiligem Geist.

Die Dreieinigkeit, auch Dreifaltigkeit genannt, ist eine schwer verständliche, irgendwie auch absurd anmutende Konstruktion, eine echte Schwachstelle im Glaubenssystem der Christen. Drei Naturen, die nicht miteinander vermengt, aber auch nicht voneinander getrennt sind – wer soll das verstehen? Ein Gott, der drei ist, aber dabei doch einer bleibt. Aber muss man das überhaupt verstehen? Gott ist ja so oder so jenseits des menschlichen Verstands. Hier geht es eben nicht um Logik, sondern um Religion. Das Religiöse muss ja nicht verstanden, sondern es muss geglaubt werden.

Das Christentum – man merkt es spätestens jetzt – ist eine ziemlich komplizierte und verwirrende Religion. Das rührt vor allem daher, dass in dieser Religion die Grenze zwischen Göttlichkeit und Menschsein in der Gestalt Jesu Christi verwischt wird. In allen anderen Religionen wird diese Grenze unbedingt gewahrt. Gott ist dort das Unbegreifliche und Unsichtbare. In Jesus wird Gott menschlich; er ist auf einmal einer von uns. Damit rückt der Mensch im Christentum in eine zentrale Position in diesem Universum; er bekommt eine ungeheure Wichtigkeit. Dagegen sagen gerade die östlichen Religionen, dass der Mensch nur ein unbedeutendes, vergängliches und leidendes Wesen ist, das versuchen soll, dieses leidvolle Dasein zu überwinden und sich im Weltganzen aufzulösen und dabei zu erlösen.

Das Anliegen Jesu ist der Mensch und sonst nichts. Die Ganzheit des Kosmos interessiert das Christentum nicht sonderlich. Aber gerade aus dieser absoluten Konzentration auf den Menschen – die Tiere spielen im Christentum keine Rolle! – bezieht die christliche Religion ihre große Kraft. Wenn Gott Mensch geworden ist, dann ist es dem Menschen auch möglich, göttlich zu werden, oder besser: mit Gott eins zu sein. Das Christentum unterstützt so den Hang des Menschen, sich selbst zu vergöttlichen.

Dieses Einswerden mit Gott geschieht vor allem im Abendmahl (Eucharistie), dem Höhepunkt des christlichen Gottesdienstes, wo der Gläubige in der vom Priester geweihten Hostie den Gott selbst körperlich zu sich nimmt, also aufisst. Damit hat er ganz augenscheinlich direkt an der Göttlichkeit teil. Das Abendmahl ist gewissermaßen die unblutige Wiederholung des Opfertods Christi. Besonders in der Eucharistie-Feier zeigt sich die einzigartige Stellung, die Jesus als Stifter der christlichen Religion innehat. Gewiss, auch in anderen Religionen werden Feste zu Ehren des Stifters gefeiert und der Brauch eines heiligen Mahls ist auch dort bekannt, aber nirgends findet man etwas, das dem christlichen Abendmahl ähnlich wäre: die Verwandlung von Brot und Wein durch den priesterlichen Kult in Fleisch und Blut Christi. Damit ist Christus bei jedem Abendmahl in der heiligen Speise wirklich anwesend. Gott ist in Christus mitten unter den Menschen, mehr noch: Er wird von ihnen aufgegessen. In jeder Abendmahlshandlung einer Christengemeinschaft wiederholt sich der Opfertod Christi. Das ist die radikale Umkehrung allen religiösen Denkens: Gott opfert sich der Menschheit, nicht die Menschen opfern ihrem Gott. Gott will kein Opfer mehr. Die Menschen sollen endlich mit dem Opferwahn aufhören. Mächtiger als Jesus kann ein Religionsstifter nicht ins Zentrum einer Religion rücken.

In der Beurteilung des Abendmahls ist sich die Christenheit seit Luther allerdings nicht mehr einig. Luther hat die tatsächliche Umwandlung von Brot und Wein in den Leib und das Blut Christi abgelehnt. Er verstand das Abendmahl als eine symbolische Handlung, die die Bindung in der Gemeinde stärkt: In der Tat merkt ja jeder, der die Hostie empfängt, dass er Brot isst und kein Fleisch. Gerade in protestantischen Kreisen versucht man sich heute mehr und mehr vom alten Vorstellungsbild zu lösen, beim Abendmahl Blut zu trinken und Fleisch zu essen.

Das Geheimnis der raschen Ausbreitung des Christentums

Wir haben gesehen, dass die Ausbreitung des Christentums, die mit Paulus' Missionsreisen rapide zunahm, sich zuerst auf die jüdischen Gemeinden in der Diaspora stützte. Doch die Zukunft des Christentums lag ganz und gar bei den Heiden. Unter diesen war der Erfolg geradezu atemberaubend. Bereits in der Mitte des 2. Jahrhunderts gab es in den entlegensten Provinzen des Römischen Reichs christliche Gemeinden. Das für die damalige Zeit hervorragende Straßensystem des Riesenreichs förderte die rasche Ausbreitung der neuen Religion. Dadurch wurde das Christentum zu einer griechisch-römischen und später zu *der* europäischen Religion.

Zuerst war die Anhängerschaft weitgehend auf die untersten Volksschichten beschränkt. Jesus war ja selbst ein Mann des Volks gewesen, freilich einer mit außergewöhnlichen Geistesgaben. Er predigte nicht für die Reichen und Gebildeten, sondern für die »Mühseligen und Beladenen«. Er stellte ihnen als Entschädigung für das irdische Elend die Glückseligkeit im Himmel in Aussicht. Reich zu sein war für Jesus nicht nur ein Makel, es kam fast schon einer Todsünde gleich: »Es ist leichter«, so meinte er, »dass ein Kamel durch ein Nadelöhr gehe, denn dass ein Reicher ins Reich Gottes komme.« Jesus setzte Reichtum mit sittlicher Verderbnis gleich. Er konnte sich offenbar keinen Reichen als guten Menschen vorstellen. Buddha oder Konfuzius hatten dieses Vorurteil gegenüber Wohlhabenden nicht, weil sie selber aus begüterten Häusern stammten. Jesus war in dieser Hinsicht parteiisch.

Die Lehren des Christentums waren deshalb anfangs wenig geeignet, die Gebildeten als Anhänger zu gewinnen. Zu Beginn war das Christentum eine richtige Unterschichtreligion. Vor allem musste den gebildeten Schichten die Vorstellung von einem gekreuzigten Gott, der von den Toten aufersteht, als fantastischer Aberglaube erscheinen.

Von Seiten der Herrschenden hatte das Christentum zunächst starke Verfolgungen zu erleiden. Denn die Christen pflegten ihren Glauben nicht nur in der Abgeschlossenheit ihrer Gemeinden, sondern sie traten auch öffentlich auf und warben um neue Mitglieder. Gleichzeitig verweigerten sie sich dem Kult um die alten heidnischen Staatsgötter des Römischen Reichs, lehnten Kaiser und Staatswesen als verderbt ab und verweigerten aus diesem Grund auch den Dienst als Soldaten oder Beamte.

Als die christliche Bewegung immer mehr an Kraft gewann, fand sie zunehmend auch Anhänger in der gesellschaftlichen Oberschicht. Von da an war es nur noch eine Frage der Zeit, wann das Christentum den Sieg über das Heidentum davontragen würde. Kaiser Konstantin I.

(306–337) war es dann, der im Christentum die geistige und auch politische Kraft der Zukunft erkannte. Er gab den Christen endlich das Recht auf freie Religionsausübung und ließ sich selbst kurz vor seinem Tod taufen. Natürlich hatte das auch weltliche Gründe. Konstantin war ein machtbewusster Herrscher, dem es zuerst um den Erhalt seines Machtbereichs ging. Er erkannte im Christentum einen geistigen Kitt, mit dem sich das auseinander fallende Weltreich vielleicht zusammenhalten ließ. Erst der Bund mit Konstantin begründete die weltgeschichtliche Wirkung des Christentums. Diese ging einher mit dem Verdrängen der urchristlichen, jüdisch geprägten Lehren. Gleichzeitig ging die antijüdische Saat auf, die in den Evangelien gesät worden war.

Schließlich erklärte Kaiser Theodosius I. (379–395) ein halbes Jahrhundert nach Konstantin das Christentum zur Staatsreligion im Römischen Reich. Alle heidnischen Kulte wurden verboten. Trotz der schnellen Ausbreitung des Christentums im Römischen Reich hat es dennoch vier Jahrhunderte gedauert, bis es die absolute Herrschaft erlangte. Der Erfolg des Christentums hatte auch damit zu tun, dass es zu dieser Zeit noch offen und tolerant genug war, sich den Glaubensbedürfnissen und Denkformen der Bekehrten anzupassen. Vor allem öffnete es sich dem antiken Griechentum und verstand es vortrefflich, alte heidnische Kulte in sich aufzunehmen und christlich umzudeuten. So findet man zum Beispiel in Griechenland landauf und landab kaum einen Tempelrest aus der Antike, dem nicht früher oder später eine christliche Kapelle zur Seite gestellt worden ist.

Das Christentum verband sich aber auch mit der antiken griechischen Philosophie und verwendete ihre Ideale für die Ausgestaltung der christlichen Ideenwelt, vor allem ihrer Sittenlehre. Starken Einfluss übten auch die griechischen Mysterienkulte auf die sich herausbildende christliche Kirche aus. Dahinter steckten geheimnisvolle Lehren, die aus dem Orient nach Westen gelangt waren. In diesen Kulten wurden tiefsinnige, symbolische Riten gepflegt mit ausdrucksvollen Weihehandlungen. Am bedeutendsten waren die Mysterien von Eleusis bei Athen und der Kult um den persischen Lichtgott Mithras, der sich bestens mit der Lichtgestalt Christi verknüpfen ließ. Die Mysterien fanden in Höhlen statt, wobei der Neuling durch sieben Grade der Weihe emporzusteigen hatte. Damit sicherte sich der Geweihte die Auferstehung beim Weltende. Der Mithraskult war zeitweise der größte Rivale des aufkommenden Christentums. Sowohl Mithras als auch Christus verstehen sich als Mittler zwischen dem Gläubigen und dem unsichtbaren Gott. Beide Religionen lehren die Unsterblichkeit, die sich in der Auferstehung verwirklichen wird. Beide sprechen von einem Jüngsten Gericht, kennen den Gebrauch der heiligen Taufe, des Weihwassers, die Heiligung des Sonntags und die Feier der Gottesgeburt am 25. Dezember. Dass sich das Christentum am Ende durchsetzen konnte, lag an der außergewöhnlichen Person seines Stifters und am Missionseifer seiner Anhänger, allen voran des Apostels Paulus.

Die Kirchengeschichte, eine Geschichte der Erstarrung und Zersplitterung

Von Anbeginn war das Christentum keine einheitliche Religion. Wie bei allen Religionen, so bildeten sich auch im Christentum verschiedene Richtungen heraus, je nachdem, welchen örtlichen Einflüssen es ausgesetzt war. Auch daran hätte das Christentum zerbrechen können. So gab es immer wieder Bestrebungen christlicher Theologen, die im Neuen Testament festgelegten christlichen Zentralideen zu festigen und vor völliger Umwandlung oder Aushöhlung zu bewahren. So bildete sich nach und nach durch die Schriften großer Theologen eine einheitliche christliche Lehre heraus, die einen gemäßigten Mittelweg zwischen all den widerstreitenden, zum Teil sehr extremen Lehren vertrat.

Der wichtigste Beitrag zu dieser ersten Festigung und Vereinheitlichung der christlichen Theologie kam von Augustinus (354–430). Seine Lehre entwickelte er gerade auch in der Auseinandersetzung mit den verschiedenen christlichen Sekten, die sich in Nordafrika, wo Augustinus lebte, gebildet hatten. Nach Augustinus hat Gott die Welt und die Zeit erschaffen und von Anfang an weitere schöpferische Kräfte in die Materie gelegt, die erst nach und nach in der Weltgeschichte zur

Entfaltung kommen. Die Menschheitsgeschichte sah Augustinus, im Gegensatz zur antiken Sichtweise, nicht als einen ewig sich wiederholenden Kreislauf an, sondern als einmaligen Ablauf von der Weltschöpfung bis zum Weltgericht. In seiner Schrift »De civitate Dei« (Vom Gottesstaat) formulierte Augustinus zum ersten Mal einen katholischen Machtanspruch gegenüber allen weltlichen Mächten. (Das Wort »katholisch« bedeutet »das Ganze betreffend«; damit verstand sich die katholische Kirche von Anbeginn als diejenige, die das Allgemeine vertritt gegenüber den vielen Sekten und Sonderkirchen.) Denn in der katholischen Kirche, so Augustinus, verwirkliche sich der Staat Gottes auf Erden. Damit schuf er das mittelalterliche Ideal der Kirche, die vom Papst als Stellvertreter Christi geleitet wird.

Im Grunde hatte die Christenheit während der ersten Jahrhunderte ihres Bestehens das baldige Ende der Welt erwartet. Doch dieses blieb aus, und so sah sich das Christentum vor die Aufgabe gestellt, sich in dieser Welt, die partout nicht untergehen wollte, dauerhaft einzurichten. Wenn das Reich Gottes offensichtlich nicht kommen wollte, so war es die Aufgabe der Kirche, dieses Reich Gottes wenigstens sichtbar zu machen. Man deutete die katholische Kirche als eine von Christus selbst gestiftete Kirche. Diese solle bereits im Diesseits eine Macht entfalten, die stärker als alle Staaten der Welt sein werde. Mit dem Anspruch, eine mächtige Kirche aufzubauen, entstand ganz von selbst eine Hierarchie der Würdenträger. Diese kümmerten sich nicht mehr nur um religiöse Belange, sondern verstrickten sich zunehmend in politische Machtkämpfe. Die Kirche mischte sich immer stärker in weltliche Angelegenheiten ein, häufte ungeheure Besitztümer an und stand in der Prunkentfaltung den weltlichen Herrschern in nichts nach. Im Namen Jesu, dessen Reich nicht von dieser Welt war, wie er selbst gepredigt hatte, errichtete die katholische Kirche eine durchaus weltliche Zwangsherrschaft.

Trotz dieser Vereinheitlichung der christlichen Theologie durch Augustinus und andere Gelehrte konnte die Christenheit ihre Einheit nicht lange bewahren. Eigentlich wurde bereits im Jahre 330 die Grundlage für die Spaltung der Christenheit gelegt: als Kaiser Konstantin I. seinen Herrschersitz von Rom nach Byzanz (Konstantinopel) verlegte. Dadurch bildeten sich mit der Zeit zwei christliche Machtzentren heraus, wobei schon sehr früh der Bischof von Rom als angeblicher Nachfolger des heiligen Petrus, der in Rom den Märtyrertod gestorben sein soll, die Obergewalt über die ganze Christenheit beanspruchte. Dagegen verschmolz in Byzanz die christliche Kirche aufs Engste mit dem Kaisertum. Damit begannen die Rivalitäten und Spannungen zwischen der römischen Kirche des Westens und der byzantinischen Kirche des Ostens.

Mit der einsetzenden Völkerwanderung, bei der die germanischen Stämme nach Süden drängten und schließlich auch Rom eroberten (476 n. Chr.), hatte das Christentum dort zuerst einmal einen schweren Stand. Doch gerade in den Wirren der Zeiten bewies es seine große geistige Anziehungskraft. Die Germanenstämme haben nach der Eroberung christlicher Gebiete weitgehend das Christentum angenommen, so die Ost- und die Westgoten, ebenso die Vandalen und Sueven. Auf religiösem Gebiet hatten die germanischen Völker dem Christentum auch nichts starkes Eigenes entgegenzusetzen. Die Götterwelt der Germanen war längst vom Verfall gezeichnet; der heidnische Glaube, aus Urzeiten überliefert, konnte die religiösen Bedürfnisse der Menschen nicht mehr befriedigen. Mit der Taufe des fränkischen Königs Chlodwig I. in Reims (498/499 n. Chr.) begann die schnelle Christianisierung weiterer germanischer Stämme Zentraleuropas.

Das Kaiserreich von Byzanz war vom Sturm der Völkerwanderung weit weniger getroffen worden als der Westen; es konnte so sein Staatskirchentum weiter ausbauen und festigen. Schließlich wurde dem Bischof von Byzanz vom Kaiser der Titel eines Patriarchen verliehen. Dieser sollte seinem Rang nach dem Bischof in Rom gleichgestellt sein. Byzanz erlebte daraufhin seine Blütezeit, die sich wohl am beeindruckendsten im Bau der Hagia Sophia ausdrückt. In nur fünf Jahren, von 532 bis 537, ließ Kaiser Justinian als Inhaber der höchsten Gewalt im Staat und in der Kirche diesen gewaltigen Dombau errichten.

Rom und Byzanz entfremdeten sich in den folgenden Jahrhunderten immer stärker voneinander. Im Jahre 1054 kam es zum endgültigen Bruch zwischen lateinischer und griechischer Kirche. Mit dem Vordringen des Islams seit dem 7. Jahrhundert wurden immer größere Gebiete vom Byzantinischen Reich losgerissen und islamisiert. Das Gleiche geschah 711 mit dem größten Teil Spaniens, der von Afrika her unter islamische Herrschaft kam. Erst sieben Jahrhunderte später (1492) konnte Spanien wieder vollständig für das Christentum zurückgewonnen werden.

Das Byzantinische Reich ging endgültig mit der Eroberung Konstantinopels durch den türkischen Sultan Mehmed II. im Jahre 1453 unter, nachdem die Stadt fast hundert Jahre lang der türkischen Bedrohung widerstanden hatte. Der Fall Konstantinopels war für die griechische Kirche ein furchtbarer Schlag. Da die Christen aber unter der islamischen Herrschaft einen gewissen Schutz durch die Regierung genossen, konnten sie ihre Religion in beschränktem Umfang weiter ausüben.

Fortan gewann das russische Reich eine immer größere Bedeutung für das griechisch-orthodoxe Christentum des Ostens, nachdem sich der russische Großfürst Wladimir von Kiew um das Jahr 988 nach dessen Ritus hatte taufen lassen. Nachdem Russland sich von der mongolischen Herrschaft befreit hatte und eine starke Monarchie ausbilden konnte, verstanden sich die russischen Zaren als Beschützer des griechisch-orthodoxen Glaubens, dessen Zentrum nun Moskau war.

Das christliche Mönchstum

Das Christentum hatte nicht nur die Spaltung in die römisch-katholische und griechisch-orthodoxe Kirche zu verkraften. Sehr früh schon hatte sich in einem christlichen Mönchstum eine Richtung herausgebildet, die sich dem Einfluss der Kirche weitgehend entzog. Ursprungsland der christlichen mönchischen Bewegung war Ägypten. Bereits in den judenchristlichen Gemeinden der Frühzeit gab es eine starke Tendenz zum »einfachen Leben« in der Abgeschiedenheit. Darin sind sich aber alle Religionen gleich: Die Hinwendung zu Gott oder den Göttern geht meist einher mit der Abkehr von der irdischen Welt. Auch für die meisten Religionsstifter führte der Weg zur göttlichen Wahrheit über die Einsamkeit. Jesus, so berichten die Evangelien, lebte eine Zeit lang in der Wüste.

Die Wüste ist der ideale Ort für die Einsiedelei, weil sie menschenleer ist. Nichts und niemand lenkt einen von der Gottsuche ab. Die religiöse Einsiedelei hat ja in der Tat etwas von einer Selbstverwüstung. Diese wird Askese genannt. Den Begriff »Askese« – eigentlich »Aszese« – hat das Christentum, wie so viele andere, aus der griechischen Antike übernommen. Er meint ursprünglich die Schulung des erkennenden Geistes und Willens mit dem Ziel, Seele und Geist leidenschaftslos zu machen – ein Ziel, das wir ja schon in den Religionen des Ostens kennen lernten. Doch erst das Christentum legt die Betonung auf das Sich-frei-Machen von allen körperlichen Begierden und Trieben bis hin zu einer regelrechten Abtötung des Körpers durch Selbstkasteiung. Der eigene Körper soll, wie gesagt, zur Wüste werden.

Der Ägypter Antonius gilt als Urtyp des christlichen Einsiedlers, obwohl er gewiss nicht der Begründer dieser Bewegung war. Zu seiner Zeit, also etwa von 250 bis 350 n. Chr., lebten in den ägyptischen Wüstengebieten bereits zehntausende von Eremiten. Es heißt, die Zahl der asketischen Wüstenbewohner sei damals ebenso hoch gewesen wie die der städtischen Bevölkerung. Man nannte sie Wüstenväter oder Altväter, wobei man nicht übersehen darf, dass auch sehr viele Frauen dieser asketischen Glaubensrichtung angehörten. Mindestens so berühmt und verehrt wie Antonius war zum Beispiel Maria von Ägypten.

Der Ursprung dieser Bewegung geht auf das Evangelium zurück. Dort wird von Frauen und Männern berichtet, die ihre Heimat, ihre Familien und ihren Beruf verließen und Jesus nachfolgten, das heißt in Armut, Ehelosigkeit und Gehorsam lebten. Als Hauptmotive der mönchischen Frömmigkeit sind zu nennen: die Erwartung des Weltendes, der Versuch, »engelgleich« in Christus zu leben, Gott direkt zu schauen und den Kampf gegen die bösen Dämonen aufzunehmen, die den Menschen ständig in Versuchung führen.

Von Ägypten aus breitete sich das Mönchstum über die ganze christliche Welt aus. Lebten die Mönche und Nonnen zuerst meist allein, so schlossen sie sich im 4. Jahrhundert zu Gemeinschaften zusammen, bauten Klöster und lebten nach zumeist sehr strengen Regeln. Von ägyptischen Mönchen war das Christentum nach Irland, Schottland und Wales gebracht worden, wo sich eine eigenständige keltisch-griechische Mönchskirche bildete, die eine beeindruckende missionarische Tätigkeit in England und auch auf dem europäischen Festland entfaltete. Dabei geriet sie jedoch mit dem lateinisch-bischöflichen, an Rom orientierten Christentum in Konflikt und unterlag diesem am Ende.

Im Jahre 529 erhielt das christliche Mönchstum dank Benedikt von Nursia im Kloster Monte Cassino bei Neapel einen geistigen Mittelpunkt, der ins ganze Abendland ausstrahlte und vorbildlich wurde. Die Benediktinerregel wurde für später entstandene Orden im lateinischen Westen maßgebend. Sie fordert unter anderem das Verbleiben im Heimatkloster, die Abkehr vom weltlichen Leben, das Streben nach Vollkommenheit und Gehorsam gegenüber dem Abt oder der Äbtissin.

Eine besondere Bedeutung erlangte das Mönchstum zur ersten Jahrtausendwende, als die Christenheit wegen des Datums das Weltende kommen sah. Die Klöster konnten sich des Zulaufs der verstörten Menschen kaum noch erwehren.

Die Klöster waren auch jene Orte, an denen sich die christliche Mystik verwirklichte, also jene geheimnisvolle, gnadenhafte Liebesgemeinschaft des vollkommenen Christen mit Gott in Gestalt Jesu Christi. Unter christlicher Mystik versteht man keine körperlichen oder psychischen Techniken zur Erlangung höherer Erkenntnisse, sondern vielmehr eine unmittelbare ekstatische Erfahrung der Gegenwart Gottes, die ohne eigenes Bemühen gewonnen wird, gewissermaßen als ein göttliches Gnadengeschenk über einen kommt.

Ganz anders als in der jüdischen Mystik, die ausschließlich Männersache war, taten sich in der christlichen Mystik vor allem Frauen hervor. Das hat natürlich damit zu tun, dass der christliche Glaube so stark auf Jesus Christus zentriert ist und Jesus sich gerade für Frauen als Objekt mystischer Liebe eignet. Die klassische Zeugin dafür ist Teresa von Avila, die mit einer außergewöhnlich scharfen Beobachtungsgabe die einzelnen Stufen ihrer mystischen Erfahrungen bis hin zur Ohnmacht beschrieben hat.

Als erster christlicher Mystiker muss freilich Paulus gelten, der von seinem Damaskus-Erlebnis sagt, er habe »unaussprechliche Worte« vernommen und dieses »Übermaß von Offenbarungen« sei verbunden gewesen mit einem Entrücktsein »bis in den dritten Himmel«, »in das Paradies«; er wisse selbst nicht mehr, ob er damals »im Leibe oder außer dem Leibe« gewesen sei. Schon am Beispiel des Paulus kann man ersehen, dass Mystik im Christentum nichts Außergewöhnliches ist, nichts, was sich allein in der Abgeschiedenheit der Klöster als eine Art religiöser Geistesstörung entwickelt hat.

Die christliche Mystik ist notwendigerweise eine Christusmystik. Jedes mystische Gotteserlebnis bedarf im Christentum der Vermittlung durch Christus. An ihm vorbei führt kein Weg zu Gott. Dennoch gibt es verschiedene mystische Wege. Bernhard von Clairvaux (1091–1153) zum Beispiel, der Begründer des Zisterzienser-Ordens, pflegte eine ausgesprochene Jesus-Mystik, die einherging mit einer leidenschaftlichen Marienverehrung. Nonnen wie die Benediktinerin Hildegard von Bingen (1098–1179) oder die Zisterzienserin Mechthild von Magdeburg (ca. 1210–1282) schufen eine so genannte Brautmystik, in der sich die Nonne selbst als Braut Christi versteht. Sie trägt einen Ehering, der die Ehe mit Christus symbolisiert. Franz von Assisi (ca. 1181–1226), Begründer des »Ordens der Minderen Brüder«, eines Bettelordens, pflegte eine Passionsmystik, in der Christus als Leidender erfahren wird.

Die Mystik – wie das Mönchstum schlechthin – war der Kirche nicht immer genehm; sie sah darin auch eine Gefährdung ihres Alleinanspruchs auf theologische Wahrheit. So kam es immer wieder zu grausamen Verfolgungen von Orden durch die katholische Kirche. Drastischstes Beispiel war die blutige Verfolgung der Katharer, die nach Umfang und Einfluss wohl bedeutendste religiöse Bewegung des Mittelalters. Vom Wort »Katharer«, das »die Reinen« bedeutet, leitet sich das Wort »Ketzer« ab. Dieses wurde seit dem 13. Jahrhundert für alle jene verwendet, die von der römischen Kirchenlehre abwichen und deshalb als Irrgläubige angesehen wurden. Freilich stellten die Katharer keinen Orden im strengen Sinne dar, sondern eine radikale christliche Glaubensrichtung, die sich im 12. und 13. Jahrhundert vor allem in Südfrankreich (dort Albigenser genannt) und Oberitalien (dort Patarener genannt) ausbreitete. Die Katharer waren offen gegen die römische Kirche eingestellt, lehnten die Ehe ab, ebenso die Verehrung von Heiligenbildern und Reliquien und nicht zuletzt den Kriegsdienst. Sie wurden in einem zwanzig Jahre dauernden Krieg von päpstlichen Heeren auf grausame Weise ausgelöscht.

Die Verweltlichung der katholischen Kirche

Typisch für die katholische Kirche war von Anfang an ihre extreme Angst vor der Freiheit des Geistes. Das hatte natürlich damit zu tun, dass durch das Neue Testament ein mitreißender starker Geist der religiösen Freiheit weht. Deshalb kann man getrost behaupten, dass die mittelalterliche Kirche letztlich vor der eigenen Frohen Botschaft Angst hatte. Jesus ging es ja gerade nicht um religiöse Einrichtungen und deren Erlasse, sondern allein um die Wahrhaftigkeit des Glaubens in jedem Einzelnen. Schon gar nicht ging es ihm um weltliche Macht. Der freie, ja geradezu revolutionäre Geist, der durch das Neue Testament weht, muss einer Kirche Angst einflößen, die die Christlichkeit ihrer Mitglieder in starre Regeln pressen möchte. Solche hatte Jesus, bezogen auf das Judentum, mit Entschiedenheit verworfen. Von der christlichen Grundidee her, wie sie in den Worten Jesu deutlich wird, war das Christentum eine Religion der Liebe, des Friedens und der Freiheit des Einzelnen vor Gott. Es muss doch sehr befremden, dass diese Religion der Liebe und des Friedens so viel Hass, Unfrieden und Unfreiheit in die Welt gebracht hat. Das lag aber nicht an der religiösen Lehre, sondern an ihrer Verfälschung durch die herrschende Kirche.

Seit das Christentum Staatsreligion im Römischen Reich war, also seit Kaiser Theodosius I., wurde darauf geachtet, Glaubensabweichler aufzuspüren und zu bestrafen. Die Glaubensgerichte der Inquisition (zu Deutsch: »Untersuchung«) wurden 1232 durch Papst Gregor IX. eingerichtet und dem Orden der Dominikaner zur Leitung übertragen. Das Wort »Dominikaner« bedeutet in wörtlicher Übersetzung »Hunde des Herrn«. Ihren grausamen Höhepunkt erreichte die Inquisition in Spanien, wo zwischen 1481 und 1808 rund 30 000 Menschen als Ketzer verbrannt und 270 000 zu Kerkerhaft und Vermögensentzug verurteilt wurden. Das Inquisitionsverfahren gestattete die Anwendung der Folter, von der ausgiebig Gebrauch gemacht wurde. Der Feuertod war im theologischen Verständnis der Inquisition ein Akt der Rettung der sonst zur ewigen Verdammnis verurteilten Seele des

Ketzers. Die katholische Theologie war damit zum Schreckensinstrument verkommen – alles im Namen Christi.

Noch verkommener als die Theologie war im späten Mittelalter die Kirche. Sie war total verweltlicht, moralisch und sittlich auf dem Tiefpunkt. Gleichzeitig erreichte sie machtpolitisch ihren höchsten Einfluss in Europa. Zwar versuchte die katholische Kirche im 14. und 15. Jahrhundert durch innerkirchliche Reformen ihre Verweltlichung zu überwinden, doch diese Versuche scheiterten kläglich. Aus eigener Kraft konnte die Kirche ihre Missstände nicht beseitigen. Diese lagen, neben der schon erwähnten Verweltlichung des Papsttums, vor allem in der Vernachlässigung des geistlichen Amts, der mangelnden theologischen Bildung der Priester und einer vollkommen spitzfindigen und haarspalterischen Theologie, die sich immer weiter von der Bibel entfernt hatte. Hinzu kam noch die völlige Verwahrlosung des kirchlichen Finanzgebarens, vor allem der so genannte Ablasshandel, bei dem die Gläubigen sich durch Geldzahlung von ihren Sünden loskaufen konnten.

Luther und die Reform des Christentums

Gegen diese Missstände erhob der Augustinermönch Martin Luther (1483–1546) mutig sein Wort. Luther war freilich nicht der Erste, der gegen die Verkommenheit der katholischen Kirche zu Felde zog. Ein Jahrhundert vor Luther war dafür der tschechische Reformer Jan Hus (ca. 1370–1415) auf dem Scheiterhaufen verbrannt worden. Auch Erasmus von Rotterdam (1466–1536), der »Fürst der Humanisten«, hatte das mittelalterliche Denken der Kirche angegriffen. Die Entgeistigung der Glaubenswirklichkeit, ihre Vermarktung und Mechanisierung waren vielen, auch im einfachen Volk, zuwider. Unterschwellig herrschte eine große Unzufriedenheit, ein allgemeines Verlangen nach einer »Reformation an Haupt und Gliedern«.

Dennoch ist verblüffend, mit welcher Geduld die Gläubigen den moralischen Verfall ihrer Kirche hinnahmen. Doch schließlich bedurfte es nur noch eines einzigen Anstoßes. Es musste jemand aufstehen und der Unzufriedenheit die rechte Sprache, eben die Sprache des Volkes, verleihen. Luther war dieser Mann. Es ist von daher nicht unbedeutend, dass Luther selbst ein Mann aus dem Volk war, geprägt von der einfachen Lebensführung einer Bergmanns-Familie. Die Radikalität, Beharrlichkeit und Strenge seiner Lebensauffassung lag Luther im Blut. Sein ganzes Lebenswerk ist davon geprägt.

Im Erlebnis eines schweren Gewitters, bei dem ein Blitz – für ihn ein von Gott gesandter – dicht neben ihm einschlägt, gelobt Luther, ein Mönch zu werden. Und das zu einer Zeit, da auch das Mönchstum ziemlich heruntergekommen, ja fast schon zum Inbegriff von Faulheit und Beschränktheit geworden war. Natürlich kommt ein solches Gelöbnis nicht wie ein Blitz über einen; auch bei Luther war es der Abschluss eines langen inneren Ringens. Luther litt sehr unter einem starken Hang zur Traurigkeit – heute würde man von Depression sprechen. Diese rührte vor allem von einer typisch mittelalterlichen Angst um die Sündhaftigkeit des Lebens her. In seiner Entscheidung für das Klosterleben zeigt sich schon Luthers tiefer Ernst des Gewissens. Dieser Ernst machte es ihm unmöglich, Kompromisse einzugehen.

Im Jahre 1505 trat Luther in das Schwarze Kloster der Augustiner-Eremiten in Erfurt ein. Von außen betrachtet war Luther ein »erfolgreicher« Mönch. Bruchlos ging er seinen Weg vom Ablegen des Gelübdes über Priesterweihe, Theologiestudium und Dozententätigkeit bis hin zum Generalvikar und dem Professorenamt für Theologie an der Universität zu Wittenberg. Innerlich aber hatte Luther einen Weg voller Anfechtungen und Glaubenszweifel zu gehen. Er verschärfte die Askese immer mehr, doch dieses Mittel brachte – ganz ähnlich wie bei Buddha – keine Lösung der seelischen Konflikte. Schließlich erreichte seine Verzweiflung jenen kritischen Punkt, an dem er fürchten musste, zu jenen Menschen zu gehören, die von Gott nicht zum Heil berufen sind.

Endlich, nach jahrelangen inneren Kämpfen, wurde ihm die erlösende Gewissheit zuteil. Er hat sie im Vorwort zum ersten Band seiner »Gesammelten Lateinischen Werke« in folgende Worte gefasst: »Bis Gott sich erbarmte, und ich, der ich Tag und Nacht gedacht hatte, den Zusammenhang der Worte begriff, nämlich: Gerechtigkeit Gottes wird offenbart in dem, was geschrieben steht: Der Gerechte wird aus Glauben leben.« Das sind die zentralen Worte der Reformation.

Die Gerechtigkeit des Menschen ist also keine eigene Leistung, sondern eine Gnade Gottes, der seinen Sohn für die Menschheit am Kreuz geopfert hat, um sie von der Sünde zu erlösen. Luther kehrt damit zum Ursprung des christlichen Glaubens zurück. Die Stunde dieser Erkenntnis wird als »Turmerlebnis« bezeichnet, weil sie sich vermutlich im Turm des Schwarzen Klosters zu Wittenberg zugetragen hat. Das muss wohl im Winter 1512/13 gewesen sein.

Diese Erkenntnis – dass wahrhaftiger Glaube den Menschen gerecht macht – markiert den grundsätzlichen geistigen Durchbruch zur Reformation. Sie bedeutet zunächst einmal nichts Geringeres als die Umwandlung des christlichen theologischen Weltbilds. Daraus erwuchs jedoch sehr schnell die Umwandlung einer ganzen europäischen Epoche, die Geburt einer neuen Zeit.

Am 31. Oktober 1517 schlug Luther seine berühmten 95 Thesen an die Pforten der Schlosskirche zu Wittenberg. Sie wirkten wie Funken in einer ausgedörrten geistigen Landschaft. Die Thesen verbreiteten sich wie ein Lauffeuer im ganzen Land und fanden einen gewaltigen Widerhall in der Bevölkerung. Dabei richtete sich Luthers Kritik gar nicht gegen den katholischen Glauben als solchen, sondern gegen die beschriebenen Missstände in der Kirche.

Luther wandte sich vor allem gegen den Anspruch der Kirche, die berufene Mittlerin zwischen Gott und dem Menschen zu sein. Dagegen war Luther der Meinung, dass die Seele des Einzelnen Gott unmittelbar gegenüberstehe. Die Seele sei durch keine irdische Einrichtung gebunden. Von dem drückenden Gefühl der Sündhaftigkeit könne der Einzelne nicht durch die Beichte bei einem Priester oder durch gute Werke befreit werden, sondern allein durch Gott selbst. Ihm müsse sich der Mensch in freier Selbstverantwortung zuwenden.

Einerseits suchte die Reformation also den Grundsatz der persönlichen Gewissensfreiheit zu verwirklichen, andererseits hielt sie an der unbedingten Wahrheit der Heiligen Schrift fest. Ja, Luther sprach der Bibel eine noch größere Bedeutung zu, als sie bis dahin bei den Katholiken gehabt hatte. Für Luther war die Bibel das einzige, allgemein zugängliche Hilfsmittel zum Erkennen der offenbarten Wahrheit. Deshalb hat er sie ja auch ins Deutsche übersetzt und damit dem Volk zugänglich gemacht, zumindest jenem Teil, der des Lesens mächtig war. Die Verbreitung der Bibel in breiten Bevölkerungskreisen setzte freilich die Buchdruckerkunst voraus, die Johannes Gutenberg in der Tat ein halbes Jahrhundert vor Luthers Reformation erfunden hatte. Ohne den Buchdruck hätte es vielleicht gar keine Reformation gegeben.

Mit seinen 95 Thesen brachte der Reformator eine religiöse Welle ins Rollen, die letztlich die gesamte Heilslehre der Kirche in ihrem Kern treffen musste. Aus dem Bemühen, die katholische Kirche zu erneuern und von ihren Missständen zu befreien, gestaltete sich im Lauf der Zeit eine eigenständige Kirche. Diese hatte durchaus nicht das Ziel, die Glaubenseinheit des christlichen Abendlands zu zerstören; sie war beim besten Willen nicht mehr aufrechtzuerhalten. Der Bruch wird in Luthers »Schmalkaldischen Artikeln« von 1537 besiegelt. Man kann sie als sein theologisches und kirchliches Testament bezeichnen. Sie sind die zentrale Bekenntnisschrift der lutherischen Kirche. Darin werden in scharfer Form die Unterschiede zur römischen Kirche dargelegt.

Als die deutschen Landesfürsten im Augsburger Religionsfrieden von 1555 das Recht der freien Wahl der Konfession erhielten, war die Kirchenspaltung in Deutschland besiegelt. Die katholische Kirche blieb freilich nicht untätig, zumal da sich im 16. Jahrhundert die Reformation rasch in ganz Europa ausbreitete. Die katholische Kirche leitete nun ihrerseits eine eigene Kirchenreform ein. Gleichzeitig versuchte sie, die eingetretene Entwicklung in einer Art Gegenreformation wieder umzukehren, was in Teilen Deutschlands und Europas auch gelang. Der Streit der beiden Kirchen führte in den Dreißigjährigen Krieg (1618–1648), der unvorstellbares Leid über die Bevölkerung der deutschen Lande brachte.

Als geistige Kraft der Gegenreformation taten sich vor allem die Jesuiten hervor, die »Gesellschaft Jesu« (lateinisch: Societas Jesu, abgekürzt SJ), ein katholischer Orden, der im Jahre 1539 von dem Basken Ignatius von Loyola (1491–1556) gegründet wurde.

Was Katholizismus und Protestantismus unterscheidet

Während nach reformierter, also protestantischer Auffassung jeder Gläubige selbst Gott gegenüber verantwortlich ist und ihm als Glaubensquelle allein die Heilige Schrift zur Verfügung steht, stellt die katholische Kirche neben die Bibel auch noch die Überlieferung als gleichwertige Glaubensquelle. Im Verständnis des katholischen Glaubens hat Gott sich immer wieder in heiligen Männern und Frauen geoffenbart, seien es nun Päpste, Kirchenväter, Kirchenlehrer, Mönche, Nonnen und Kirchenschriftsteller gewesen. Sie alle haben die Heilige Schrift auf bindende Weise ergänzt. Das allein reicht aber nach katholischem Verständnis nicht aus, um dem Einzelnen Glaubenssicherheit zu geben. Weder die Heilige Schrift noch die Überlieferungen können die alleinige Richtschnur des christlichen Glaubens sein.

Großen Wert legt die katholische Kirche auf Kult und Ritus. Auch sucht sie mit farbenprächtigen, ausdrucksstarken Bildern die religiöse Fantasie ihrer Gläubigen anzuregen. Eine bedeutende Rolle spielt auch die Verehrung der Heiligen, unter denen der Mutter Gottes der höchste Rang zukommt. Im Marienkult tritt Maria als echte Göttin in Erscheinung. In ihr verkörpert sich die weibliche Seite der göttlichen Liebe.

Der Protestantismus hingegen beschränkt sich darauf, durch Predigt und Kirchenlieder zum Gläubigen zu sprechen; er lehnt den Heiligenkult ab, ebenso das Mönchstum. Luther hatte im Jahre 1525 Katharina von Bora geheiratet, womit er für sich selbst das mittelalterliche Mönchstum überwunden hat. Das Ja zur Ehe war für ihn ein Ja zu einem Stand, den er oftmals als einen göttlichen gepriesen hat. Ein heiliges Sakrament, so Luthers Argument, könne nicht im Widerpruch stehen zu einem Leben in Gott.

Der augenfälligste Unterschied zwischen Katholizismus und Protestantismus liegt in der außerordentlichen Vereinfachung und Verarmung der religiösen Ausdrucksformen bei den Protestanten, während den Katholiken in dieser Hinsicht eine große Mannigfaltigkeit geboten wird, ein wahrer Kultzauber. Es muss von daher auch gar nicht verwundern, dass sich der Protestantismus im südlichen Europa nicht durchsetzen konnte. Dafür waren die Menschen des Südens wohl zu sinnenfroh und zu weltoffen. Die radikale Vereinfachung und Verarmung des Religiösen, die Verdrängung des religiösen Gefühls durch religiöse Vernunft, dieses Nüchterne und Strenge, das den Protestantismus auszeichnet, passt nicht zur Seelenlage des südlichen Menschen. Der Protestantismus ist so die Religion des Nordens geblieben.

Auch innerhalb des Christentums sind also die Wege zu Gott vielfältig. Drei große Kirchen haben sich in ihm herausgebildet, die römisch-katholische, die griechisch-orthodoxe und die protestantische. Das eine und geeinte Christentum gibt es also nicht. Religion scheint ganz allgemein ein Bereich des menschlichen Geistes zu sein, der zur Zersplitterung neigt. Das ist auch nicht verwunderlich, denn hinter aller Religiosität steht das Bemühen des Einzelnen um persönliches Seelenheil. Im Grunde gibt es so viele Religionen, wie es Gläubige gibt.

Dennoch – zwischen den großen christlichen Kirchen gibt es mehr Einendes als Trennendes. Nur religiöse Starrköpfigkeit will das nicht wahrhaben. Gemeinsames Fundament für alle drei Kirchen, ja für alle Christen, ist die Idee eines dreieinigen Gottes – wohl der Hauptunterschied zu allen anderen Religionen. Im Gott der Christen sind drei Personen vereint: Vater, Sohn und Heiliger Geist. Unter »Person« wird dabei eine Wesenheit verstanden, die für sich gesondert existiert und Herr ihrer Handlungen ist. Vater, Sohn und Heiliger Geist haben zwar ein und dieselbe göttliche Natur, sind aber in anderer Hinsicht voneinander verschieden und selbstbestimmt tätig. Leider hat diese Idee ständig zu verwirrenden theologischen Streitereien geführt und es dem Gläubigen erschwert, sich ein Bild von seinem Gott zu machen.

Der dreifaltige Gott ist der Schöpfer der Welt. Die Welt ist durch einen Willensakt Gottes aus dem Nichts entstanden. Die Welt ist in der Zeit erschaffen worden. Vor der Erschaffung der Welt existierte Gott außerhalb von Zeit und Raum. Gott aber hat die Welt nicht nur erschaffen, sondern er erhält sie auch. Er regiert sie, indem er sie mit seiner unergründlichen Weisheit und Macht einem letzten Ziel zuführt. Das Böse in der Welt und die ungerechte Verteilung von Glück und Unglück unter die schlechten und guten Menschen wird so gedeutet, dass auch das größte Unglück und die furchtbarste Sünde zur Ursache von etwas Gutem und Heilvollem werden kann und so die Menschheit letztlich weiterbringt. Umgekehrt kann aus Gutem auch Schlechtes entstehen. Die Vergeltung des Guten durch Gott findet ohnehin nicht in dieser Welt statt, sondern im Jenseits. Denn nur die Gerechten gehen ins ewige Leben ein. Gottes Wege sind nicht die des Menschen, weshalb er auch manchen Tugendhaften im Unglück leben lässt. Wäre es anders, so hätte man es mit einem äußerst durchsichtigen Gott zu tun.

Dass das Böse vom Teufel in die Welt gesetzt wird, gehört in unserer Zeit nicht mehr zum allgemeinen Glaubensgut aller christlichen Kirchen. Viele frei denkende protestantische Theologen lehnen den Glauben an einen Satan ab. Im Teufelsglauben berührt das Christentum zweifellos das heikle Gebiet des Aberglaubens, der vor allem im Mittelalter durch die Hexenverfolgungen verheerend gewirkt hat. Selbst bei Luther will es die Legende, dass er ein Tintenfass nach dem Teufel geworfen haben soll, als dieser ihn versuchen wollte.

Was Katholiken und Protestanten vor allem voneinander trennt, sind die unterschiedlichen Auffassungen vom Wesen des Glaubens. Einig sind sich alle christlichen Kirchen darin, dass der Glaube an Jesus Christus die Voraussetzung für die Heilsfindung des Menschen ist. Als Christ hat man auch zu glauben, dass in Jesus Gott selbst Mensch geworden ist. Mit diesem Ereignis ist ein Weltprozess in Gang gekommen, an dessen Ende die ewige Seligkeit aller Völker stehen wird. »Wer da glaubt und getauft wird, der wird selig werden, wer aber nicht glaubt, der wird verdammt werden«, heißt es im Markus-Evangelium. Darin drückt sich natürlich auch eine gewisse Feindseligkeit gegenüber Andersgläubigen aus, und diese Feindseligkeit hat das Christentum zeitweise brutal ausgelebt. »Wer nicht in der Lehre Christi bleibt, der hat keinen Gott. (...) So jemand zu euch kommt und bringt diese Lehre nicht, den nehmet nicht ins Haus und grüßt ihn auch nicht. Denn wer ihn grüßt, der macht sich teilhaftig seiner bösen Werke«, liest man im 2. Brief des Johannes. Dieser rigorose Anspruch wird heute nur noch von der katholischen Kirche erhoben. Sie hält sich für die einzig wahre, von Christus gestiftete, von den Aposteln eingesetzte Kirche, die bis ans Ende aller Tage bestehen wird und allein selig machend ist. Damit wird nichts anderes gesagt, als dass Andersgläubige Ungläubige sind.

Dagegen verstehen die Protestanten unter Kirche keine sichtbare Organisation, die geschichtlich gewachsen ist, sondern die Gesamtheit der an Christus Glaubenden – eine unsichtbare Kirche, wenn man so will. In dieser Kirche kann letztlich jeder das Priesteramt ausüben, wenn er denn wahrhaft gläubig ist. Dagegen trennt die katholische Kirche streng zwischen Priester und Laien, wobei der Priester selbstverständlich über dem Laien steht. Ihm sind ja durch die Priesterweihe Fähigkeiten verliehen worden, die der Laie nicht hat: Verwandlung von Brot und Wein in den Leib und das Blut Christi, Lossprechen von Sünden.

Im Bekenntnis zum christlichen Glauben schafft der Mensch die Grundvoraussetzung für sein Seelenheil. Dieses Bekenntnis beinhaltet in der römischen und griechischen Kirche auch, dass der Gläubige fraglos alles für wahr hält, was die Kirche lehrt. Die Kirche, in der Person des Papstes oder des Patriarchen, hat immer Recht. Darüber hinaus stellt der Christ seinen Glauben auch praktisch unter Beweis, nämlich durch gute Werke: Erfüllung der sittlichen Pflichten, wie sie in den Zehn Geboten dargelegt sind, Ausführen verdienstvoller Handlungen wie Almosengeben, Beten, Fasten, Wallfahren.

Im Protestantismus erfährt dieser Glaubensbegriff, der der jüdischen Tradition entspringt, noch eine Erweiterung: Glauben bedeutet nicht nur das Annehmen bestimmter Lehren, sondern schließt das absolute Vertrauen in die Sünden vergebende Gnade Gottes mit ein. Der Glaube ist also letztlich kein Verdienst des Menschen, sondern eine Wirkung des Heiligen Geistes. Wer glaubt, hat das allein Gott zu verdanken. Gott entfacht den Glauben an Gott; es ist ein Gnadenbeweis Gottes. Demnach ist der Mensch von Natur aus gar nicht fähig, Gutes zu tun. Dafür bedarf es der göttlichen Gnade. Der Mensch ist dabei völlig passiv. Er muss nur eines tun: die von Gott angebotene Gnade annehmen.

Dagegen sagt die katholische Theologie, dass die Gnade Gottes zwar eine Voraussetzung für das menschliche Heil ist, aber der Mensch trotzdem am Heilsprozess mitwirken muss, soweit ihm das seine beschränkten Kräfte ermöglichen.

Unterschiedliche Auffassungen finden sich in den christlichen Kirchen auch bezüglich der heiligen Sakramente. Die römische und die griechische Kirche kennen sieben heilige Sakramente, das heißt Gnadenmittel, die mit sichtbaren Zeichen die unsichtbare Gnade Gottes verleihen: Taufe, Firmung, Abendmahl, Buße, Letzte Ölung, Priesterweihe und Ehe. Die protestantische Kirche lässt davon nur zwei gelten: Taufe und Abendmahl. Luther selbst hatte auch noch die Buße dazugezählt.

Das wichtigste Sakrament aller christlichen Kirchen ist das Abendmahl, von den Katholiken auch Eucharistie (gute Gabe) genannt. Es wurde von Jesus selbst am Vorabend seines Leidens im Beisein seiner Jünger eingesetzt. Wie wir weiter oben schon feststellten: Im Abendmahl ist nach katholischem Verständnis der Leib Christi in Brot und Wein tatsächlich gegenwärtig; es handelt sich also nicht nur um eine symbolische Kulthandlung, sondern um eine wirkliche Verwandlung, wobei jeder Gläubige in der Hostie den ganzen Christus empfängt, nicht nur einen Teil von ihm.

Je komplizierter eine religiöse Lehre ist, umso wahrscheinlicher ist es, dass es Abweichungen in ihrer Deutung gibt. Typisch für das Christentum sind die endlosen Glaubenskämpfe in seiner langen Geschichte, wobei die Gegnerschaft oft nur aus kleinen Randproblemen erwuchs. Im Christentum gab es von Anbeginn einen starken Hang zur Intoleranz und zum Zwang, alles bis ins Letzte festlegen zu wollen. Dahinter steckt die Angst vor der geistigen Freiheit des Gläubigen. Das hatte zur Folge, dass sich viele Christen diesem Zwang widersetzten und ihren eigenen christlichen Heilsweg suchten. So kam es, dass gerade im Christentum die Zahl der Sekten unübersehbar geworden ist, wobei die drei großen Kirchen natürlich versuchten, sie sich wieder einzuverleiben oder sie wenigstens durch Zugeständnisse unter ihren Einfluss zu bekommen. Diese unglaubliche Vielfalt von Erscheinungsformen innerhalb des Christentums macht es auch so schwierig, eine feste allgemeingültige Definition dieser Religion zu geben. Es bleibt am Ende nur das Gemeinsame der Menschwerdung Gottes in Jesus, sein Erlösungstod am Kreuz und seine wunderbare Auferstehung und Himmelfahrt. Gemeinsam besitzen alle Christen die Rituale der Taufe und des Abendmahls und nicht zuletzt den festen Glauben an die göttliche Wahrheit des Bibelworts.

SECHSTES KAPITEL

Der Islam

Das Symbol des Islams stellt das in arabischer Schrift geschriebene Glaubensbekenntnis der Muslime dar: »Es gibt keinen Gott außer Allah und Mohammed ist sein Prophet.« Oft werden auch Halbmond und Stern als Symbol des Islams betrachtet, was aber nicht der Wahrheit entspricht. Der Halbmond mit Stern ist ein relativ junges türkisches Sinnbild, das erst im Lauf der Zeit zu einem Symbol des Islams wurde.

Wer einmal in einer Moschee verweilen und die Gläubigen beim Gebet erleben durfte, wird davon eine starke Erinnerung bewahren, vor allem, wenn er bis dahin zum Islam keine besondere Neigung verspürte. Eine große Wohltat geht von dieser Art des Gebets aus, etwas Beruhigendes, Festes, Unerschütterliches. Muslime beten nicht nur mit Worten, sondern mit dem ganzen Körper. Man spürt eine echte, tiefe Versenkung in die Zwiesprache mit Gott, den die Muslime Allah nennen. (Übrigens sprechen auch christliche Araber von Allah.) Diese Hingabe, die man durchaus mit dem altertümlichen Wort »Inbrunst« bezeichnen kann, wird man in einem christlichen Gottesdienst heutiger Zeit vergeblich suchen.

Der Muslim betet auf dem Boden, auf den kleinen Teppichen, die dort liegen, worin seine vollkommene Unterwerfung gegenüber dem Allmächtigen sichtbar wird, seine absolute und bedingungslose Hingabe an Allah und Ergebung in Allahs Willen. Und genau das bedeutet das Wort »Islam«: Ergebung. Es leitet sich von der Wurzel »Salama« ab, was »Frieden« bedeutet. Jeder Mensch, der sich Allah ganz hingibt, *ist* ein Muslim. Dieses Drücken des Kopfes auf den Boden aus knieender Haltung ist eine starke Gebärde der Demut, wie sie Gott gegenüber auch durchaus angemessen erscheint. Doch ist es eine Demut ohne jeden Hauch von Zerknirschung. Vielmehr spiegelt sich darin eine tiefe geistige Einkehr und Sammlung. Die Gebärde wirkt direkt auf das Innere, auf die Seele des Gläubigen. Allein das müsste auch für einen Christen verehrungswürdig sein, umso mehr, als der gewöhnliche Christ von heute zu solcher Versenkung nicht mehr fähig ist. Der Muslim ist mit jeder Faser seines Herzens gläubig. Der Christ ist halt irgendwie Christ. Der Muslim nimmt sein Gebet ernst, vermutlich ernster als alles andere in seinem Leben. Und das bedeutet nichts anderes, als dass der Muslim es mit Allah ernst meint. Muslim ist man entweder ganz oder gar nicht.

Das Gebet ist für den Muslim das Energiezentrum seines Glaubens. Dabei ist es letztlich unerheblich, ob er in der Gemeinschaft der Gläubigen in einer Moschee betet oder für sich allein. Auch im einsamen Gebet fühlt er die Nähe Allahs und die brüderliche Gemeinschaft aller Muslime der Welt – und das sind über 1 Milliarde Menschen!

Freilich fällt dem Christen noch etwas auf, wenn er Muslime beten sieht: Es beten stets nur die Männer – so könnte man meinen. Aber das stimmt so nicht. Auch muslimische Frauen beten, nur nicht in den Moscheen, oder genauer: nicht in den prächtigen Innenräumen der Moscheen, sondern in meist kahlen, niedrigen und etwas muffigen Betzimmern abseits der Pracht. In dieser Trennung von Mann und Frau im Gebet kommt die unterschiedliche Stellung der Geschlechter im Islam zum Ausdruck. Der öffentliche Gebetsraum der Moschee bleibt den Männern vorbehalten, wie ja überhaupt der ganze öffentliche Raum in den traditionellen islamischen Gesellschaften vom Mann beherrscht wird. Dass die Männer ohne die Frauen beten, wird auch damit begründet, dass die Anwesenheit der Frauen die Hingabe der ins Gebet versunkenen Männer stören würde.

Dass das Gebet im Islam von zentraler Bedeutung für die Glaubenspraxis ist, sieht man auch daran, dass der Muslim nicht nur dann betet, wenn ihm danach ist, sondern zu ganz bestimmten Tageszeiten – und zwar fünfmal am Tag. Damit ist das Gebet ein bestimmendes Alltagselement für jeden Muslim. Der Tagesablauf ist in Gebete eingebettet. Schon daran sieht man, dass der Islam eine strengere, das alltägliche Leben stärker prägende Religion ist als das Christentum. Ähnlich wie das Judentum ist auch der Islam eine strenge Gesetzesreligion.

Die religiösen Gesetze des Islams, die wir später noch näher kennen lernen werden, haben sich nicht die Menschen ausgedacht, sondern sie sind von Allah selbst so eingesetzt worden. Auch die mosaischen Gesetze stammen ja direkt von Jahwe. Als Vermittler und Überbringer der islamischen Gesetze – und damit als Prophet dieser neuen Religion – diente Mohammed (der Gepriesene). Er war ein Mensch von außergewöhnlichen Gaben, der um das Jahr 571 n. Chr. in Mekka als Sohn einer jungen, in Armut lebenden Witwe geboren wurde.

Bald nach Mohammeds Geburt starb seine Mutter, und so kam der Knabe in die Obhut seines Großvaters. Als Mohammed acht Jahre alt war, starb auch dieser. So kam er zu einem Onkel, bei dem er eine harte Jugend zubrachte; er musste als Hirte und Kameltreiber zum Lebensunterhalt der Familie beitragen. Die entscheidende Wende in seinem Leben begann an jenem Tag, da er in den Dienst der reichen Kaufmanns-Witwe Chadidscha trat. Für sie unternahm er weite Karawanenreisen, auf denen er auch Palästina, das Land der Propheten, kennen lernte, wo Abraham gelebt, Moses und Jesus ihre Gottesoffenbarungen erfahren hatten.

Chadidscha, eine außergewöhnliche Frau von 40 Jahren, fand zunehmend Gefallen an dem schönen und begabten jungen Mann. Von Mohammeds äußerer Erscheinung weiß die Überlieferung, dass er mittelgroß und schlank gewesen ist, mit Lockenhaar, Bart und strahlenden Augen. Er ging mit betont wiegendem Schritt einher – eine imponierende Erscheinung, deren Ausstrahlung sich niemand entziehen konnte. Schließlich schlug Chadidscha ihm vor, ihn zu heiraten. Der 15 Jahre jüngere Mohammed nahm das Heiratsangebot mit Freuden an. Die Ehe war glücklich; aus ihr gingen zwei Söhne und vier Töchter hervor. Die beiden Söhne starben sehr früh. Von den Töchtern schenkte ihm später nur Fatima Enkel.

Mohammed war durch die Heirat ein reicher Kaufmann ohne materielle Sorgen geworden. Doch um das vierzigste Lebensjahr trat bei ihm eine tief greifende geistige Wandlung ein: Die Geschäfte interessierten ihn nicht mehr, da sie ohnehin von selbst blühten. Viel mehr beschäftigten ihn religiöse Fragen. Er zog sich immer öfter in die Einsamkeit der Wüste zurück, übte sich im Fasten und Meditieren, um so zu tieferer Erkenntnis zu gelangen – ein Verhalten, das den Gewohnheiten der heidnischen Araber völlig fremd war. Eines Tages hatte er in einer Höhle des Berges Hira außerhalb Mekkas, in die er sich zurückgezogen hatte, ein visionäres Erlebnis: Während er schlief, so erzählt die Legende, erschien ihm der Erzengel Gabriel, jener Engel, der auch im Christentum für Offenbarungen zuständig ist. Er reichte Mohammed ein beschriebenes Seidentuch und forderte ihn auf, den Text vorzutragen. Da er diesem Gesuch nicht nachkam, bedrängte ihn der Engel so sehr, dass er beinahe daran erstickt wäre. Nachdem sich dies dreimal wiederholt hatte, fragte Mohammed schließlich den Engel, was er denn rezitieren solle. Da sprach Gabriel die ersten fünf Verse der 96. Sure des Korans: »Rezitiere im Namen deines Herrn, der schuf, der den Menschen schuf aus einem Blutstropfen, rezitiere bei diesem Herrn, dem Hochgeehrten, der mit dem Schreibrohr lehrte, den Menschen lehrte, was er nicht gewusst hat.« Als Mohammed erwachte, hatte er das Gefühl, es sei ein ganzes Buch in sein Herz versenkt worden. Er trat ins Freie und hörte eine Stimme vom Himmel herab sagen: »Mohammed, du bist der Gesandte Allahs und ich bin Gabriel.« Er sah eine riesige Gestalt am Horizont, die ihm mit ihren Augen überall hin folgte. Tief erschüttert kehrte er nach Hause zurück und erzählte Chadidscha von seinem Erlebnis. Sie vermutete sogleich, dass ihm eine göttliche Offenbarung zuteil geworden sei. Damit war sie der erste Mensch, der an Mohammed als Propheten Allahs geglaubt hat.

Der Einbruch des göttlichen Worts in die Welt war aufs Neue geschehen, nicht anders, als Moses und Jesus es erfahren hatten – und alle Propheten, von denen die Bibel berichtet. Am Offenbarungsprozess des Korans waren also drei Wesen beteiligt: Allah als Sender, der Erzengel Gabriel als Vermittler und der Prophet als Empfänger.

Mohammeds Seele findet von da an keinen Frieden mehr. Allahs Wort, dieses Buch in seinem Herzen, ist schwer zu ertragen. Er durchlebt eine Zeit finsterster Geistesnacht. Er zieht sich erneut in die Einsamkeit der Berge zurück, aber eigentlich flieht er nur vor der Welt und vor sich selbst. Doch es geschehen keine weiteren Offenbarungen. Mohammed ist nahe daran, aus Verzweiflung seinem Leben ein Ende zu machen. Allein Chadidscha hält ihn davon ab, indem sie ihm Trost und Mut zuspricht.

Endlich spricht der Erzengel Gabriel ein zweites Mal zu ihm. Mohammed erhält den göttlichen Auftrag, den Inhalt seiner Offenbarung in der Welt zu verbreiten. Doch vorerst bleibt seine göttliche Sendung das Geheimnis weniger Eingeweihter.

Worin bestand eigentlich Mohammeds Sendung? Wer das wissen will, muss nur das heilige Buch der Muslime, den Koran, lesen. Wir müssen uns hier auf die wichtigsten Inhalte dieses göttlichen Buchs beschränken. Um es noch einmal ganz deutlich zu sagen: Der Koran (das Wort bedeutet »Lesung, Rezitation«) ist im Verständnis der Muslime kein von Mohammed verfasstes Buch, sondern es sind Allahs eigene Worte, die Mohammed durch den Erzengel Gabriel in klarer arabischer Sprache über den Zeitraum von 23 Jahren offenbart wurden. Der Koran ist also überirdischen Ursprungs, dessen Inhalt nur Auszüge sind aus einem bei Allah befindlichen Buch, das selbst dem Propheten in seiner Ganzheit verborgen blieb. Der Koran ist als heiliger Text nur ein Teil von Allahs Wort. Im Koran selbst heißt es, dass die Worte Allahs unendlich und unerschöpflich sind. Selbst wenn alle Bäume Schreibfedern wären und in allen Ozeanen Tinte flösse, wäre es unmöglich, das Wort Allahs jemals zu erschöpfen. Der Koran, der gelesen und gedeutet wird, ist also keineswegs mit dem ewigen Wort Gottes identisch.

Mohammed war des Lesens und Schreibens wahrscheinlich nicht mächtig. Er hatte Sekretäre, die seine mündlich überlieferten Offenbarungen niederschrieben. Er empfing den Koran in einer Art Trancezustand. Seine bewusste und willentliche Persönlichkeit war dabei vollkommen ausgeschaltet. Es wird berichtet, dass Mohammed bei diesen Offenbarungs-Ereignissen wie von einer Zentnerlast zu Boden geworfen wurde und ein krampfartiges Zittern sich seines Körpers bemächtigte. Meist kündigte sich eine Offenbarung durch Frösteln und Schaudern an. Schweiß trat auf seine Stirn und Schaum vor seinen Mund, ähnlich wie bei einem epileptischen Anfall. In seinen Ohren sauste und brummte es. Er stöhnte schwer, rang röchelnd nach Luft und schrie wie in furchtbarem Schmerz. Nach einer Offenbarung war er schweißgebadet und litt an Kopfschmerzen.

Die Lehre des Korans

Mohammed selbst zog stets eine scharfe Trennungslinie zwischen dem, was er von Allah als dessen offenbarte Botschaft empfing, und dem, was ihm sein eigenes Denken eingab. Und so wird auch im Islam streng zwischen beiden Ebenen unterschieden. Die Lebensregeln, die Mohammed selbst für seine Gläubigen aufgestellt hat, sind im so genannten Hadith gesammelt, von dem wir später noch Genaueres hören werden. Freilich ist auch der Koran eine Quelle religiöser Vorschriften, doch diese sind von Allah selbst eingesetzt, während die Vorschriften im Hadith gewissermaßen die persönlichen Empfehlungen des Propheten für ein gottgefälliges Leben sind, wie er sie in seinen Predigten, aber auch durch sein eigenes Handeln, mitgeteilt hat. Der Hadith ist somit in gewisser Weise vergleichbar mit dem Talmud der Juden. Die Gesetze des Islams sind im Koran begründet, im Hadith weitergeführt, um schließlich in die Scharia, die muslimische Gesetzgebung, einzumünden.

Im Koran sind die Offenbarungen, die Mohammed während 23 Jahren gleichsam in Bruchstücken von Allah empfing, zu 114 Kapiteln, den so genannten Suren, zusammengestellt. Diese wurden nach ihrer Länge geordnet, und zwar so, dass die kürzesten – es sind zumeist auch die ältesten – am Ende stehen. Für einen abendländischen Leser sind diese kurzen Suren ihrem religiösen Gehalt nach zumeist auch die interessantesten, weshalb es sich empfiehlt, die Lektüre des Korans von hinten zu beginnen. Dagegen würde ein Muslim wahrscheinlich heftig protestieren, wie er auch die soeben geäußerte Meinung, die Suren des Korans seien willkürlich der Länge nach geordnet, entschieden zurückweisen würde. In ihrer Abfolge wie in ihrer Textgestaltung sieht der Muslim allein den höheren Willen Allahs am Werk. Historisch wahr ist jedoch, dass nach dem Tod des Propheten die Kapitel gesammelt, geordnet und schließlich in Buchform niedergeschrieben wurden.

Die Koran-Lektüre gestaltet sich für einen Leser mit christlichem Glaubenshintergrund recht schwierig. Die späten Suren sind oft sehr ermüdend wegen ihrer vielen Wiederholungen. Ich vermute, dass all jene, die sich nach dem 11. September 2001 eine Koran-Ausgabe gekauft haben, nicht über die 2. Sure hinausgekommen sind. Der Koran ist kein Buch, das sich zur stillen Lektüre eignet. Die 2. Sure ist allerdings eine ganz wichtige, vor allem für nicht-muslimische Leser, da in ihr Wesen und Inhalt des Islams in verdichteter Form dargestellt sind. Für uns Abendländer ist es ein Rätsel, wie man dieses auch an Seiten mächtige Buch von Anfang bis Ende auswendig lernen kann, wie es für Koranschüler in islamischen Ländern üblich ist. Wir wären schon überfordert, das vergleichsweise schmale christliche Evangelium vorzutragen oder wenigstens die Bergpredigt. Doch als Christ sollte man eigentlich wissen, was Christus gesagt hat. Die wenigsten Christen zeichnen sich durch diese Kenntnis aus, was man durchaus als eine Schwäche dieser Religion deuten kann.

Der Inhalt des Korans ist äußerst vielfältig und auch vielschichtig. Es finden sich zahlreiche, sprachlich sehr kunstvoll gestaltete Lobpreisungen Allahs, die von einem tiefen, geradezu ekstatischen religiösen Gefühl zeugen. Sie lassen auf eine leidenschaftliche Beziehung zu Allah schließen. Vor allem in den frühen Suren wird dies deutlich. Es sind lebenskräftige, dynamische Worte!

Betont und endlos wiederholt wird mit äußerstem Nachdruck, dass Allah der einzige, wahre und unteilbare Gott ist. Gepriesen wird seine Größe und Barmherzigkeit. Allah, wie von Christen oft missverstanden wird, ist jedoch kein neuer Gott, sondern jener, den seit Jahrtausenden schon die Juden als Jahwe angebetet haben. Allah ist nur der arabische Name dieses einen, auch von den Christen angerufenen Gottes, jener »alleinige, einzige und ewige Gott. Er zeugt nicht und ist nicht gezeugt, und kein Wesen ist ihm gleich.« So steht es in der 122. Sure des Korans. Nichts anderes steht in der Bibel.

Neben den vielen Lobpreisungen Allahs gibt es eindrucksvolle Schilderungen des Jüngsten Gerichts, der Schönheiten des Paradieses mit seinen durchaus irdischen Genüssen. Man gewinnt allerdings den Eindruck, dass das Paradies den Männern vorbehalten ist. Diese kommen dort sogar in den Genuss körperlicher Liebe, den jungfräuliche »großäugige Huris« spenden, deren »Schweiß wie Moschus riecht«. Man zweifelt als christlicher Leser sogar, ob den Frauen überhaupt das Paradies zugedacht ist. Das ist natürlich der Fall, aber es ist nirgendwo die Rede davon. Auch im Paradies bestehen die Geschlechterrollen weiter.

Ebenso eindringlich wie die Paradiesesfreuden werden aber auch die Qualen der Hölle beschrieben. Grundsätzlich kann man wohl sagen, dass im islamischen Weltbild Tod und Jenseits eine noch größere Bedeutung haben als im Christentum. In einer frühislamischen Überlieferung heißt es: »Die Menschen schlafen, und wenn sie sterben, erwachen sie.« Ähnlich hat sich der Taoist Tschuang-tse geäußert, was wieder einmal zeigt, wie ähnlich sich die Religionen in ihren wesentlichen Aussagen sind.

Das irdische Dasein, so weiß der Muslim, erweist seinen Wert erst im Jenseits. Entsprechend fantasievoll werden Lohn und Strafe ausgemalt, die einen im Jenseits erwarten. Das erinnert ein wenig an antike Schilderungen des Totenreichs. Der Koran lebt geradezu von seinen Verheißungen und Drohungen für das Jenseits. Damit ist der Islam eine einzige Wette auf die Nachwelt. Die Deutung von Sterblichkeit und Tod ist eines der zentralen Anliegen des Islams. Sie ist im islamischen Totenbuch dargestellt, das im Mittelalter von einem unbekannten Autor verfasst wurde. Das Totenbuch besitzt allerdings, im Gegensatz zu Koran und Hadith, keine religiöse Verbindlichkeit.

Wenn der Inhalt des Korans auch sehr mannigfaltig ist, so ist die darin enthaltene Grundidee wiederum sehr einfach und klar. Fundament des muslimischen Glaubens – wie des christlichen auch – ist das Glaubensbekenntnis: »Es gibt keinen Gott außer Allah und Mohammed ist sein Prophet.« Dieses Glaubensbekenntnis abzulegen bedeutet, Muslim zu sein. Dem kann im Grunde jeder gläubige Mensch zustimmen, nicht nur der Muslim. Denn dass Mohammed ein leidenschaftlicher Prophet Gottes war, steht außer Zweifel.

Die Grundpfeiler des Islams

Auf dem Fundament des Glaubensbekenntnisses ruhen die Grundpfeiler des Islams, von denen wir einen schon genannt haben: das Gebet. Es muss fünfmal täglich mit vorhergehender Waschung von Gesicht, Händen und Füßen und genau festgelegten Haltungen und Verneigungen verrichtet werden. Daneben steht es jedem frei, zu beten, wann er will.

Ein weiterer wichtiger Grundpfeiler ist das Fasten während des Fastenmonats Ramadan. In diesem Monat überbrachte der Erzengel Gabriel Mohammed die erste Offenbarung. Mit dem Fastenmonat reinigt sich der Gläubige von seinen Sünden. Während des Ramadans darf tagsüber keine Nahrung eingenommen werden. Dafür erlaubt der Koran, dass der Muslim sich nachts schadlos hält. Auch die körperliche Liebe ist während des Fastenmonats tagsüber untersagt, ebenso das Rauchen. Der Konsum alkoholischer Getränke ist für den Muslim ohnehin verboten, wobei dieses Verbot von den meisten Muslimen nur lasch befolgt wird.

Auch das Almosengeben wurde von Mohammed als wichtige Forderung des Islams aufgestellt, ebenso eine gesetzliche Armensteuer, mit der das Überleben der sozial Schwachen gesichert wird. Mohammed selbst kam ja aus armen Verhältnissen.

Als letzter Grundpfeiler des Islams gilt die Wallfahrt nach Mekka zur Ka'ba, dem obersten Heiligtum des Islams. Am Ziel der Wallfahrt besteht die Hauptzeremonie darin, die Ka'ba siebenmal zu umschreiten und ihren schwarzen, in die Mauer eingelassenen Meteoriten zu berühren oder zu küssen. Die Ka'ba stammt noch aus heidnischer Zeit. Sie war damals ein von zahlreichen Götzenbildern umringter würfelförmiger Steinbau unter freiem Himmel gewesen. Andere heilige Orte, zu denen gepilgert wird, sind Medina, wo das Grab des Propheten verehrt wird, und Jerusalem, von wo Mohammeds Himmelfahrt ausging.

Nun sind das alles keine religiösen Vorschriften, die nur dem Islam eigen sind. Glaubensbekenntnisse, Gebete, Fastenübungen, Wallfahrten und Almosengaben werden mehr oder weniger stark auch in anderen Religionen eingefordert. Überhaupt ist es so, dass man den Islam nicht isoliert von den anderen beiden monotheistischen Religionen, dem Judentum und dem Christentum, betrachten kann. So sah sich Mohammed selbst ja durchaus in der Tradition der jüdischen und christlichen Offenbarungen, also der Bibel und des Evangeliums. Seine eigene Offenbarung verstand Mohammed als eine Bestätigung und Erfüllung früherer Offenbarungen, als abschließendes Siegel. Mohammed verkündete keine neue Wahrheit. Im Verständnis der Muslime bedarf es nach Mohammed keines weiteren Propheten mehr – und tatsächlich ist seit dem Tode Mohammeds auch kein weiterer mehr in Erscheinung getreten.

Judentum, Christentum und Islam sind Bruderreligionen

Der Koran war also ursprünglich nicht gegen die jüdische Bibel und das christliche Evangelium gerichtet, sondern gegen die heidnische Vielgötterei, die von den arabischen Wüstenstämmen ausgeübt wurde. Bibel und Evangelium waren für Mohammed heilige Schriften und sind es für die Muslime auch heute noch. Schon zur Zeit Mohammeds lebten unter den Arabern viele Juden und Christen, deren Anwesenheit in der Frühzeit des Islams weitgehend toleriert wurde. Anfangs hoffte Mohammed sogar, die Juden würden sich seiner Religion anschließen.

Verständlich, dass die arabischen Stammesfürsten Mohammed von Anfang an feindlich gesinnt waren; sie mussten um die Macht fürchten, die sich auf der alten heidnischen Religion begründete. So waren, wie bei Jesus auch, die ersten Menschen, die Mohammed folgten, solche aus armen oder einfachen Verhältnissen und Sklaven. Ihnen musste der Islam als eine Religion der Hoffnung und Befreiung erscheinen.

Zur Zeit Mohammeds war das geistige Leben der Araber bestimmt vom Bewusstsein der Stammeszugehörigkeit und vom Respekt vor den alten männlichen und weiblichen Göttern. Die Idee eines einzigen absoluten Gottes, von dem man sich kein Bild machen durfte, musste die Araber befremden, da dies einem Verrat am Glauben der Väter gleichkam. Im Bilderverbot suchte sich der Islam von der heidnischen Bilderverehrung zu distanzieren. Auch Mohammed, obwohl er nur Mensch ist, darf nicht bildlich dargestellt werden, weshalb er auf Gemälden stets nur in verhüllter Gestalt erscheint. Den Bruch zur heidnischen Tradition suchte Mohammed dadurch zu mildern, dass er das Heiligtum der Ka'ba als ein von Abraham gestiftetes Heiligtum deutete. Und Abraham (arabisch: Ibrahim) wird nicht nur als Stammvater der Juden angesehen, sondern ebenso als der der Araber. Auch sie sind Semiten. Beide Völker sind also Brudervölker. Mit seiner ersten Frau Hagar, einer ägyptischen Sklavin, zeugte Abraham den Sohn Ismael, den legendären Ahnherrn aller arabischen Stämme. Seine zweite Frau Sara gebar ihm Isaak, den legendären Ahnherrn der jüdischen Stämme. Abraham jedoch war ja schon ein Verfechter des reinen Eingott-Glaubens. Damit erscheint der Islam als die arabische Gestalt von Abrahams Urmonotheismus und steht so in enger geistiger Nähe zum Judentum. Von den Religionsforschern wird der Islam aber eher als eine arabische Form des späteren mosaischen Judentums betrachtet, wobei auch eine Reihe christlicher Elemente in ihn eingegangen sind.

Für Mohammed zählt Jesus – von den Muslimen Jsa genannt – zu den Propheten, ist also ein Verkünder des einen wahren Glaubens, der eine wichtige Rolle beim Jüngsten Gericht innehaben wird. Auch die Muslime glauben an die Wiederkunft Christi, der nach seiner Himmelfahrt im Himmel weilt. Er wird herabsteigen und Satan töten, um für 40 Jahre sein Reich des Friedens und der Gerechtigkeit zu errichten. Christus wird den muslimischen Glauben annehmen, heiraten, Kinder haben und das islamische Gesetz verrichten. Daraufhin werden alle Ungläubigen vor die Wahl gestellt: Islam oder Schwert. Nach Ablauf der 40 Jahre wird Jesus sterben und in Medina neben Mohammed begraben werden. Darauf wird das Jüngste Gericht folgen.

Soweit die muslimische Sicht auf Jesus. Der Unterschied ist klar: Jesus, der Sohn Marias, ist im Koran ein Prophet, bleibt also wie Mohammed ein Mensch. Er ist Allahs Diener, aber nie und nimmer sein Sohn. Die Göttlichkeit Christi lehnt der Islam entschieden ab und mit ihr die »Dreigötterei« im Christentum. Für den Muslim sind das alles heidnische Vorstellungsbilder, die der griechischen Götterwelt entlehnt sind. Allein die zahllosen Heiligen, die den christlichen Himmel bevölkern, erinnern an den Olymp der alten Griechen. Selbst Maria wird in der katholischen Theologie zu einer Art weiblicher Erdgottheit erhöht. In manchen südeuropäischen Ländern ist die Marienverehrung stärker als die Christusverehrung. Das Christentum, so der Vorwurf der Muslime, halte sich nicht an das erste der Zehn Gebote; es kenne andere Götter und Halbgötter neben dem einen und einzigen Gott und mache sich von diesem auch noch menschliche Abbilder. Es sind Götter mit menschlichen Eigenschaften. Im Verständnis der Muslime haben die Christen eigentlich den rechten Glauben, doch sie haben etwas Falsches aus ihm gemacht. Hierin liegt wohl auch die widersprüchliche Haltung begründet, die der Islam zum Christentum einnimmt: einerseits Duldung der Christen, andererseits ihre Ablehnung als Ungläubige.

Muslime können nicht verstehen, dass man bei Jesus, den sie als Propheten betrachten, verharren kann, wo doch ein neuer Prophet in der Person Mohammeds von Allah gesandt worden ist. Aber ebenso wenig versteht der Christ, wie die Juden bei den Propheten des Alten Testaments verharren können.

Dass Mohammed anfangs den Juden und Christen wohlwollend gegenübertrat, hat vielleicht damit zu tun, dass er die Bibel und das Evangelium nur bruchstückhaft gekannt hat. Anders ist nicht zu verstehen, dass er ursprünglich meinen konnte, beide Religionen lehrten im Grunde das Gleiche wie er. Seine spätere Distanziertheit könnte damit zu tun haben, dass er nach und nach tiefere Kenntnisse des Alten und Neuen Testaments gewann und die Gegensätze zum Islam erkannte. Man hat allerdings davon auszugehen, dass Mohammed die heiligen Bücher der Juden und Christen nicht gründlich studiert hat. Er hatte ja seine eigene unabänderliche Offenbarung, in der die alten Offenbarungen aufgehoben waren.

Die Ethik des Islams

Man kann davon ausgehen, dass für Mohammed die Juden und Christen zuerst Gläubige waren. Erst später, als er ihren Glauben näher kennen lernte, wurden sie als Ungläubige angesehen. Vor allem musste ihn an den Christen abstoßen, dass sie die Einheit und Erhabenheit Allahs zerstörten, indem sie ihn einen Sohn zeugen ließen, auch wenn diese Zeugung rein geistiger Natur war. Dennoch hielt Mohammed an der Rolle Jesu als Prophet fest, ließ ihn sogar ohne Zutun eines irdischen Vaters von Maria geboren werden, freilich auch ohne Zutun Allahs.

Wir haben weiter oben festgestellt, dass für den Islam als strenger Gesetzesreligion nicht allein der Koran von Bedeutung ist, sondern daneben auch noch zahlreiche mündlich überlieferte Aussprüche des Propheten beziehungsweise Beschreibungen seines persönlichen Handelns. Diese waren im 9. Jahrhundert gesammelt und zum so genannten Hadith zusammengefasst worden. Denn der Koran war seinem Inhalt nach zu unvollständig, um als Gesetzesbuch allen Anforderungen des alltäglichen Lebens zu genügen, gerade auch über die sich wandelnden Zeiten hinweg. Der Hadith bildet als »heilige Gewohnheit« (Sunna) des Propheten die zweite große Glaubensquelle des Islams. Aus ihr wurden die religiösen Vorschriften abgeleitet wie etwa Essensverbote oder Vorschriften, die die Heirat, Ehescheidung oder Erbschaft betreffen.

So darf zum Beispiel ein Muslim bis zu vier Frauen heiraten, was freilich kaum noch in irgendeinem muslimischen Land praktiziert wird. Zu Mohammeds Zeiten hatte diese Bestimmung durchaus ihren Sinn, denn in diesen kriegerischen Zeiten kehrten viele Männer nicht mehr von den Schlachtfeldern zurück, und so herrschte in den Gemeinwesen ein starker Frauenüberschuss. Ehelosigkeit aber bedeutete für eine Frau meist Armut.

Von christlicher Seite wird oft behauptet, der Islam habe eine schwächere Ethik entwickelt als das Christentum. Wenn man jedoch Koran und Hadith daraufhin untersucht, muss man diese Ansicht als falsch zurückweisen, ganz abgesehen davon, dass die Christenheit der hohen Ethik Jesu, wie dieser sie in der Bergpredigt verkündet hat, in keiner Weise gerecht wird. Der Christ ist nicht automatisch von Liebe und Friedfertigkeit beseelt, nur weil er sich zu einer Religion der Liebe und des Friedens bekennt. In der Geschichte des Christentums ist die Liebe sicher nicht die bestimmende Kraft gewesen. Zum Beispiel wird meist übersehen, dass die großen Kriege in der europäischen Geschichte Kriege zwischen Christen waren. Albert Schweitzer etwa hat das Massensterben des Ersten Weltkriegs als Bankrott des Christentums gedeutet.

Die Ethik und Sittenlehre des Islams ist einfacher und diesseitiger als jene des Christentums, dafür aber auch wirkungsvoller. Die nüchterne Ethik des Islams hat gewiss auch damit zu tun, dass Mohammed nicht nur Religionsstifter, sondern auch Kriegsherr und Staatsmann gewesen ist. Die hohe Ethik des Christentums ist leider für die meisten Christen zu hoch und bleibt so für das Leben des Durchschnittschristen meist ohne Belang. Mohammeds Reich war im Gegensatz zum Reich Jesu durchaus von dieser Welt. Dennoch kann man dem Islam nicht absprechen, von einer tiefen Sittlichkeit erfüllt zu sein, die dem Muslim nicht nur vertraut ist, sondern der er auch wirklich gerecht zu werden versucht.

Der Islam will in seinem ganzen Selbstverständnis nicht nur eine Glaubenslehre und Frömmigkeitspraxis sein, sondern eine Lebensordnung. Im Hadith findet man folgendes Grundmotiv der Sittlichkeit: »Der wahre Muslim ist derjenige, dessen Zunge und dessen Hand kein Muslim zu fürchten hat.« Darin wird die Friedfertigkeit dieser Religion deutlich zum Ausdruck gebracht, freilich bezogen auf die Gemeinschaft der Muslime. Wer kein Muslim ist, darf diese Friedfertigkeit also nicht unbedingt erwarten. Andersgläubige müssen durchaus mit Missachtung oder Feindschaft rechnen. Die Sittlichkeit des Islams ist somit ganz auf die eigene Glaubensgemeinschaft bezogen, nicht auf den Menschen schlechthin. Und darin liegt ein gewisser Widerspruch zum Koran, der die Gottgefälligkeit aller Religionen betont. Das erinnert ein wenig an die christliche Forderung: »Liebe deinen Nächsten wie dich selbst«, wobei mit dem »Nächsten« selbstverständlich der nächste Christ gemeint ist, nicht der fernste Muslim oder Hindu. Diese Grundhaltung ist wohl typisch für alle monotheistischen Religionen: Sie zeigen eine starke Neigung zur Intoleranz gegenüber anderen Religionen, auch wenn grundsätzlich Liebe und Frieden gepredigt werden. Das hat schon der Philosoph Arthur Schopenhauer (1788–1860) so gesehen: »Wahrlich, dies ist die schlimmste Seite der Religionen, daß die Gläubigen einer jeden gegen die aller anderen sich alles erlaubt halten und daher mit der äußersten Ruchlosigkeit und Grausamkeit gegen sie verfahren (...) Doch gehe ich vielleicht zu weit, wenn ich sage alle Religionen: denn, zur Steuer der Wahrheit muß ich hinzufügen, daß die aus diesem Grundsatz entsprungenen fanatischen Greuel uns doch nur von den Anhängern der monotheistischen Religionen, also allein des Judentums und seiner zwei Verzweigungen, Christentum und Islam, bekannt sind. Von Hindu und Buddhaisten wird dergleichen uns nicht berichtet.«

Es bleibt aber zu betonen, dass der Islam gegenüber Juden und Christen lange Zeit sehr tolerant war. Sie konnten ihre Religion im islamischen Reich frei ausüben, mussten dafür allerdings eine Steuer entrichten. Die Toleranz des Islams ergibt sich aus dem Koran selbst, der ja keine neue Religion verkündet, sondern die alte Religion von Abraham, Moses und Jesus nur erweitern und abschließen will gemäß der neuen Offenbarung. Zudem betont der Koran an vielen Stellen die Gleichheit aller Menschen vor Allah, egal, welcher Religion sie angehören, welche Hautfarbe oder welches Geschlecht sie haben. Denn Allah hat die Menschen »aus einem einzigen Wesen geschaffen und er schuf seine Gefährtin aus derselben Seele und er ließ aus den beiden viele Männer und Frauen hervorgehen«. Die Vielfalt, gerade auch die Vielfalt der Religionen, ist von Allah selbst so gewollt. Für die Friedfertigkeit und Toleranz des Islams lassen sich viele Belege im Koran finden, etwa in der Sure 2, Vers 256, wo es heißt: »Kein Zwang in der Religion.« Oder Sure 5, Vers 32: »Wer einen Menschen tötet, das ist, als würde man die ganze Menschheit töten.« Allerdings finden sich im Koran auch gegensätzliche Stellen, etwa die stetig wiederkehrenden Verse über die Ungläubigen: »Erschlagt sie, wo immer ihr auf sie stoßt.«

Es ist grundsätzlich problematisch, einzelne Verse aus ihrem textlichen und geschichtlichen Zusammenhang herauszureißen. Über den Koran selbst erfährt man auf diese Weise sehr wenig. Man kann dieses große Buch – ähnlich wie die Bibel – nicht als Steinbruch behandeln. Dazu ist es zu vielschichtig. Den Aufrufen zur Friedfertigkeit stehen solche zur Gewalt gegenüber. Der Koran kann immer nur in der Gesamtheit und mit Blick auf seine Entwicklungsgeschichte verstanden werden. Er bedarf der Deutung – und er ist stets unterschiedlich gedeutet worden. Auch wenn der Koran göttlichen Ursprungs ist, so ist seine Deutung stets eine menschliche.

Die Feindschaft zwischen Christentum und Islam sollte man auf keinen Fall dem Islam anlasten. Tatsächlich ist sie von den Christen künstlich entfacht worden. Das Jahr 850 war hierfür ein Schicksalsjahr: Im muslimischen Spanien, dort vor allem in der Stadt Córdoba, bekam eine Anzahl geistig verwirrter Christen Anwandlungen von Märtyrersehnsucht. Sie taten alles, die Muslime so sehr zu erzürnen, dass diese gegen sie vorgingen. Die Vorfälle ließen in Rom die Idee der Kreuzzüge gegen den Islam entstehen. Dabei ging es aber nicht nur darum, Spanien für das Christentum zurückzuerobern, sondern das eigentliche Ziel war die Besetzung des Heiligen Landes. Den Weg dorthin nahm man über Konstantinopel, um bei dieser Gelegenheit die dortigen christlichen Rivalen mit auszuschalten. So wurde das christliche Konstantinopel mehrmals von Kreuzrittern geplündert. Unvorstellbare kulturelle Schätze gingen dabei verloren. Erst in dieser Zeit entstanden die christlichen Vorurteile gegen den Islam, die bis heute wirksam sind. Der bis in unsere Zeit gebräuchliche Begriff »Mohammedaner« ist eigentlich ein Schmähwort, worin das ganze christliche Unverständnis gegenüber dem Islam zum Ausdruck kommt: die Unterstellung, dass die Muslime ihren Propheten als Gott verehren. Der vielleicht wichtigste Grund für die Ablehnung des Islams durch das Christentum war die angebliche Sittenlosigkeit der »Mohammedaner«, wofür die vom Propheten erlaubte Vielehe als »Beweis« angeführt wurde. Das asketische Christentum – wobei die christlichen Kirchenfürsten alles andere als asketisch waren – setzte sich bewusst in Gegensatz zum angeblich sexuell ausschweifenden Islam. Hier Christus, der entsagungsvolle Asket, dort Mohammed, der Schwerenöter mit seinen vielen Frauen und Sklavinnen. Wie ein roter Faden zieht sich dieser Gegensatz durch das von Feindseligkeit geprägte Verhältnis zwischen beiden Religionen.

Aber kehren wir zu den Sittenregeln des Islams zurück. Das Almosengeben ist ja bereits als unbedingte Pflichtforderung durch den Koran festgelegt; es wird im Hadith noch einmal bestätigt: »Dem Hungerleidenden zu essen geben, das ist Islam.« Gutes tun aber soll der Muslim nicht nur seinesgleichen, sondern auch den Tieren. Diese religiöse Pflicht erstaunt den Christen doch sehr, denn in seinem Glauben ist von Liebe gegenüber den Tieren nirgendwo die Rede. Jesus war an den Tieren nicht interessiert; sein einziges Anliegen war der Mensch.

Überliefert, freilich nur als Legende, ist Mohammeds Tierliebe, besonders seine Liebe zu Katzen. Eines Tages, so wird erzählt, war eine Katze auf dem Ärmel seines Gewands eingeschlafen. Dieser hing bis zum Boden. Der Prophet, der zum Gebet eilen wollte, mochte sie nicht in ihrer Ruhe stören und schnitt daher den Ärmel ab. Als er wiederkam, erwies ihm die Katze ihre Ehrerbietung, indem sie einen Buckel machte. Mohammed versprach ihr einen Platz im Paradies. Dann strich er dreimal mit der Hand über ihren Rücken, wodurch er ihr die Gabe verlieh, bei jedem Sturz auf die Pfoten zu fallen. Eine liebenswürdige Geschichte; sie zeugt von einer großen Tierfreundlichkeit im Islam, wie man sie auch vom Hinduismus und Buddhismus kennt.

Gastfreundschaft und Großzügigkeit haben im Islam einen hohen Wert, auch bei jenen, die selber nicht viel haben. Um einmal den Geist zu spüren, der im Hadith weht, sei hier eine längere Stelle zitiert: »Nach Abu Dharr (Gott sei mit ihm zufrieden) haben einige Gefährten des Gottgesandten (über ihn Segen und Gruß) ihm zugesagt: ›O Gottgesandter, die reichsten Leute haben die Belohnungen alle für sich beschlagnahmt: Sie beten wie wir, sie fasten wie wir, und aus dem Überschuss ihres Reichtums spenden sie Almosen.‹ Er antwortete: ›Wie, Allah hat euch nicht genug zugeteilt, dass ihr Almosen verteilen könnt? ‚Ehre sei Gott' sagen, das ist ein Almosen, ebenfalls ‚Gott ist groß' oder: ‚Gott sei gelobt! Außer Allah gibt es keinen Gott.' Jeder gute Befehl, der aus eurem Munde kommt, ist ein Almosen. Und jedes Mal, wenn ihr Böses verbietet, spendet ihr ein Almosen. Und sooft ihr das Werk des Fleisches verrichtet, so oft gebt ihr ein Almosen.‹ Verwundert sagten sie dann: ›Was, jeder von uns würde seinen Gelüsten nachgehen und würde auf diese Weise eine Belohnung verdienen?‹ Er erwiderte: ›Hört doch! Wer seine Gelüste auf unerlaubte Weise befriedigt, den erwartet eine Strafe. Wer sie aber auf gestattete Weise befriedigt, der wird eine Belohnung erhalten.‹«

Allerdings fällt bei den Lebensregeln des Islams auf, dass der Gläubige nur gewillt zu sein scheint, Gutes zu tun, wenn ihm dafür jenseitige Belohnung versprochen wird. Die gute Tat geschieht also nicht aus sich selbst, sondern in Erwartung eines persönlichen Gewinns für das Seelenheil. Aber das ist im Christentum nicht anders und vielleicht der stärkste Einwand gegen Religion überhaupt: Man glaubt, weil es sich lohnt zu glauben, und sei es nur, dass man sich besser fühlt.

Der Siegeszug des Islams in der Welt

Kehren wir jetzt zu Mohammed und zur Entstehungsgeschichte des Islams zurück. Wir hatten von Mohammeds ersten Offenbarungen gehört und von den tiefen Krisen, in die sie ihn stürzten. Die ersten Menschen, die Mohammed als Propheten anerkannten, gehörten zum engsten Familienkreis: seine Frau Chadidscha, seine Töchter, sein Vetter Ali, sein Sklave und Adoptivsohn Zaid, sein Freund und zukünftiger Schwiegervater Abu Bakr und Othman, sein Schwiegersohn. Mohammeds Versuche, die Worte Allahs öffentlich zu verkünden, blieben über viele Jahre erfolglos. Vor allem unter den einflussreichen Bürgern Mekkas fand er kein Gehör. Mekka wurde ihm als Lebensort dadurch immer mehr verleidet. Als im Jahre 619 seine geliebte Frau Chadidscha starb und die Anfeindungen in der Stadt gegen ihn immer stärker wurden, entschloss er sich, nach der etwa 300 Kilometer von Mekka entfernten Stadt Jathrib zu gehen, die später Medina genannt wurde. Dort gab es eine starke jüdische Gemeinde, von der er sich damals noch Unterstützung für seine monotheistischen Bestrebungen erhoffte.

Mohammeds Abkehr von Mekka wird als Hidschra (Flucht) bezeichnet, war aber eigentlich ein freiwilliger Weggang, der sich freilich wie eine Flucht darstellt. Seine engsten Vertrauten hatte er schon zuvor nach Jathrib geschickt; es waren etwa 60 Personen. Er selbst machte sich mit seinem Freund Abu Bakr auf den Weg. Das war im Jahre 622; es ist der Beginn der islamischen Zeitrechnung. Die Menschheit hatte von da an eine neue Religion, die sehr bald zur Weltreligion werden sollte – nur wusste sie noch nichts davon.

Das Volk der Araber sollte zum Träger dieser neuen Religion werden. Bis dahin war es ein Volk gewesen, das von den Zentren der Weltkultur und des politischen Geschehens abgeschieden war, ein Volk, das in zahlreiche, zum Teil miteinander verfeindete Stämme zersplittert war. Zu diesem Zeitpunkt waren die Araber noch wenig kultiviert; sie hingen einer ziemlich einfachen Vielgötterei an.

Der Islam war also zunächst der Glaube der Araber. Er einte sie und befreite die bis dahin unerkannt schlummernden Kräfte in diesem

Volk. Er machte Arabien zum Ausgangspunkt eines heute weltumspannenden Glaubens. Dieser beeindruckende Erfolg des Islams hatte natürlich zuerst einmal mit der außergewöhnlichen Persönlichkeit Mohammeds zu tun. Er vereinte in sich Eigenschaften, die man nur selten in einer einzigen Person vorfindet, und das gilt selbst dann noch, wenn man nicht die Idealgestalt Mohammeds betrachtet, wie sie in den frommen Legenden gezeichnet wird, sondern den geschichtlich überlieferten genialen Religionsstifter, hervorragenden Staatsmann und mutigen Kriegsherrn.

Mohammed war nicht nur, wie schon erwähnt, eine atemberaubende und einnehmende Erscheinung, sondern wohl auch sehr liebenswürdig, also alles andere als ein sittenstrenger Heiliger oder weltabgewandter Weiser. Vor allem war er auch kein Wundertäter; er wirkte nicht durch Magie, sondern durch Intelligenz und Intuition. Durch seine starke charismatische Ausstrahlung und die Gabe der mitreißenden Rede vermochte er die Menschen in seinen Bann zu ziehen.

Dennoch trat die Bevölkerung Medinas nicht sofort und ohne Zögern dem neuen Glauben bei. Viele empfanden Mohammed und seine Anhänger als Eindringlinge und Unruhestifter. Auch die Juden Medinas, deren Unterstützung sich Mohammed erhofft hatte, blieben abweisend. Die vor allem auch wirtschaftlich schwierige Situation zwang Mohammed dazu, den »Heiligen Krieg« als ein Gesetz des Islams einzusetzen. Damit sollten die Überfälle und Plünderungen auf Mekkaner Karawanen gerechtfertigt werden. Nur so war Medina überhaupt am Leben zu erhalten. Doch man sollte den Begriff des »Heiligen Kriegs« nicht falsch verstehen. Ursprünglich war damit der »Kleine Heilige Krieg« (Dschihad) gemeint im Sinne eines Kriegs um irdische Dinge. Der Krieg Mohammeds gegen Mekka war ein Überlebenskampf. Es ging darum, die Bevölkerung von Medina mit Lebensmitteln zu versorgen. Es war kein Angriffskrieg. Erst später wurde aus diesem Heiligen Überlebenskampf ein Heiliger Krieg, mit dem fremde Völker erobert und dem islamischen Reich eingegliedert wurden. Doch eigentlich untersagt der Koran jeden Angriffskrieg – einer von vielen Widersprüchen im Islam. Nicht, dass der Koran Pazifismus predigen würde, aber er setzt der Anwendung von Gewalt klare Grenzen: Sie soll allein der Verteidigung dienen.

Das Kriegerische im Islam muss man aus der Entstehungsgeschichte dieser Religion verstehen: Sie entstand in einer kriegerischen Zeit in einem kriegerischen Volk, in welchem noch das Gesetz der Blutrache herrschte. Man darf darüber nicht vergessen, dass der Islam, wie das Christentum auch, eine Friedensbotschaft an die Menschheit ist. Dass radikalisierte Muslime heute wieder den »Heiligen Krieg« ausrufen und damit nichts anderes als Terror meinen, beruht auf einer Fehldeutung des Worts »Dschihad«.

Aus dem Überlebenskampf, den Mohammed gegen Mekka führte, wurde schließlich ein echter Krieg mit zahlreichen Schlachten zwischen Medina und Mekka. Politik, Krieg, Religion waren von Anfang an eng miteinander verflochten – und das zeichnet den Islam ja bis heute aus. Der Krieg auf den Schlachtfeldern war für Mohammed immer nur der »Kleine Heilige Krieg« (Dschihad), während der »Große Heilige Krieg« (Mudschahada) der wesentlich wichtigere ist. Mit ihm ist die asketische Selbstbeherrschung gemeint, also der »Heilige Kampf« im Sinne eines inneren geistigen Kampfs, den jeder Muslim mit sich selbst, mit seinen menschlichen Schwächen zu führen hat.

Die seelischen Werte wurden also von Mohammed höher gewertet als der militärische Heilige Krieg, auch wenn er diesen mit Leidenschaft und Grausamkeit geführt hat. Viele Schlachten gewannen Mohammeds Krieger trotz zahlenmäßiger Unterlegenheit. Manche Schlacht ging auch verloren, doch konnten die Mekkaner daraus keine Vorteile ziehen. Schließlich kam es im Jahre 627 zum Friedensschluss mit Mekka. Drei Jahre später fiel Mohammed die heilige Stadt ohne einen einzigen Schwertstreich in die Hände. Mohammeds Scharfsinn sagte ihm, dass Mekka früher oder später von selbst wie eine reife Frucht in seine Hand fallen würde, dass es eines verlustreichen Angriffs auf die Stadt gar nicht bedurfte.

Sofort nach dem Einzug in Mekka ließ Mohammed das Heiligtum der Ka'ba von allen heidnischen Götzenbildern säubern, zeigte sich aber äußerst milde gegenüber seinen früheren Feinden. Dadurch konnte er sie ganz leicht auf seine Seite ziehen. Es dauerte nicht lange, bis auch aus ihnen glühende Verehrer des Propheten geworden waren. Mohammed war von da an nicht mehr nur das geistige Oberhaupt einer neuen Religion, sondern Leiter und Organisator eines Gottesstaats. Das bedeutete, dass er die Gesetze und die Rechtsprechung bestimmte, ebenso die Steuern festlegte und dem Heer den Oberbefehl erteilte. Seine Macht war vollkommen; sie entsprach der eines Königs. Mohammed selbst sah sich freilich nur als Vollstrecker göttlicher Befehle.

Mohammeds Tod und der Streit um die Nachfolge

Mohammed standen fortan alle Mittel zur Verfügung, ein königliches Leben zu führen. Aber das tat er nicht. Sein Lebensstil blieb einfach – bis auf drei Dinge, bei denen er sich jeden Luxus leistete: gutes Essen, Wohlgerüche und Frauen. Vor allem die erotische Liebe zu den Frauen unterschied den Propheten von Buddha oder Jesus. Sie hielten sich von den Frauen fern, während Mohammed den Umgang mit Frauen, genauer: mit schönen Frauen, suchte. Umso mehr erstaunt uns heute, dass der Islam zum Inbegriff einer liebesfeindlichen Religion geworden ist, sobald mit »Liebe« die körperliche Liebe gemeint ist. Aber vielleicht ist das auch ein falsches Bild, das wir uns vom Islam machen, weil wir geneigt sind, Erotik mit Sex zu verwechseln. Nicht umsonst verbietet der Islam die Askese, die Selbstkasteiung und das Zölibat. Mohammed hat die Männer geradezu angewiesen, ihre Frauen an der Lust teilhaben zu lassen.

Solange Chadidscha lebte, war Mohammed ihr treu geblieben. Doch nach ihrem Tod legte er sich in dieser Hinsicht keine Fesseln mehr an. Mohammed muss ein äußerst sinnlicher Mann gewesen sein. Sein Verlangen nach schönen Frauen war so stark, dass er sich nicht, wie der Koran verlangte, mit vier Frauen zufrieden geben konnte, sondern einen ganzen Harem unterhielt. Vor seinen Gläubigen rechtfertigte er das durch eine besondere Offenbarung, in der ihm Allah sagte: »Dir, o Prophet, erlauben wir alle Frauen, die du durch eine Morgengabe erkauft hast, und ebenso deine Sklavinnen, welche dir Allah (aus Kriegsbeuten) geschenkt hat (...) und jede gläubige Frau, die sich dem Propheten überlassen und die derselbe heiraten will. Diese Freiheit sollst nur du haben vor den übrigen Gläubigen. Wir wissen es recht gut, was wir hinsichtlich ihrer Frauen und Sklavinnen befohlen haben; doch begehst du kein Verbrechen, wenn du Gebrauch von dieser Freiheit machst; denn Allah ist versöhnend und barmherzig.« Mohammed war ein Meister darin, sich seine persönlichen Gelüste von Allah absegnen zu lassen. Aischa, eine von Mohammeds Frauen, lästerte irgendwann, als Mohammeds Blick wieder mal auf eine neue Gattin fiel: »Bestimmt wird sich Allah beeilen, dir deine Wünsche zu erfüllen.« Unter seinen zahlreichen Frauen war Aischa wohl seine Lieblingsfrau. Sie war die Tochter seines Freundes Abu Bakr, die Mohammed als zehnjähriges Mädchen geheiratet hat. Doch keine seiner Frauen schenkte Mohammed einen Sohn – auch das der Wille Allahs. Für die spätere Geschichte des Islams sollte das schwer wiegende Folgen haben.

Nachdem Mohammed im elften Jahr nach seiner Flucht aus Mekka noch einmal die Wallfahrt mit 90 000 Pilgern dorthin unternommen hatte und die heiligen Riten an der Ka'ba für immer von ihm festgelegt worden waren, erkrankte er kurz nach seiner Rückkehr nach Medina und starb dort am 8. Juni 632 in den Armen seiner geliebten Aischa. Mohammed hatte diese Wallfahrt wohl in dem Bewusstsein unternommen, dass es die letzte sein würde. Er predigte selbst auf dem Berg Arafa und stellte den anwesenden Gläubigen zweimal die Frage: »Habe ich meine göttliche Sendung erfüllt?« Danach empfing er seine letzte Offenbarung: »Heute habe ich für euch eure Religion vollendet und meine Gnade an euch erfüllt und euch den Islam zur Religion gegeben.«

Mohammeds Tod bedeutete für seine Gemeinde einen schweren Schlag, zumal da er so unvermittelt gekommen war. Mohammeds junger Gottesstaat wäre womöglich sehr schnell an den neu auftretenden Rivalitäten zwischen der Prophetenfamilie und einflussreichen Personen in Mekka und Medina zerbrochen, wenn nicht Mohammeds alter Freund Abu Bakr als Stellvertreter (Kalif) Mohammeds die Zügel fest in die Hand genommen hätte. Doch nach zwei Jahren starb auch Abu Bakr. Ihm folgte der edle Omar nach, ein Mann von außergewöhnlichen Fähigkeiten; er hatte früher zu den mekkanischen Gegnern Mohammeds gehört, war dann aber, ähnlich wie Paulus bei den Christen, zu einem der treuesten Gefolgsleute Mohammeds geworden. Unter seiner Führung begann die machtvolle und rasche Ausbreitung des islamischen Gottesstaats: 638 wurde Syrien erobert, 641 Ägypten und 642 Persien. Es bedurfte dabei kaum kriegerischer Handlungen, denn alle diese Länder krankten an kultureller Altersschwäche. Sie waren ohnehin im Verfall begriffen, während die Araber soeben ihre geistige und politische Jugendblüte erlebten. Diese trieb sie geradezu in eine Art Völkerwanderung, wobei die neue Religion ihres Propheten ungeheure Kräfte freisetzte – eben die Kräfte des Glaubens. Der neue Glaube hatte vor allem auch eine einigende Wirkung. Die Krieger des Islams eroberten die Welt unter der grünen Fahne des Propheten.

Die Farbe Grün ist die Farbe des Islams, *die* Hoffnungs- und Rettungsfarbe für Menschen, die in der Wüste zu Hause sind. Sie war die Lieblingsfarbe Mohammeds und Symbol für das Paradies. In der Wüste bedeutet Grün nichts anderes als Rettung und Leben. Interessant ist in diesem Zusammenhang, dass alle drei monotheistischen Religionen in der Wüste offenbart wurden. Nichts versperrt dort den Blick zum Himmel.

Als Omar im Jahre 644 einem Mordanschlag durch einen christlichen Sklaven zum Opfer fiel und auch sein Nachfolger Osman 656 ermordet wurde, ging die Kalifenwürde auf Mohammeds Schwiegersohn Ali über, der mit Mohammeds Tochter Fatima verheiratet war. Dieser hatte eigentlich schon nach Mohammeds Tod dessen Nachfolge angestrebt, war dazu aber ohne genügenden Einfluss gewesen. Auch Ali konnte sich als Kalif nur fünf Jahre halten, ehe er ebenfalls umgebracht wurde. Da ließ sich der mächtige Statthalter von Syrien, Moawija, zum neuen Kalifen ausrufen. Er wurde von Aischa unterstützt, der Lieblingsfrau des Propheten.

Die Anfänge des Islams sind also geprägt von einer Kette von Kalifenmorden. Auch später war es so, dass sich die unterschiedlichen Richtungen innerhalb des Islams oft blutige Kämpfe geliefert haben. Auch hierin unterscheidet sich der Islam nicht wesentlich vom Christentum.

Nach dem Tod Alis und der Selbstermächtigung Moawijas kam es zur Spaltung des Islams, die bis heute fortdauert. Die Anhänger Alis betrachteten Moawija als einen unrechtmäßig an die Macht Gekommenen und hielten die Erbansprüche von Alis Söhnen aufrecht. So kam es zur Bildung der so genannten Shia (wörtlich: Absplitterung, Partei), jener Richtung im Islam, der sich die Shiiten zuordnen. Sie berufen sich darauf, dass Ali der rechtmäßige Nachfolger Mohammeds gewesen sei, da er mit Fatima, der Tochter des Propheten, die Erblinie fortgeführt habe. Die ersten drei Kalifen, also Abu Bakr, Omar und Osman, werden von den Shiiten abgelehnt. Als Glaubenspartei des Islams machen sie heute nur etwa 10 Prozent der Muslime aus; sie leben vor allem im Iran, wo der shiitische Islam seit dem 16. Jahrhundert Staatsreligion ist, im Süden des Iraks, in Syrien und Pakistan. Die große Mehrheit der Muslime bezeichnet sich als Sunniten. Sie berufen sich allein auf die Sunna, das heißt auf die Überlieferung des Propheten und seiner ersten Gefährten, zu denen Ali nicht gezählt wird.

Trotz dieser inneren Interessenkämpfe setzte sich der Ausdehnungswille des Islams unvermindert fort. In den ersten hundert Jahren nach Mohammeds Tod hatte der islamische Staat bereits eine gewaltige Ausdehnung: im Westen ganz Nordafrika und Spanien; selbst Frankreich wäre überrannt worden, hätte Karl Martell (ca. 688–741) den Heiligen Kriegern nicht in den Schlachten von Tours und Poitiers Einhalt geboten. Im Osten reichte der islamische Staat bis nach Afghanistan und damit bis an die Grenzen Chinas. Auch vom Byzantinischen Reich war nicht mehr viel übrig, wenngleich sich dessen Machtzentrum Konstantinopel bis zum Jahre 1453 halten konnte, als es dem Ansturm der Türken endlich unterlag.

Juden und Christen durften in den eroberten Gebieten weiterhin ihre Religion ausüben, mussten aber, wie wir schon erwähnten, eine Kopfsteuer entrichten. Schon deshalb war der Islam daran interessiert, möglichst viele nicht-muslimische Untertanen zu haben, denn die Muslime selbst waren von jeder Steuer befreit. Doch auch die heidnische Bevölkerung wurde durchaus nicht nur mit dem Schwert zum Islam bekehrt. Die werbende Kraft dieser neuen Religion war in der Lage, die Bevölkerungen der eroberten Gebiete für sich zu gewinnen. Das lag nicht zuletzt daran, dass der Übertritt zum Islam viele soziale Vorteile mit sich brachte und ein starkes Gefühl der Überlegenheit vermittelte.

Der Islam im Wandel der Zeit

Durch seine Eroberungen kam der Islam selbst unter den Einfluss fremder Kulturen. Er nahm Gedankengut der griechischen, persischen oder indischen Religion und Philosophie bereitwillig in sich auf. So entstand eine islamische Philosophie und Mystik, die in kürzester Zeit ein sehr hohes Niveau erreichte, während das christliche Abendland in eine mittelalterliche Dumpfheit fiel. Das mittelalterliche Christentum, immerhin schon tausend Jahre alt und geistig träge geworden, versuchte im Gegensatz zum Islam, sich von allem Fremden zu »reinigen« mit der Folge seiner kulturellen Erstarrung und Rückständigkeit. Es war sogar so, dass viele Christen zum Islam übertraten. Schuld daran war die innerlich zerrissene und erstarrte Christenheit selbst, die den Muslimen oft ganze Völkerschaften zutrieb. Viele christliche Sekten wurden vom Papst in Rom gnadenlos unterdrückt, etwa die christliche Sekte der Bogomilen, der die Bosnier auf dem Balkan angehörten. Als die Türken den Balkan unterwarfen, traten sie lieber zum Islam über, als für den Vatikan zu kämpfen, der sie bis dahin nur geknechtet hatte.

Die islamische Welt wurde zum Ort einer geistigen Blüte, sie erlebte regelrechte Höhenflüge in Kunst und Wissenschaft. In Kairo wurde im Jahre 971 die erste Universität der Welt gegründet. Wären damals Außerirdische auf der Erde gelandet, hätten sie feststellen können, dass die islamische Kultur am weitesten entwickelt war. So kam es, dass islamische Wissenschaftler bereits die Krümmung der Erde berechnen konnten – und das zu einer Zeit, als die Europäer die Erde noch für eine Scheibe hielten. Um den Wissensvorsprung arabischer Gelehrter aufzuholen, übersetzte man ab dem 13. Jahrhundert in Europa arabische Werke fleißig ins Hebräische und Lateinische, worauf später Naturforscher wie Kopernikus oder Galilei aufbauen konnten. Der persische Mathematiker al-Chwarismi, der in Bagdad lehrte, entdeckte in indischen Texten ein Zahlensystem, das das Rechnen stark vereinfachte: das Dezimalsystem. Von dort kam es nach Europa, wo man zu dieser Zeit noch umständlich mit römischen Zahlen rechnete.

Um die erste Jahrtausendwende begann die Eroberung Indiens

durch den Islam, was dort den Untergang des Buddhismus zur Folge hatte. Zwischen Islam und Hinduismus kam es fast ununterbrochen zu blutigen Auseinandersetzungen. Im 16. Jahrhundert befand sich dann ganz Indien unter islamischer Herrschaft. Eine Art von islamischem Kaiserreich wurde durch die Dynastie der Großmogule errichtet. Bereits im 15. Jahrhundert hatte sich der Islam weiter nach Hinterindien und Indonesien ausgebreitet.

Bereits am Ende des 15. Jahrhunderts hatte der indische Guru Nanak die Gemeinde der Sikhs gegründet, welche Hindus und Muslime auf der Grundlage eines bilderlosen Monotheismus vereinigen sollte. Das führte schließlich zur selbstständigen Religion des Sikhismus. In ihr werden zentrale Vorstellungen des Hinduismus von Karma und Erlösung mit den zentralen Lehren des Islams (Verehrung Allahs und Bilderverbot) vereint. Zu dieser Zeit befand sich der Islam in Westeuropa bereits wieder auf dem Rückzug: Ende des 15. Jahrhunderts wurden die Muslime aus Spanien vertrieben. Dagegen konnte das Osmanische Reich der Türken den Islam weit nach Osteuropa hineintragen. 1638 standen die Türken sogar vor Wien. Doch mit dem Zusammenbruch des Osmanischen Reichs nach dem Ersten Weltkrieg und der Gründung eines modernen, westlich orientierten türkischen Staats geriet der Islam in eine schwere Krise, von der er sich bis heute nicht befreien konnte. Die Tatsache, dass der Islam auch heutzutage die am schnellsten wachsende Weltreligion ist, ändert an dieser Krise nichts. Die islamische Welt konnte mit der rasanten Entwicklung von Wissenschaft und Industrie, die das Abendland im 19. Jahrhundert erlebte, nicht mehr mithalten. Seit langem schon hatte sich der islamische Glaube verhärtet. Man war allem Neuen nur noch mit Zweifel und Ablehnung begegnet. Das neue Dogma lautete: Alles Wissenswerte steht im Koran. Das mochte für das religiöse Wissen richtig sein, aber nicht für das naturwissenschaftliche. Es hieß fortan nicht mehr: Aus A folgt B, sondern aus A folgt B, aber nur, wenn es Allahs Wille ist. Die Folgen dieser geistigen Selbstbeschneidung im islamischen Kulturkreis sind bis heute spürbar: Jeder fünfte Mensch auf der Erde bekennt sich zum Islam, aber nur jeder hundertste Wissenschaftler ist ein Muslim.

Auch der radikale Fundamentalismus in den islamischen Staaten ist letztlich nur ein Zeichen der Krise, nicht der Stärke. Jede Art von kompromisslosem Festhalten an politischen oder religiösen Grundsätzen, die vor langer Zeit aufgestellt worden sind, zeugt von der Unfähigkeit, auf eine rasch sich verändernde Welt Antworten zu geben, die nicht weltfremd sind.

Freilich gibt es in allen Religionen – Buddhismus und Taoismus ausgenommen – fundamentalistische Bestrebungen. Der Begriff »Fundamentalismus« ist ohnehin eine christliche Erfindung. Als »Fundamentalisten« bezeichneten sich zu Beginn des 20. Jahrhunderts amerikanische Geistliche und Theologen, die dem modernen naturwissenschaftlichen Weltbild, vor allem Darwins Evolutionstheorie, den Kampf ansagten. Christliche Fundamentalisten nehmen die Bibel wörtlich, das heißt: Gott hat die Welt mit allen Lebewesen darin so geschaffen, wie sie jetzt ist. Eine Entwicklung der Arten hat es nach ihrer Vorstellung nie gegeben. Dagegen erbrachte Charles Darwin den wissenschaftlichen Beweis, dass die Arten in einem Milliarden Jahre währenden Entwicklungsprozess aus einfachen Formen entstanden sind und dass Mensch und Schimpanse einen gemeinsamen Vorfahren haben.

Gerade mit den modernen Wissenschaften sollte der Islam keine Probleme haben. Schließlich hat Mohammed gefordert, dass die Suche nach Wissen für alle Muslime eine Pflicht ist. Denn zu diesem Zweck habe Allah den Menschen Verstand gegeben. Sie sollen sich nicht wie eine Herde Vieh verhalten. Gerade auch persönliche Entscheidungen sollen mithilfe der Vernunft getroffen werden. Der große muslimische Philosoph Abul-Walid Muhammad Ibn Rushd, genannt Averroes, soll gesagt haben: »Wer studiert, vergrößert seinen Glauben in die Allmacht und Einheit Allahs.« Andererseits schützt Wissen nicht vor religiösem Fanatismus, wie man an den Terroristen vom 11. September 2001 sehen kann; sie kamen fast alle aus studentischen Kreisen.

Der politische Fundamentalismus im Islam beruht auf einem grundlegenden Missverständnis des Korans. Dieser ist nämlich das einzige heilige Buch, das den Gottesstaat verbietet, also jede staatliche Herrschaftsform, die sich auf Gott beruft. Denn mit Mohammed ist das Prophetentum für alle Zeiten abgeschlossen. Damit ist das Zeitalter beendet, in dem die Völker von Personen geführt werden, die sich auf Gott berufen. Diese so wichtige Aussage des Korans wird in den islamischen Gesellschaften leider verschwiegen und unterdrückt. Dabei ist das, was der Koran über das Regieren und Herrschen sagt, klar und eindeutig: Die Zeit nach dem Propheten Mohammed ist die Zeit der »schura« (Beratung und Kontrolle) und des »bajat« (Gesellschaftsvertrag). Das heißt: Das Volk wählt seine politischen Führer und wählt diese auch wieder ab. Der Koran spricht niemandem nach Mohammed das Recht zu, ein Stellvertreter oder Beauftragter Allahs zu sein. Allein dem Propheten stand es zu, im Namen Allahs zu sprechen und zu handeln.

Die Mystik des Islams

Dass der Islam nicht weniger offen ist als andere Religionen, sieht man schon daran, dass er im so genannten Sufismus eine nicht minder tiefe Mystik hervorgebracht hat als Judentum oder Christentum. Das Sufitum war ohnehin von der jüdischen und christlichen Mystik, aber auch vom hinduistischen Asketentum stark beeinflusst. Daher rührt wohl auch die große Toleranz der Sufis gegenüber anderen Religionen. Sufis beten sowohl in Moscheen als auch in christlichen Kirchen, jüdischen Synagogen oder Hindu- und Buddha-Tempeln. Ibn' Arabî, ein großer andalusischer Sufi, versuchte sogar, das gesamte Wissen seiner Zeit (13. Jahrhundert) mit dem Koran in Einklang zu bringen. Er verstand den Islam als ein religiöses Projekt mit offenem Ende, wobei die Versöhnung mit den anderen großen Religionen gesucht werden sollte unter dem Zeichen einer alles umfassenden Liebe. Vielen gebildeten und religiös tiefer veranlagten Muslimen genügte die einfache und nüchterne Gottes- und Unsterblichkeitslehre Mohammeds nicht. Auch waren ihnen die Vorschriften des Islams viel zu leicht erfüllbar. Der Weg zu Allah konnte für sie so einfach und bequem nicht sein.

Der Sufismus – das Wort leitet sich von »Suf« ab, womit das Büßergewand aus grober Wolle gemeint ist – entstand vordergründig als Protest gegen die Verweltlichung des Islams, die nach den großen Eroberungszügen eingesetzt hatte. Der erste mystische Sufi-Orden wurde im Jahre 923 in Persien gegründet. Wie jede Mystik, so sucht auch das Sufitum die unmittelbare Nähe zu Gott. Wie die Mystiker der anderen

Religionen, so versteht auch der Sufi sein Leben als einen Erkenntnisweg, auf dem es alles zu überwinden gilt, was einen von Gott trennt. Damit sind vor allem die materiellen Dinge gemeint. Unbelastet von diesen wird versucht, über Gebet, Meditation und asketische Übungen in ekstatischer Selbstvergessenheit Gott direkt zu erleben und in ihm aufzugehen.

Trotz des zunächst erbitterten Widerstands der islamischen Theologen und Rechtsgelehrten breitete sich der Sufismus aus. Der Widerstand rührte vor allem daher, dass der Sufismus, wie alle Mystik, die Wahrheit als eine ständige Suche versteht. Die Wahrheit kommt aus dem Unbekannten, sie ist von daher immer zukünftig – und sie kommt nie. Das widerspricht der islamischen Lehre von der letzten Offenbarung Allahs durch Mohammed. Deshalb bleibt der Sufismus bis heute ein Fremdkörper im strenggläubigen Islam. Ekstase war im Islam nicht vorgesehen.

Die islamische Dichtkunst hat der Sufismus jedoch stark beeinflusst, vor allem in Persien, wo sie ihre vollendetste Form gefunden hat. Sie hat den Rang der großen griechischen, indischen und chinesischen Poesie. Es ist eine Poesie der Freiheit und der Liebe. Vom 12. Jahrhundert an bildete sich auf dem geistigen Boden des Sufismus der Bettlerorden der Derwische. Dieser sucht die ekstatische Vereinigung mit Allah vor allem durch Musik und Tanz, während sonst im Islam jede Musik aus dem Gottesdienst verbannt ist. Heute ist der Derwisch-Orden wegen seines Widerstands gegen politisch-soziale Reformen in fast allen arabischen Ländern und in der Türkei verboten.

Gerade das Sufitum macht deutlich, dass auch der Islam keine einheitliche und fest umrissene Religion darstellt, wie man gerade aus christlicher Perspektive oft meint. Das Bild, das wir uns vom Islam machen, ist meist sehr oberflächlich und voreingenommen. Den einen und einigen Islam gibt es so wenig wie das eine und einige Christentum. Es hat ihn auch früher nie gegeben. In einem Land wie Saudi-Arabien wird ein anderer Islam praktiziert als in der Türkei, im Iran ein anderer als im Irak, in Indonesien wiederum ein anderer als in Pakistan oder Indien. Schon bald nach dem Tod des Propheten begann die Zergliederung des Islams in zahlreiche Bekenntnisse, Sekten und Schulen. Und diese Auffächerung des Islams ist bis heute nicht abgeschlossen. Davon nimmt in der christlichen Welt nur kaum jemand Notiz. Hier wird meist das einseitige Bild von eifernden, radikalen und militanten Muslimen gezeigt, die innerhalb der islamischen Welt nur eine Minderheit ausmachen. Dabei wird leicht übersehen, was wir in diesem Kapitel schon mehrmals erwähnt haben und noch einmal wiederholen: Der Islam ist seinem tiefsten Wesen nach eine tolerante und friedfertige Religion.

»Zwingt keinen zum Glauben, da die wahre Lehre vom Irrglauben ja deutlich zu unterscheiden ist«, heißt es in der 2. Sure des Korans – ein durchaus grundlegendes Gotteswort! Es legte den Grundstein für die Toleranz, die der Islam in seiner Geschichte oftmals bewiesen hat. Die radikalen Islamisten, die die westliche Welt als eine Welt Satans betrachten und mit Mitteln des Terrors bekämpfen, sind des Islams unwürdig. Denn die Menschenverachtung, die hinter jedem Terror steckt, ist nicht Teil dieser Religion. Der Islam, wie jede andere Religion auch, vertritt die Heiligkeit des Menschenlebens. Eine Religion, die das nicht tut, ist keine Religion. Die wesentliche Botschaft jeder Religion ist die des Friedens und der Nächstenliebe. Der fanatische Islamismus missbraucht den Koran zur Rechtfertigung seines politischen Kampfs gegen die westliche Welt. Jedes der heiligen Bücher, auch die Bibel, könnte man für solche feindseligen Zwecke missbrauchen, wenn man es nur an dieser oder jener Stelle wortwörtlich nähme. Doch für derart niedere Motive ist Gottes Wort nicht offenbart worden.

Solange muslimische Geistliche zu Selbstmord-Attentaten aufrufen, hilft der Hinweis wenig, dass der Islam eine Religion der Toleranz und der Friedfertigkeit ist. Man fängt an, daran zu zweifeln. Doch man sollte diesem Zweifel widerstehen, zum Beispiel mit dem Hinweis, dass der Koran den Selbstmord verbietet, erst recht den Selbstmord, der andere unschuldige Menschen mit in den Tod reißt. Der Islam hat eine solche Verzerrung nicht verdient. Denn auch im Islam geht es letztlich um die innere Frömmigkeit jedes Einzelnen, um die Großzügigkeit des Geistes und um die alles umfassende Kraft der Liebe. Nirgendwo im Koran wird Hass gepredigt, an keiner Stelle ist Rassismus und Menschenverachtung zu spüren. »O ihr Menschen, wir haben euch von einem Mann und einer Frau erschaffen und euch in Völker und Stämme eingeteilt, damit ihr liebevoll einander kennen mögt. Wahrlich, nur der von euch ist am meisten bei Allah geehrt, der am frömmsten unter euch ist; denn Allah weiß und kennt alles.« So ist in der 49. Sure zu lesen.

Die positive Kraft des Islams spürt man im Stolz und in der Selbstsicherheit, die er seinen Gläubigen verleiht. Das sind freilich Eigenschaften, die das christliche Abendland immer wieder verunsichert und verängstigt haben. Zweifellos rührt diese Selbstsicherheit der Muslime von ihrer festen Überzeugung, dass im Islam die göttliche Offenbarung ihren Abschluss gefunden hat, während Judentum und Christentum nur Vorbereitungen dafür waren. Der Muslim wähnt sich im Besitz der absoluten und letzten Gottesoffenbarung. Das verleiht Stolz gegenüber all jenen, die anderen Glaubens sind und keinen Zugang zu dieser vermeintlich letzten göttlichen Wahrheit haben. Aber wer sagt eigentlich, dass Mohammeds Offenbarung die letzte sein wird? Wer weiß, was die Menschheitsgeschichte noch alles bringen wird? Wer weiß, ob nicht noch eine weitere große Religion entstehen wird, die sich auf einen neuen Propheten beruft? Wer weiß, was in 1000 oder 10 000 Jahren die religiöse Wahrheit der Menschheit sein wird?

Aus dem Stolz und der Selbstsicherheit der Muslime erwächst ein tief greifendes Problem für den Islam: Ein echtes Zwiegespräch mit Andersgläubigen wird nicht gesucht. Und ein weiteres Problem kommt hinzu: Der Islam kann sich nicht demokratisieren, weil das Leben für ihn unlösbar mit dieser vermeintlich letzten göttlichen Offenbarung verknüpft ist. Im Islam von Demokratie zu sprechen ist von daher unsinnig. Dazu müsste der Islam reformiert, das heißt, der Koran müsste zeitgemäß gedeutet werden. Doch eine solche Reform ist nirgendwo in Sicht – die Türkei vielleicht ausgenommen. Es müsste eine Trennung von Religion und politischer Macht stattfinden. Auch in der westlichen Kultur hat erst die Trennung von geistlicher und weltlicher Gewalt – ein Prozess, der Jahrhunderte gedauert hat – zur Demokratie geführt. Diese Trennung hat eigentlich schon Jesus gefordert: »So gebet dem Kaiser, was des Kaisers ist, und Gott, was Gottes ist.« So heißt es im Matthäus-Evangelium.

Wenn sich der durchschnittliche Muslim auch heutzutage noch in den Lebensformen der islamischen Tradition geborgen fühlt und seinen Stolz daraus zieht, so wird doch die moderne Zeit an ihm nicht spurlos vorübergehen und, wenn nicht schon morgen, so doch in einer späteren Zukunft, einen Wandel seiner religiösen Ideen zur Folge haben. Wie dieser Wandel aussehen wird, wissen wir nicht. Doch eines ist gewiss: In dieser Welt des beständigen Wandels gibt es nichts, was von Dauer ist. Das gilt auch für die Religionen. Denn jeder religiöse Glaube muss sich, will er nicht versteinern und verknöchern, den Erfordernissen der Zeit anpassen; andernfalls wird er an der Zeit und ihren vorantreibenden Kräften untergehen.

Schluss

So verschieden und widerstreitend die großen Religionen der Welt auch sein mögen – zumindest in einem Punkt sind sie alle gleich: Es sind männlich beherrschte Religionen, fast möchte man sagen: Religionen für Männer. Vor Gott und den Göttern sind offensichtlich nicht alle Menschen gleich, und das muss stutzig machen. Selbst dort, wo es weibliche Gottheiten gibt, nehmen diese nur niedere Ränge ein. Diese Tatsache schürt den Verdacht, dass Gott und die Götter menschliche, genauer: männliche Erfindungen sind.

Die absolute Vorherrschaft des männlichen Prinzips in den Religionen hat damit zu tun, dass das religiöse Empfinden in Gesellschaften entstanden ist, die von Männern beherrscht waren. Es gab zwar auch Urgesellschaften, die weiblich bestimmt waren und in denen entsprechend auch weibliche Gottheiten triumphierten; doch diese Gesellschaften, Matriarchate genannt, wurden vor langer Zeit schon von den Männergesellschaften (Patriarchate) abgelöst. Das Schattenschicksal der Frau ist ein uraltes Erbe der Menschheit. Den Religionen von heute kann man den Vorwurf machen, dass sie dieses Erbe zu konservieren versuchen.

Dass frühe heidnische Gottheiten ein Geschlecht hatten, mag ja noch angehen; doch dass ein unfassbarer, jenseits aller Vorstellung existierender Gott ein Geschlecht haben soll, also eine biologische Eigenschaft, muss befremden. Was mit dem männlichen Geschlecht Gottes bezweckt wird, ist klar: Der männliche Herrscher im Himmel spiegelt die männliche Herrschaft auf Erden wider.

Die Bevorzugung des Mannes in den Religionen ist ein Haupteinwand gegen ihre Glaubwürdigkeit. Religionen, die eine Zukunft haben wollen, werden die Geschlechter gegenüber Gott gleichstellen müssen. Das Geschlecht ist vor Gott bedeutungslos, ebenso die Hautfarbe oder eine andere menschliche Äußerlichkeit. Gott ist zu groß, um auf die banale Ebene menschlicher Geschlechtlichkeit herabgezogen zu werden. In der katholischen Kirche wird zum Beispiel Frauen das Priesteramt mit dem Argument verweigert, dass die Jünger Jesu allesamt Männer gewesen sind. Das ist eine typische fundamentalistische Argumentation. Wo steht geschrieben, dass Gott weibliche Priester ablehnt, nur weil die Jünger Jesu Männer waren? Dann könnte man genauso gut fordern, dass ein Priester erst den Beruf des Fischers ausüben muss, bevor er das Priesteramt ergreifen darf, denn die ersten Apostel Jesu waren alle Fischer.

Dabei hat die Religionswissenschaft ohnehin längst erwiesen, dass Jesus auch Jüngerinnen hatte. In den Evangelien ist überdies an keiner Stelle eine Herabsetzung der Frauen durch Jesus zu finden. Die Hebräerin Johanna, die zusammen mit Maria von Magdala das leere Grab entdeckt hat und somit eine Zeugin für die Auferstehung Christi war, hat ihren Namen später ins lateinische Junia abgeändert. Selbst der Apostel Paulus, der keine hohe Meinung von Frauen hatte, nennt Junia als Apostelin. Der im Römerbrief des Paulus auftauchende Name ist wohl erst im Mittelalter in die männliche Form Junias umgewandelt worden. Dadurch ist die wichtige Rolle dieser Apostelin in der Kirche unerkannt geblieben. Wenn aber Junia Apostelin war, dann ist der Ausschluss der Frauen vom katholischen Priesteramt nicht zu rechtfertigen.

Gewiss, nicht in allen Religionen ist die Stellung der Frau eindeutig negativ. Auch in diesem Punkt gibt es Unterschiede und zudem jede Menge Widersprüche. Im Christentum wird die Mutter Jesu als »Gottesmutter« quasi zu einer weiblichen Gottheit erhöht. Auch die Heiligsprechung von Frauen steht dem religiösen Männlichkeitswahn im Christentum entgegen. Dieser ist im Islam noch ausgeprägter, und zwar in dem Maße, wie das arabische Ursprungsland der Inbegriff einer Männergesellschaft ist. In der vorislamischen Zeit galt die Frau dort fast gar nichts, ihre Rechte waren gleich null. So galt weibliche Nachkommenschaft vielfach als unerwünscht und wurde umgebracht. Der Mann konnte sich nach Belieben Frauen nehmen und diese problemlos wieder verstoßen, wenn ihm danach war. Zweifellos hat auch Mohammeds Haltung den Frauen gegenüber die islamische Kultur belastet und sie den Anschluss an die Moderne verpassen lassen. Dennoch darf nicht übersehen werden, dass der Prophet die Lebensbedingungen der arabischen Frauen zu seiner Zeit wesentlich verbessert hat. In dieser Hinsicht war Mohammed ein echter Sozialreformer. Er verbot die Tötung neugeborener Mädchen, setzte das Recht der Frau auf Erbschaft ein und lehrte, dass »das Paradies zu Füßen der Mütter liege«. Die Ehefrauen hatten nicht mehr nur Pflichten gegenüber dem Mann, sondern auch Rechte, die freilich geringer waren als die des Mannes. Auch forderte Mohammed, dass den Frauen der Weg zur Bildung geöffnet werden soll. Er begrenzte die Zahl der Ehefrauen auf vier, während er selbst, wie wir schon wissen, wesentlich mehr Frauen besaß. Mehrere Frauen durfte nur derjenige haben, der auch für sie sorgen konnte. Mädchen durften nicht mehr gegen ihren Willen verheiratet werden. Im Vergleich zu den Zuständen vor Mohammed waren diese Gesetze geradezu revolutionär.

Im Islam gibt es also durchaus ein starkes Element der Sympathie gegenüber der Frau. Es ist von Mohammed selbst in diese Religion eingebracht worden. Bis ins 13. Jahrhundert herrschte in den islamischen Ländern eine Offenheit und Liberalität, die es zur gleichen Zeit im christlichen Abendland nicht gab. So wurden im Islam auch niemals Frauen als Hexen verbrannt.

In ihrem wesentlichen Kern gleichen sich die Religionen. In allen geht es um den einen unfassbaren Gott oder die eine unfassbare kosmische Kraft. Namen wie Brahma, Tao, Jahwe, Gott oder Allah sind sprachliche Fassungen für das Unfassbare. Jede Feindschaft zwischen den Religionen ist von daher vollkommen unsinnig. In dieser Feindschaft zeigt der Mensch nur seine große religiöse Unreife. Für *die eine* Religion hinter den Religionen ist der Mensch offensichtlich noch nicht reif genug.

Nicht nur der »all-einige Gott« vereint die Religionen, sondern einigend sind auch die Religionsstifter selbst, mögen sie in der Menschheitsgeschichte auch noch so zersplitternd gewirkt haben. Moses, Buddha, Konfuzius, Lao-tse, Jesus und Mohammed waren Verkörperungen der einen heiligen Weisheit. Diese wurde von den verschiedenen Religionen nur mit unterschiedlichen Worten und Gleichnissen zum Ausdruck gebracht. Es handelt sich stets um die eine göttliche Weisheit, die sich hinduistisch, buddhistisch, taoistisch, konfuzianisch, jüdisch, christlich oder islamisch äußert. Es kann nicht mehrere religiöse Weisheiten geben, wenn die Weisheit identisch mit Gott ist. Gott ist einer, nur seine Namen sind viele. Damit ist jeder Glaube der richtige Glaube. Weil jede der großen Religionen diese religiöse Grundweisheit vertritt, muss jede Religion die wahre Religion sein. Man wünscht sich, dass die Menschheit irgendwann über die Vorstellung hinauswächst, dass ein bestimmter Glaube allein selig macht. Wie die Völker der Erde einander ergänzen, so auch die Religionen. Dabei sollte uns stets bewusst sein, dass das Verstehen anderer Religionen nur bis zu einem bestimmten Grad möglich ist. Als Christ wird man niemals in das Innerste und Tiefste der hinduistischen oder buddhistischen Religion vordringen können. Und umgekehrt gilt das Gleiche. Das muss man so hinnehmen – ein Grund mehr, sich in Toleranz zu üben. Andererseits kann man auch sagen, dass die Religionen gerade in ihrem Innersten wesensgleich sind und sich nur in ihren äußeren Formen unterscheiden.

Gemeinsam ist allen Religionen, dass sie die eine heilige Weisheit über alles menschliche Wissen stellen. »Ich will die Weisheit der Weisen zu nichts machen, spricht Jahwe, und die Klugheit der Klugen will ich verwerfen.« So ist es. Und so sollte es dennoch nicht bleiben. Wo Religion sich gegen Wissen und Aufklärung stellt, wird sie früher oder später unterliegen. Das Wissen der Wissenschaft muss sich mit dem religiösen Wissen vereinen. Denn in der Wahrheit der Dinge liegt ihr religiöses Geheimnis. Wissen und Glauben sollten eine Einheit bilden und nicht im Gegensatz zueinander stehen. Denn auch der Glaube ist so wenig etwas Statisches und Starres, wie es das menschliche Wissen ist. Auch ins Religiöse muss die Fortschrittsidee hinein: Von der Unendlichkeit ergriffen zu sein sollte bedeuten, dass man auch im Glauben stetig vorangeht und Grenzen überschreitet, sich nicht einnistet in einem engstirnigen und erstickenden Glaubenssystem oder gar zurückgeht zu Glaubensformen des Altertums. Was wir glauben, sollte mit dem in Einklang sein, was wir wissen. Die Religion der Zukunft wird von einem wissenden Glauben und einem glaubenden Wissen getragen sein – oder sie wird gar nicht sein.

Der indische Guru Ramakrishna sagte: »Es ist nicht gut zu meinen, dass nur die eigene Religion wahr ist und alle anderen falsch. Gott ist nur einer und nicht zwei. Es ist damit wie mit dem Wasser im Teich. Manche trinken es an einer Stelle und nennen es jal, andere an einer anderen Stelle und nennen es pani, noch andere an einer dritten Stelle und nennen es water. Die Hindus sagen jal, die Christen water und die Muslime pani, aber es ist ein und dasselbe.« Die Verschiedenheiten der Religionen sind oberflächlicher Natur. Und doch sind diese Unterschiede wichtig und gut. Denn nur in ihrer Besonderheit wirkt jede Religion. Alles Lebendige bringt Formenvielfalt hervor – und Religion ist etwas Lebendiges. Deshalb wäre auch eine einzige Weltreligion wenig erstrebenswert; die aufregende Vielfalt machte der öden Einfalt Platz. Wer will schon, dass in seinem Garten nur eine Art von Pflanze wächst?

So mancher mag glauben, dass die Religion irgendwann ganz aus der Menschheitsgeschichte verschwinden, gleichsam am Wissen zu Grunde gehen wird. Die jüngste Geschichte der Religion beweist das Gegenteil: Die großen Religionen der Welt sind nur die Spitze einer gewaltigen religiösen Entwicklung, die mit dem Beginn der Wissensgesellschaft im 19. Jahrhundert überhaupt erst ihre wahre Kraft entwickelt hat. Überall auf der Welt entstehen und verändern sich Religionen in einem erstaunlichen Tempo. In der »Christlichen Welt-Enzyklopädie« werden 9900 eigenständige Religionen aufgeführt, und jeden Tag kommen statistisch gesehen zwei bis drei neue religiöse Bewegungen hinzu. Die Forscher unterscheiden allerdings nicht zwischen Religionen, Sekten und Kulten – und das zu Recht, denn schon oft ist aus der absonderlichsten Sekte eine weltweite Glaubensrichtung geworden. Da gibt es zum Beispiel einen neuen Sufi-Orden mit Namen »Nakshanban-diya«, der in Zentralasien und Indien schon mehr als 50 Millionen Mitglieder hat. In Vietnam entsteht gerade eine Verbindung aus Konfuzianismus, Taoismus und Buddhismus, die sich »Cao Dai« nennt; sie hat schon mehr als 3 Millionen Anhänger in 50 Ländern. Die japanische »Sokka Gakkai International«, eine religiöse Gemeinschaft, die einen Buddhismus für Kapitalisten vertritt, hat mehr als 18 Millionen Mitglieder in 115 Ländern.

Doch was man am wenigsten glauben würde: Vor allem das Christentum entwickelt sich in weiten Teilen der Welt mit atemberaubender Geschwindigkeit. Während ihm in Europa die Mitglieder weglaufen, entstehen in Afrika und Asien unzählige neue christliche Kirchen. Heute gibt es rund 33 000 christliche Konfessionen weltweit, während es um das Jahr 1900 nicht mehr als 1800 waren. In Afrika bilden sich Formen des Christentums, die stark in afrikanischen Traditionen wurzeln und zum Teil einen religiösen Fanatismus vertreten, der dem islamischen in nichts nachsteht.

Wünschenswert wäre, dass all jene religiösen Weltanschauungen verschwinden, die ein zivilisiertes, tolerantes Miteinander der Menschen stören oder gar die Barbarei fördern. Religionen haben nur so lange ein Existenzrecht, wie sie zur Friedlichkeit in der Welt beitragen. Wo das Gegenteil der Fall ist, wo eine Religion zur Quelle des Fanatismus wird und gegen die Menschenrechte verstößt, muss sie bekämpft werden – freilich mit gewaltlosen Mitteln! Gewaltlosigkeit ist vielleicht der einzige Fundamentalismus, der einer taumelnden Welt noch Halt geben kann.

Inhalt

Einleitung
9

ERSTES KAPITEL
Der Hinduismus
15

ZWEITES KAPITEL
Der Buddhismus
56

DRITTES KAPITEL
Der Chinesische Universismus
84

VIERTES KAPITEL
Das Judentum
108

FÜNFTES KAPITEL
Das Christentum
142

SECHSTES KAPITEL
Der Islam
177

Schluss
209

Krieg ist immer und überall. Warum?

272 Seiten. Mit Abbildungen

Seit es den Menschen gibt, führt er Krieg. Um Nahrung und Land, um Ruhm und Ehre, im Namen des Vaterlandes und der Religion. *Muss* es also Kriege geben? Gerhard Staguhn beleuchtet die Geschichte des Krieges: Welche Kriege gab es? Warum wurden sie begonnen? Wie wurden sie geführt? Krieg scheint immer und überall zu herrschen – trotzdem ist der Autor davon überzeugt: Der Mensch kann aus der Vergangenheit lernen. Er muss es nur wirklich wollen …

www.hanser.de
HANSER